AF141308

Freiheit ohne Staat?

Michael Kilpper

Freiheit ohne Staat?

Eine Kritik des libertären Ordnungsentwurfes
einer reinen Privateigentumsgesellschaft

von Michael Kilpper

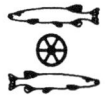 Lucius & Lucius

E-Mailanschrift des Autors:
michael.kilpper@web.de

Bibliografische Information der Deutschen Nationalbibliothek
Die Deutsche Nationalbibliothek verzeichnet diese Publikation in der Deutschen
Nationalbibliografie; detaillierte bibliografische Daten sind im Internet über
http://dnb.d-nb.de abrufbar.

Dissertation zur Erlangung des Doktorgrades der Politikwissenschaften (Dr. rer. pol.) an
der Fakultät Sozial- und Wirtschaftswissenschaften der Otto-Friedrichs-Universität Bamberg

ISBN 978-3-8282-0461-4

© Lucius & Lucius Verlagsgesellschaft mbH, Stuttgart 2009
Gerokstr. 51, D-70184 Stuttgart
www.luciusverlag.com

Das Werk einschließlich aller seiner Teile ist urheberrechtlich geschützt. Jede Verwertung
außerhalb der engen Grenzen des Urheberrechtsgesetzes ist ohne Zustimmung des
Verlages unzulässig und strafbar. Das gilt insbesondere für Vervielfältigung, Übersetzungen,
Mikroverfilmungen und die Einspeicherung, Verarbeitung und Übermittlung in
elektronischen Systemen.

Umschlaggestaltung: Sibylle Egger, Stuttgart
Druck und Einband: Rosch-Buch, Scheßlitz
Printed in Germany

Meinen Eltern

Inhalt

1 Grundlagen

1.1 Zum Thema

In einer Welt zu leben, in der es keinen Staat gibt, ist für die meisten Menschen unvorstellbar. Das liegt einerseits an der Tatsache, dass (fast) alle Menschen heute in Staaten leben und sich an sie gewöhnt haben, ja gar nichts anderes kennen; und andererseits ist es auch deswegen kaum vorstellbar, weil die damit assoziierte Wahrnehmung des Fehlens einer zentralen, ordnenden Instanz wahrscheinlich von nur wenigen Menschen als mögliche und insbesondere wünschbare Alternative betrachtet wird. Unter diesen Wenigen finden sich insbesondere Vertreter des Libertarismus.

Der Libertarismus ist eine Gesellschaftstheorie, die ihren normativen Ausgangspunkt in der individuellen Freiheit hat. Damit handelt es sich zumindest der Intention nach um eine liberale Theorie mit besonderen, eigenständigen Normvorstellungen und einem Ordnungsentwurf für das gesellschaftliche Zusammenleben der Menschen, der die individuelle Freiheit besser schützen soll, als alle anderen Ordnungen, die bisher erfahrbar wurden. Dass das Zusammenleben der Menschen einer Ordnung bedarf, wird schon seit langem beobachtet. Dass diese Ordnung vor allem eine staatliche Ordnung sein sollte, wird wohl am deutlichsten durch Thomas Hobbes im Leviathan beschrieben, der in einem staatsfreien Zusammenleben nur den Kampf aller gegen alle erkennen kann – mit unerträglichen Konsequenzen für die Menschen. Will man also, dass die Menschen ein Höchstmaß an individueller Freiheit genießen, so bedarf es der Regeln im Zusammenleben. Das Ordnungsproblem ist daher ein Problem, das aus der individuellen Freiheit selbst resultiert – die Freiheitswünsche der Einzelnen müssen miteinander verträglich sein, damit sich die individuelle Freiheit nicht in chaotischen und brutalen Gewaltakten selbst verflüchtigt. Zugleich beinhaltet das Ordnungsproblem die latente Gefahr, dass nicht nur mit der Unordnung, sondern auch mit der Ordnung die individuelle Freiheit verschwinden kann. Eben weil die Individuen nicht nur eine Gesellschaft bilden, sondern bereits in eine bestehende geboren sind, stellt sich die Frage nach den Ansprüchen der Gemeinschaft an die Individuen. Wer die individuelle Freiheit in den Mittelpunkt stellt, wird sich also um die Grenzen dieser Ansprüche der Gemeinschaft genauso kümmern müssen wie um die Frage der Ordnung, ohne die die individuelle Freiheit nicht bestehen kann. Der Libertarismus beansprucht, diese doppelte Aufgabe als einzig konsistente Position in der Tradition des klassischen Liberalismus gelöst zu haben:[1] ein staatsfreies und herrschaftsfreies Zusammenleben mit begrenzten Ansprüchen der Gemeinschaft hinsichtlich der legitimen Handlungen der Einzelnen sei nicht nur möglich, es sei auch ein Zusammenleben, das der Freiheit und dem gesellschaftlichen Wohlstand am besten dienlich sei. Damit ist die libertäre Theorie auch ein Beitrag zur aktuelleren Debatte über die Verfasstheit der gesellschaftlichen Ordnung, die unser Leben bestimmt.

Um dabei gleich zu Beginn mögliche Missverständnisse zu vermeiden: Die libertäre Position beinhaltet keineswegs eine Negation des gesellschaftlichen Lebens; sie fordert als

---

1 Rothbard (1973), S. 23.

individualistische Position kein atomisiertes, losgelöstes und rein egoistisches Verhalten. Es geht dem Libertarismus darum, festzulegen, was einem Einzelnen seitens der Gemeinschaft nicht aufgebürdet werden darf, und eine Ordnung zu entwerfen, die geeignet ist, diesen Schutz zu garantieren. Jede Forderung die sich an ein Individuum richtet, ist selbst eine von einem Individuum und seinen Interessen und Präferenzen geprägte Aussage, und diese steht nicht höher als jede andere. Insofern ist das Kriterium, das Libertäre an die Ordnung als solche oder eine Handlung anlegen, zunächst einmal die Möglichkeit des Ausschlusses: wenn ein Individuum andere von seinem Eigentum, von seinem Tun ausschließen kann, es sich nicht gezwungen sieht, den Ansprüchen anderer genügen zu müssen, dann kann es als „frei" gelten, dann hat es die Möglichkeit, selbst zu entscheiden, wo ansonsten von anderen entschieden würde.

Die Gesellschaftskonzeption, die diesen libertären Anforderungen genügt, muss gekennzeichnet sein davon, dass ein jeder seine eigenen Entscheidungen treffen darf, was folglich auch zugleich die Grenzen individueller Handlungen markiert, denn in die Freiheit des anderen darf eine Handlung nicht eingreifen, soll sie legitim bleiben. Die demokratischen Staaten ebenso wie die nichtdemokratischen erfüllen aus libertärer Sicht dieses Ziel nicht: überall finden sich in Staaten Mechanismen, mit denen Wenige die Vielen oder Viele die Wenigen in ihren Möglichkeiten beschränken oder gar ausbeuten können. Es ist der Staat an sich, der für Libertäre eine Gefahr der individuellen Freiheit darstellt, eben weil er als Sanktionsinstanz der kollektiv gemachten Regeln den individuellen Entscheidungsraum beschneidet und unfreiheitliche Regeln erlaubt. Nicht die Freiheitsrechte des Einzelnen stehen in einer staatlichen Ordnung im Vordergrund, sondern die von Zeit zu Zeit sich ändernden Wünsche im Namen des Gemeinwohls, auch auf Kosten anderer. Vom Drogenkonsum bis zur Beschneidung des Konsumspielraums durch Besteuerung wird – aus libertärer Sicht – die Freiheit im Staat immer beschränkt, da die Individuen zum Teil ganz andere Vorstellungen davon haben, wie sie gerne leben würden. So wird aus libertärer Sicht jedwede Form von staatlicher Ordnung als unvermeidbar einhergehend mit Zwang gedeutet.[2] Dieser systematische Charakter von Zwang ist wohl einer der wichtigsten Gründe für Libertäre, den Staat als solchen abzulehnen.

Die angebotene Alternative lautet: geordnete Anarchie. Regeln können auch ohne staatliche Durchsetzung Gültigkeit erlangen und befolgt werden, denn die Individuen haben ein Interesse an Ordnung, an einer minimalen Ordnung, die genau soviel Regulierung

---

2 Bei Nozick (1974), S. 11 findet sich hierzu ein Zitat von P. J. Proudhon (*General Idea of the Revolution in the Nineteenth Century*, 1923), das dem libertären Verständnis sehr nahe kommt: „To be GOVERNED is to be watched, inspected, spied upon, directed, law-driven, numbered, regulated, enrolled, indoctrinated, preached at, controlled, checked, estimated, valued, censured, commanded, by creatures who have neither the right nor the wisdom nor the virtue to do so. To be GOVERNED is to be at every operation, at every transaction noted, registered, counted, taxed, stamped, measured, numbered, assessed, licensed, authorized, admonished, prevented, forbidden, reformed, corrected, punished. It is, under pretext of public utility, and in the name of the general interest, to be placed under contribution, drilled, fleeced, exploited, monopolized, extorted from, squeezed, hoaxed, robbed; then, at the slightest resistance, the first word of complaint, to be repressed, fined, vilified, harrassed, hunted down, abused, clubbed, disarmed, bound, choked, imprisoned, judged, condemned, shot, deported, sacrificed, sold, betrayed; and to crown all, mocked, ridiculed, derided, outraged, dishonoured. That is government; that is its justice; that is its morality."

mit sich bringt, wie von allen Individuen gewünscht wird. Damit diese Wünsche jedoch nicht durch ein „Überstimmen" der Wünsche anderer Geltung erlangen, also nicht durch ein aus libertärer Sicht politisches Verfahren „korrumpiert" werden, bleiben nur der Vertrag oder die Absprache zwischen Individuen als Lösungsmechanismen übrig. Damit ist die vorgeschlagene geordnete Anarchie vor allem eine marktwirtschaftliche Ordnung: Es gibt keine zentrale Instanz, an die sich die Individuen richten können, um ihre Wünsche durchzusetzen. Sie müssen sich vielmehr mit anderen vertraglich einigen, da kein individueller Wunsch über einem anderen steht.

Ein zu Beginn möglicherweise auftauchender Einwand gegen die Funktionsfähigkeit einer solchen anarchischen Ordnung ist der Verweis auf die bestehende Realität mit Staaten, die im Laufe der Geschichte entstanden sind und damit die ursprünglich anarchische Situation beendet haben müssen. Dennoch ist dies nicht so klar, wie es scheinen mag. Wenn Regeln und Verträge ohne Staat selbstdurchsetzend sind, dann könnte auch eine anarchische Ordnung stabil sein; die Vergangenheit allein bietet zumindest keinen ausreichenden Grund dafür, andere Ordnungsentwürfe als unerreichbar einzustufen. Schon heute sind Regeln zwischen Unternehmen und Individuen länderübergreifend vorhanden, die ohne staatliche Sanktion durchsetzbar sind. Auch hat das libertäre Argument, dass es auf der Ebene der Staaten selbst keinen Weltstaat oder eine „Letztinstanz" gibt, also die „anarchische" Situation nur eine Stufe höher abgebildet wird, eine gewisse Anfangsplausibilität.

Die Untersuchung wird sich deshalb näher mit dieser Position, mit dem libertären Gesellschaftsmodell und dem Anspruch, eine liberale Theorie zu sein, beschäftigen. Es geht dabei zum einen um das normative Ideal, also um die Regeln, die von Libertären als notwendig und wünschenswert erachtet werden, und zum anderen um die Durchsetzung derselben. Nur wenn der Vorschlag einer geordneten Anarchie den Freiheitsnormen tatsächlich Geltung verschaffen kann, kann dem Libertarismus als Gesellschaftstheorie sein Anspruch bestätigt werden, eine konsistent liberale Position zu sein. Sollte sich hingegen zeigen, dass der Ordnungsentwurf sowohl die Minimalanforderungen der Rechtsgleichheit als notwendige Bedingung für eine liberale Konzeption sowie den liberalen Charakter des resultierenden Rechts verletzt, dann dürfte der Anspruch der Theorie unangebracht sein; es wäre dann eine anarchistische Position ohne liberalen Inhalt. Für die Diskussion wird dabei aber auch die kritisierte staatliche Ordnung eine Rolle spielen: bestätigt sich die libertäre Kritik am Staat, so wird auch die Vorstellung einer liberalen Ordnung mit Staat illusorisch zu nennen sein. Sollte sich jedoch zeigen, dass der Staat aus liberaler Sicht eine gewisse Vorzugswürdigkeit gegenüber der geordneten Anarchie besitzt, so würde die libertäre Konzeption in einem anderen Licht erscheinen. Auf die Frage: „Ist der Libertarismus eine liberale Theorie?" wird am Ende dieser Untersuchung eine Antwort möglich sein.

1.2 Erläuterungen

Eine Gesellschaftstheorie wie der Libertarismus muss klären, welche Normen mit welcher Rechtfertigung als gültig erachtet werden und wie diese Normen durchgesetzt werden können. Für die Normfindung und deren Begründung bedarf es eines oder mehrerer Kriterien, die einsichtig sind, oder – wie im Rahmen einer Letztbegründung – eine finale Rechtfertigungsgrundlage liefern sollen. Die Ausgangsfrage lautet: Was ist individuelle Freiheit? Als eine der Kernfragen des klassischen Liberalismus ist sie damit auch der Ausgangspunkt für die Diskussion der libertären Theorie. Selbst wenn die Frage nach der Definition und Begründung von Freiheit seit je ein wesentlicher Bestandteil der politischen Philosophie ist, so werden im Folgenden nur die neueren libertären Theorien diskutiert. Die libertär-anarchistischen Konzeptionen von Freiheit, ihre Begründungen und ihre Ordnungsentwürfe sind dabei so vielfältig, dass eine Einschränkung in der weiteren Betrachtung notwendig ist.[3] Libertäre stellen das Individuum in den Mittelpunkt – auf dieser Basis allerdings gibt es verschiedene Ansätze für die grundlegende normative Rechtfertigung. Die drei wesentlichsten sind dabei der naturrechtlich orientierte, der utilitaristische sowie der deontische Begründungsversuch.[4] Diese drei Ansätze werden anhand der Arbeiten von Murray N. Rothbard, Hans-Hermann Hoppe, David Friedman und Anthony de Jasay dargestellt. Die hier erfolgte Auswahl der dargestellten libertären Theorien findet ihre Begründung in zwei Aspekten. Einerseits handelt es sich um ökonomisch orientierte Arbeiten auf Basis einer individualistischen Position. Andererseits werden nur die Arbeiten untersucht, deren Autoren explizit für eine libertär-anarchistische Position plädieren bzw. mit ihren Arbeiten eine solche Position theoretisch unterstützen. Theorien, die andere Denkrichtungen entstammen, finden hier nur im Kontext einzelner Aspekte Beachtung.[5]

Es ist zunächst angebracht, die Begriffe Libertarismus und libertär zu erläutern.[6] Obwohl in der Literatur auch Arbeiten, die einen Minimalstaat befürworten, als libertär bezeichnet werden, ist die im Folgenden zugrunde gelegte Interpretation davon verschieden: als libertär werden diejenigen Positionen gekennzeichnet, die eine Ordnung ohne Staat, also eine Anarchie befürworten und dies mit der liberalen Vorstellung von Eigentumsrechten verknüpfen. Insofern lässt sich die Position auch als Anarcholiberalismus oder

---

3 Siehe für eine Einführung zum Libertarismus: Boaz (1998).
4 Für einen Überblick siehe Hoppe (2001).
5 Die libertäre Denkerin Ayn Rand wird im Folgenden nicht weiter betrachtet, da sie ihren Ansatz selbst als „Objektivismus" bezeichnet und für einen Minimalstaat plädiert. Siehe für Beschreibungen Boaz (1998) sowie Barry (1986). Dies ist auch der Grund, warum Nozicks Konzeption – aufgrund der Befürwortung eines Minimalstaats – ebenfalls nicht näher diskutiert wird; siehe Nozick (1974).
6 Unter Libertarismus versteht Narveson (2004), S. 5, eine besondere Variante des Liberalismus, da der Libertarismus als philosophische Sichtweise der Politik die Freiheit entweder als *einzigen* Wert (teleologische Version) oder als *einziges* Recht des Menschen (deontologische Version) in den Mittelpunkt stellt. Diese beiden Versionen werden teilweise auch mit den für politische Zuordnung bekannten Adjektiven links und rechts versehen. Während der „linke", teleologische Libertarismus kein absolutes Recht auf Privateigentum behauptet und damit die Möglichkeit zu wohlfahrtsstaatlichen Eingriffen in das Marktgeschehen offen lässt, bezeichnen sich rechtslibertäre Theoretiker häufig selbst als Privateigentums-Anarchisten. Die vorliegende Arbeit nimmt Bezug auf die „rechtslibertäre" Position, die aber mit der *libertären* Position an sich als identisch angenommen wird. Dies findet seine Begründung in der Behandlung der Eigentumsrechte, wie im Text verdeutlicht.

als Anarchokapitalismus bezeichnen; dies wird in der Untersuchung klarer und die Begriffe werden synonym gebraucht werden. Es wird sich später in der Diskussion auch zeigen, dass die Vorstellung von Eigentumsrechten in einer liberalen Theorie offener ist als die libertäre Interpretation: Eigentumsrechte sind in der libertären Theorie die einzigen Markierungen für die Grenzen legitimer Handlungen. In der liberalen Theorie hingegen sind die Eigentumsrechte nicht die einzigen Rechte, die einem Individuum zukommen.[7] Obwohl die liberale Position das Individuum in den Mittelpunkt stellt, erlaubt sie Eingriffe in die – aus libertärer Sicht – durch Eigentumsrechte abgegrenzte individuelle Privatsphäre. Die Vorstellung, es gäbe neben Eigentumsrechten noch andere Rechte des Individuums, wird von Libertären daher als ein Grundfehler der liberalen Theorie betrachtet.[8]

Da in der libertären Theorie die Eigentumsrechte den Kern der normativen Konzeption ausmachen, ist der Ordnungsentwurf, der sich daraus ergibt, fast schon zwingend anarchistisch. Individueller Tausch, der auf Freiwilligkeit setzt, wird zum wesentlichen Bestandteil der Ordnung, und dies auch in der Frage der Regelsetzung, also in dem Verfahren, wie der Tausch selbst und wie die zugrunde liegenden Eigentumsrechte geschützt werden können. Anarchie ist dabei definiert als eine gesellschaftliche Ordnung ohne Herrschaft[9] – sie ist nicht, wie das Alltagsverständnis suggerieren mag, eine „chaotische", ja sogar gefährliche Ordnung für die individuelle Freiheit, sondern eben eine Regelordnung.[10] Damit ist die Ablehnung des Staates seitens des Libertarismus zumindest in einer Hinsicht schon vorweggenommen: wenn die individuelle Freiheit und die sie determinierenden Eigentumsrechte auch ohne Staat möglich sein sollten, dann wird der Staat obsolet. Die Ablehnung erfolgt jedoch aus mindestens einem weiteren Grund: der Staat wird definiert als ein territorialer Monopolist der Gewalt,[11] in dem Gewalt also selbst nicht zu einem „Geschäft" werden kann. Es entstünde – so die libertäre Theorie – in der Folge ein „moralisches Problem der Politik" überhaupt.[12]

1.3 Art der Untersuchung

Die libertäre Position ist eine individualistische. In der Untersuchung erfolgt die Diskussion der Argumente vor demselben Hintergrund: weder werden die Kriterien zur Beurteilung der Ordnung aus Sicht anderer Normvorstellungen kritisiert, noch wird die methodologische Herangehensweise eine andere sein. Die Diskussion und die Kritik erfolgen vielmehr immanent, ohne jedoch damit zugleich alle Konsequenzen und Facetten der zugrunde liegenden libertären Normen zu bejahen; wie sich zeigen wird, sind gerade bei den Normen neben Gemeinsamkeiten der libertären Theoretiker auch Unterschiede

---

7 Siehe hierzu auch in Auseinandersetzung mit der libertären Theorie Freeman (2002).
8 Radnitzky (2002a), S. 355ff. und Jasay (1991), Kapitel 3.
9 Dieser Definition wird im Weiteren gefolgt.
10 Zum Begriff der Anarchie siehe Höffe (1987), S. 197ff.
11 Hoppe (2003a), S. 336. Dieser Definition wird in der vorliegenden Arbeit gefolgt. Siehe auch Max Weber (1947), Erster Teil, erstes Kapitel, § 17: „Staat soll ein politischer Anstaltsbetrieb heißen, wenn und insoweit sein Verwaltungsstab erfolgreich das Monopol legitimen physischen Zwanges für die Durchführung der Ordnungen in Anspruch nimmt."
12 Radnitzky (2002a).

erkennbar, und ebenso wird sich zeigen, dass der „Wertekanon" nicht eindeutig ist, sondern Spielräume für Interpretationen und Spezifizierungen zulässt. Die immanente Diskussion ermöglicht es darüber hinaus, die Argumente auch auf ihre Meriten hin zu überprüfen, und mit dem libertären Ideal nicht ein Ideal des Staates zu kontrastieren, das aus einer ganz anderen Position heraus entwickelt wurde.

Im ökonomischen Denken verankert, ist die libertäre Ausgangsposition die des methodologischen Individualismus. Als der Intention nach liberale Theorie ist dieser Individualismus zugleich ein normativer: nur die Individuen sind Ausgangspunkt der Argumentation und werden in ihren Präferenzen nicht beschränkt. Es muss also zunächst geklärt werden, ob die ökonomische Theorie sinnvoll eingesetzt werden kann, um die folgende Untersuchung durchzuführen.

Offensichtlich kann es sich dabei nur um die Prüfung des Ordnungsvorschlages, nicht jedoch um die Bewertung der normativen Überzeugungen, handeln. Für die Überprüfung der Funktionsweise und der Stabilität des Ordnungsentwurfes einer geordneten Anarchie ist die Herangehensweise auf Basis des methodologischen Individualismus jedoch durchaus geeignet. Soll die Überprüfung nicht schon das voraussetzen, was eigentlich zu zeigen oder zu diskutieren ist, nämlich die Fähigkeit der Individuen, sich an Regeln auch ohne Staat zu halten, so wird man ohne das Instrumentarium eines homo oeconomicus nicht auskommen. Konzipiert man also die Individuen als rationale Akteure, so können neben den Fragen nach den Gründen für Regeln auch die Fragen nach den Gründen für eine Befolgung von Regeln in den Vordergrund rücken. Damit handelt man sich allerdings den Vorwurf ein, den Menschen „falsch" zu modellieren. Dies ist wohl ein Missverständnis, denn es handelt sich beim homo oeconomicus nicht um eine anthropologische Behauptung, nicht einmal um ein Verhaltensmodell, sondern um ein Situationsmodell mit dessen Hilfe die Wirkungen von Restriktionen (und damit auch Regeln) auf individuelles Handeln analysiert werden können.[13] Durch die Rationalitätsannahme lassen sich dann die Reaktionen auf Veränderungen in der Situation beschreiben. Im Zuge der Diskussion wird jedoch auch deutlich werden, dass ein Interesse an Regeln weder ihre Schaffung noch ihre Befolgung gewährleistet. Erst wenn die Individuen so modelliert werden, dass ihnen auch die Möglichkeit der „Selbstbindung" an Regeln gegeben ist, lässt sich über Ordnung diskutieren. Werden Regeln nur aus situativem Interesse eingehalten, so dürfte keine Ordnung stabil sein: je nach situativen Bedingungen werden sie eben teils eingehalten und teils nicht.[14] Von der skeptischen Fiktion situativer Nutzenmaximierer wird daher im Zuge der Diskussion abgewichen. Dabei wird sich zeigen, dass auch eine Selbstbindung als „rational" gelten kann.[15] Für den Vergleich der Ordnungen wird diese Erweiterung des Handlungsmodells folgenschwere Konsequenzen haben; dass dies dennoch „kein Problem" ist, liegt einerseits daran, dass die Untersuchung beider Ordnungsentwürfe – Staat und geordnete Anarchie – mit dem erweiterten Modell gleichermaßen erfolgt, und andererseits daran, dass die Erweiterung

---

13 Siehe hierzu Homann (1994), S. 395-396.
14 Siehe Kliemt (1987a).
15 Siehe hierzu insbesondere Kapitel 6. Grundsätzlich für diese Erweiterung siehe insbesondere Baurmann (1996) und Gauthier (1986).

kompatibel mit den Vorstellungen einiger libertärer Theoretiker hinsichtlich ihrer methodischen Vorgehensweise ist.

Zwei weitere Bemerkungen zum Vorgehen sind angebracht. Da es in der Untersuchung zum einen um die innere Konsistenz von Aussagen über Regelwünsche, ihrer möglichen Entstehung und ihrer Befolgung geht, können historische Argumente nur illustrativen Charakter haben. Zum anderen kann für die Überprüfung der libertären Position eine konstruktivistische Sicht nicht weiterhelfen: bei der Analyse von Regelsetzungs- und Regeldurchsetzungsverfahren (Staat, Markt) mittels des Modells eines homo oeconomicus geht es insbesondere um die nicht-intendierten Handlungsfolgen – also um Anreize – und nicht um beliebig reproduzierbare oder gestaltbare gesellschaftliche Tatbestände, eben „Konstrukte".[16] Die Untersuchung muss also immanent erfolgen, will man das Ordnungsideal des Libertarismus kritisch prüfen.

1.4 Gang der Untersuchung

Als „liberale" Gesellschaftstheorie muss der Libertarismus mindestens zwei Antworten geben: nämlich erstens welche Normen Gültigkeit beanspruchen können und zweitens, wie diese Normen durchgesetzt werden sollen. Dabei sind die beiden Aspekte und ihre jeweiligen Argumentationsstränge vorerst zu trennen, denn die Verbindlichkeit von Normen bedarf einer eigenständigen Rechtfertigung – gerade wenn sie als Letztbegründung vertreten wird – und die Durchsetzung der Normen muss auf funktionsfähigen Sanktionsmechanismen beruhen, für die wiederum eine eigenständige Diskussion erforderlich ist.

Im folgenden Kapitel erfolgt daher zu Beginn die Darstellung der libertären Normen und der unterschiedlichen Begründungen, die für diese vorgebracht werden. Ohne die Kriterien an sich in Frage zu stellen, werden die Gemeinsamkeiten der libertären Vorschläge herausgearbeitet und einer Kritik unterzogen – und zwar hinsichtlich ihrer Bestimmtheit, das heißt, hinsichtlich ihrer Eindeutigkeit für eine Überprüfung sozialer Tatbestände oder individueller Handlungen und zur Beurteilung möglicher politischer Ordnungsentwürfe.

Im dritten Kapitel wird dann der libertäre Ordnungsvorschlag diskutiert, da es darum gehen muss, die Argumente für einen solchen Entwurf zu verstehen, bevor ein Vergleich mit dem Staat möglich ist. Es werden anfangs die Argumente, die für eine geordnete Anarchie sprechen, dargestellt. Dabei wird Schritt für Schritt herausgearbeitet, was dem libertären Ordnungsentwurf als Durchsetzungsmechanismus zugrunde liegt: die Reputation der Akteure im Marktgeschehen. Es schließt sich eine Diskussion erster Aspekte an, die grundlegend für das Funktionieren des Reputationsmechanismus in einer geordneten Anarchie sind. Wie sich zeigen wird, sind die libertären Argumente plausibel, wenn bestimmte Bedingungen erfüllt sind. In Kapitel 4 wird die zuvor geführte Diskussion erweitert: Kollektivgüter spielen in der ökonomischen Theorie des Staates eine bedeutende Rolle, da eine marktwirtschaftliche Bereitstellung solcher Güter gemäß

---

16 Siehe allgemein dazu Zintl (1997), S. 39.

der neoklassischen Theorie nicht ohne weiteres möglich ist. Die libertäre Theorie, die sich dieser Auffassung nicht anschließen kann, wird daher zunächst wieder dargestellt und beleuchtet. In der Folge wird die Argumentation erweitert und die libertäre Kritik am Staat verallgemeinert. Es bedarf zunächst des Verständnisses, weshalb der Staat aus libertärer Sicht inakzeptabel ist, und welche Schwächen einer staatlichen Ordnung unter dem Gesichtspunkt der individuellen Freiheit zuzuschreiben sind. Dem kann dann ein Vergleich von geordneter Anarchie und staatlicher Ordnung im Hinblick auf die Frage folgen, ob – und wenn ja: in welchem Ordnungsmodell – die individuellen Freiheitsrechte gesichert werden kann.[17]

In Kapitel 5 wird die Diskussion zu den Grenzen der Anarchie geführt. Die Untersuchung des libertären Programms einer geordneten Anarchie wird hier abgeschlossen, und es wird verdeutlicht, worin die Defizite des libertären Modells liegen. Dem schließt sich in Kapitel 6 die Frage nach Auswegen an. Modelliert man die Akteure weiterhin als rationale Entscheider, denen aber zusätzlich die Fähigkeit zur Normbindung zugesprochen wird, so kann die Bereitstellung von Kollektivgütern leichter gelingen. Dies ermöglicht eine klarere Unterscheidung der Ordnungssysteme Staat und Anarchie im Hinblick auf die Frage, welche Voraussetzungen eine liberale Ordnung erfüllen muss.

Damit kann in Kapitel 7 die zuvor gestellte Frage nach dem liberalen Charakter der libertären Ordnungstheorie beantwortet werden. In Kapitel 8 wird das Fazit der Diskussion gezogen. Ob das „Mehr" an Freiheit, das die libertäre Theorie bieten will, in einer tragfähigen freiheitlichen Ordnung mündet, wird nun untersucht.

---

17 Dabei wird von der engen Lesart libertärer Eigentumsrechte abgewichen werden, deren Schwierigkeiten in Kapitel 2 angedeutet werden und die ohne eine verfahrensmäßige Spezifizierung nicht in einen Rechtscode übersetzt werden können.

2 Freiheitsnormen im Libertarismus

2.1 Vorbemerkung

Im Folgenden geht es darum, die Begründung für individuelle Freiheitsrechte in wesentlichen libertären Theorien darzustellen und ihre Unterschiede und Gemeinsamkeiten zu verdeutlichen. Wie sich zeigen wird, ist der Anspruch mancher libertärer Autoren, die ihre Konzeption mit einer Letztbegründung versehen, zum Scheitern verurteilt: es ist nicht zwingend für ein rationales Individuum, sich den libertären Normvorstellungen anzuschließen. Das macht den Weg frei für eine Diskussion der Spezifika der libertären Normen, die sich ausschließlich auf Eigentum – das Selbsteigentum des Menschen und das Sacheigentum – beziehen. Die Diskussion ist für den Fortgang der Untersuchung bedeutsam, um aufzuzeigen, woran die Ordnungsentwürfe Anarchie und Staat aus libertärer Sicht gemessen werden, und wo ihre jeweiligen Stärken und Schwächen aus dieser freiheitlichen Sicht liegen.

2.2 Zum Begriff der Freiheit

Als Terminus der politischen Theorie ist Freiheit ein ebenso schillernder wie unbestimmter Begriff. Im alltäglichen Sprachgebrauch verbindet er sich ebenso mit Personen wie mit Organisationen, genauso bezeichnet er die Nichtexistenz von Sachverhalten („frei" von Ängsten) oder die Beschreibung der Eigendynamik von Dingen, Tieren oder Menschen (im „freien" Fall).[18] In der Anwendung auf Menschen ist insbesondere die Unterscheidung hinsichtlich des individuellen Wollens und individuellen Handelns von Bedeutung. Mit Kant hat der Mensch die Veranlagung zu einem freien Willen.[19] Der freie Wille bezieht sich dabei nicht nur auf die Wahl bestimmter Handlungsoptionen, sondern auch auf die Möglichkeit, den Willensinhalt frei von Begierden und Neigungen sowie gesellschaftlichen Restriktionen zu bestimmen.[20] Diese Selbstbestimmung des autonomen Willens ermöglicht es dem Menschen qua Vernunft zu Maximen zu gelangen, die, wenn sie universalisierbar sind, als gültig, d.h. als vertretbar, zu betrachten sind (kategorischer Imperativ).[21] Unabhängig von der Interpretation und Kritik an der Vorstellung der Autonomie, die hier in unbestimmter Form angenommen wird,[22] steht die

---

18 Koller (1998), S. 476-478. Koller hält die Kritik, der Freiheitsbegriff sei vollkommen abhängig von der jeweils eingenommenen Perspektive und daher ohne Bedeutung, für falsch, da die allgemeine Verwendung des Begriffs auf geteilte Wahrnehmungen bzw. Interpretationsmuster hindeute.
19 Kant (1990/1797), S. 46 (Metaphysik der Sitten, Erster Teil, Metaphysische Anfangsgründe der Rechtslehre, Einleitung in die Metaphysik der Sitten, I. Abschnitt).
20 Handlungsfreiheit und Willensfreiheit müssen wechselseitig weder notwendige noch hinreichende Bedingungen für die jeweils andere Kategorie sein. Siehe hierzu Baumann (2000), S. 71: „Man kann die Freiheit haben zu tun, was man auf unfreie Weise will, und man kann unfrei sein, das zu tun, was man in freier Weise will."
21 Kant (1990/1797), S. 60 (Metaphysik der Sitten, Erster Teil, Metaphysische Anfangsgründe der Rechtslehre, Einleitung in die Metaphysik der Sitten, IV. Abschnitt). Für eine Kritik der Idee des kategorischen Imperativs siehe beispielsweise Hoerster (2003), Kapitel 5.
22 Die Debatte um die Möglichkeit eines freien Willens ist aufgrund neurobiologischer Erkenntnisse sehr aktuell und offen. Searle weist allerdings kritisch auf die – seiner Ansicht nach – Unan-

Handlungsfreiheit im Hinblick auf das Ordnungsproblem, das sich in einer Gesellschaft ergeben kann und damit zum Problem der Gesellschaftstheorie an sich wird, im Vordergrund dieser Untersuchung.[23]

Mit der Idee der Handlungsfreiheit verbindet sich der Gedanke der Befreiung des Menschen von Zwängen – seien diese gesellschaftlichen oder natürlichen Ursprungs. Die Unterscheidung von negativer und positiver Freiheit, wie sie von Isaiah Berlin ausführlich dargestellt wurde, lässt sich auf die Idee der Handlungsfreiheit anwenden, und dadurch, wenn von Naturbedingungen abstrahiert wird, hinsichtlich der individuellen Freiheit im Zusammenleben mit anderen Menschen klarer fassen. Berlin versteht unter negativer Freiheit die Freiheit von etwas. Der Mensch ist frei, solange niemand anderes in seinen Handlungsradius eingreift.[24] Aus dieser Sicht kann jeder Eingriff eines anderen eine Freiheitsbeschränkung für das betroffene Individuum bedeuten. Möglicherweise könnten daraus sogar brutale Konsequenzen für andere Individuen ableitbar sein – die Beseitigung störender Hindernisse (auch Hindernisse bedingt durch andere Menschen) ist per se eine Erweiterung bzw. ein Vollzug der negativen Freiheit in ihrer radikalen Fassung. Das konzeptionelle Problem scheint die Frage der Selbstbeschränkung des Individuums auf Basis der negativen Freiheit zu sein.[25] John Stuart Mill stellt daher eine einfache Grundregel auf, um „das Verhältnis der Gesellschaft zum Individuum in Bezug auf Zwang oder Bevormundung zu regeln...":[26]

> „Dies Prinzip lautet: dass der einzige Grund, aus dem die Menschheit, einzeln oder vereint, sich in die Handlungsfreiheit eines ihrer Mitglieder einzumengen befugt ist, der ist: sich selbst zu schützen. Dass der einzige Zweck, um dessentwillen man Zwang gegen den Willen eines Mitglieds einer zivilisierten Gemeinschaft rechtmäßig ausüben darf, der ist: die Schädigung anderer zu verhüten." [27]

Um die negative Freiheit aller zu schützen, bedarf es also des wechselseitigen Verzichts aller auf Einmischung in die Freiheit des jeweils anderen – verbunden mit dem Recht (bei Mill: der Gesellschaft), Eingriffe in die Handlungsfreiheit eines jeden Einzelnen notfalls mit Zwangsmitteln zu vereiteln. Das Prinzip ermöglicht in seiner Einfachheit jedoch keine genaue Spezifikation von „Schädigung" als Begründung für Eingriffe in die Handlungsfreiheit des Individuums.[28] Auch ist bei Mill nicht gewährleistet, dass alle Menschen in gleichem Maße frei sind.[29] Dies führt zur Frage, ob Freiheit nicht weiter gefasst werden muss, um die möglichen Probleme im Rahmen der Definition von negativer Freiheit zu vermeiden. Freiheit könnte auch als Produkt der Gesellschaft, des sozialen Kontextes von Individuen gedacht werden, als die positive Freiheit, die erst durch Institutionen geschaffen werden muss und daher dem anarchischen Chaos des möglichen permanenten Konflikts von Menschen mit Menschen entgeht. Dies birgt,

---

nehmbarkeit der These eines deterministischen „Willens" hin; siehe Searle (2004), S. 61-62.
23 Zintl (1983), S. 10.
24 Berlin (1969), S. 122.
25 Hierzu auch Bienfait (1999), S.10.
26 Mill (1988/1859), S. 16-17 (Erstes Kapitel, Einleitung).
27 Ebd.
28 Gray (1995), S. 52.
29 Ebd., S. 53.

ungeachtet verschiedener Konzeptionen einer solchen positiven Freiheit, prinzipiell das Problem des Primats des Sozialen vor dem Individuellen. Die „positive" Wendung von Freiheit kann dazu führen, dass bestimmte Lebensformen als Ziel der positiven Freiheit favorisiert und mit Gewalt durchgesetzt werden. Berlin weist daher auf die Befürchtung hin, dass die Freiheit verstanden als positive Freiheit auch ein Deckmantel für brutale Tyrannei sein kann. [30] Nur wer den Maßstäben der positiven Freiheit, politisch gesetzt, gerecht wird, kann sich seines Lebens in einem gegebenenfalls totalitären Gemeinwesen sicher sein.

Es scheint, als ob die Beantwortung der Frage nach der Definition der (individuellen) Freiheit in einem "tragischen Dilemma" gefangen bleibt, wie es Bienfait konzeptualisiert. [31] Da die konsequente Beachtung der negativen Freiheit in einem Ordnungsverlust münden und die positive Konzeption von Freiheit in Despotie enden kann, scheint ein Ausweg fast unmöglich. [32] Libertäre teilen zwar die Befürchtung der despotischen Implikationen einer ‚positiv' gewendeten Freiheitskonzeption, halten aber den befürchteten Ordnungsverlust für vermeidbar und präsentieren eigene Konzeptionen von negativer Freiheit. [33] Zwang zur Verhinderung oder Bestrafung von Handlungen, die den handlungsnormierenden Regeln der jeweiligen libertären Konzeption widersprechen, wird auch von Libertären als legitim angesehen. [34]

2.3 Eine libertäre Definition individueller Freiheit[35]

Eine Definition individueller Freiheit, die im Definiens auf die Freiwilligkeit selbst Bezug nimmt, ist zirkulär und insofern inhaltsleer, da sie nicht zur Klärung beiträgt, welche empirischen Gegebenheiten als mit ihr übereinstimmend gelten können. [36] Bouillon bietet einen Definitionsversuch an, der genau dieser Schwierigkeit entgehen soll, und der zugleich vor dem Hintergrund klassisch liberaler Positionen eine genauere Erfassung des Verständnisses von individueller Freiheit ermöglichen soll. Er diskutiert hierzu zuerst die Freiheitskonzeptionen von Wilhelm von Humboldt und Friedrich August von Hayek, die er beide für unzulänglich hält. [37] Insbesondere gegenüber den Thesen von Hayeks

---

30 Berlin (1969), S. 131: „For it is this – the ‚positive' conception of liberty: not freedom from, but freedom to – to lead the prescribed form of life – which the adherents of the 'negative' notion represent as being, at times, no better than a specious disguise for brutal tyranny."
31 Bienfait (1999), S. 12.
32 Bienfait scheint an dieser Stelle in eine Übertreibung zu verfallen. Negative Freiheit ist bei ihr nicht durch Beschränkungen eingrenzbar, d.h. die intuitiv plausible Grundregel Mills wird – trotz aller Schwächen, die jedoch potenziell lösbar sein mögen – bei Bienfait implizit schon als ‚positive' Variante der Freiheit konzipiert. Siehe zu ähnlichen Argumenten die Kritik bei Narveson (2004), S. 10.
33 Siehe hierzu exemplarisch Rothbard (1973) und Jasay (1991).
34 Rothbard (2000), S. 89.
35 Ob Bouillon zu den libertären Theoretikern im hier zugrunde gelegten engeren Sinne gerechnet werden kann, ist nicht sicher, da er sich kritisch gegenüber insbesondere den Theorien von Rothbard und Hoppe geäußert hat (Bouillon (1998)). Dennoch beziehen sich Libertäre auf Bouillons analytische Definition von Freiheit – mal zustimmend (Radnitzky (2002b)), mal ablehnend (Hülsmann (1998a)).
36 Dieser Zirkel tritt auf bei der Definition von Rothbard und Hoppe, die später diskutiert werden. Siehe hierzu Bouillon (1998), 31.
37 Bouillon (1997), S. 34-36 und S. 72-75.

bleibt Bouillon skeptisch, da Hayek die Erzwingung lebenswichtiger Vorteile für legitimen Zwang hält und damit in eine unauflösbare Abgrenzungsproblematik gelange.[38] Der Schutz der individuellen Freiheit könnte unmöglich werden. Wenn die Bedeutung von Zwang zu viel Raum lasse für widersprüchliche Interpretationen, dann werde die Idee der individuellen Freiheit ausgehöhlt, ja sie werde sogar inhaltsleer. Jedes Individuum könnte seine Interessen als lebenswichtig charakterisieren, oder, wenn die Interpretation nicht dem Einzelnen überlassen würde, so würde die Entscheidung über den Inhalt von Zwang von jemand anderem getroffen werden müssen, zum Nachteile derjenigen, die damit eben nicht einverstanden sind.[39]

Bouillon versucht daher, eine eigene Definition von Freiheit und Zwang vorzunehmen, um der Formel Hayeks „Freiheit ist die Abwesenheit von Zwang" eine bessere Explikation zu geben. Grundlegend ist die Annahme, dass es bei Zwang und Freiheit um die Relation von Menschen geht; Robinson Crusoe wird sich darüber keine Gedanken machen müssen, solange er noch nicht auf Freitag getroffen ist.[40] Auch muss der Mensch handeln können. Kann er nur reagieren bzw. sich bewegen, wie ein Baum im Wind, oder wäre der Mensch deterministisch vorprogrammiert, so würde der Begriff „Handeln" keinen eigenständigen Sinn haben.[41] Ebenso bedeutsam sei die Tatsache, dass nur sinnvoll über Zwang gesprochen werden könne, wenn Individuen Eigentum an sich selbst und an erworbenen Sachen (privaten Gütern) zugesprochen werde.[42] Auf eine Rechtfertigung von Eigentum verzichtet Bouillon. Er unterstellt, dass die gegenteilige Annahme einer Nicht-Existenz von Eigentumsrechten reichlich absurd sein müsste, da dies bedeuten würde, dass jeder ein Recht auf alles hat (den Körper fremder Personen eingeschlossen);[43] außerdem wäre damit die Diskussion zum Thema Zwang beendet, da sonst keine Möglichkeit bestünde, zwischen Zwang und Vorteilsverwehrung analytisch zu unterscheiden. Um diese Unterscheidung treffen zu können, müsse die Annahme privater Güter, d.h. Selbst- und Sacheigentum, verwendet werden. Wenn die Freiheit durch Zwang begrenzt wird, so bedeute dies eine Reduktion der Handlungsmöglichkeiten oder zumindest die Beschränkung einer gegebenen Handlungsmöglichkeit eines Individuums.[44] Es kann aber, so Bouillon, auch möglich sein, dass die Handlungsmöglichkeiten im Sinne der Summe möglicher Handlungen durch Zwang erweitert werden, aber dafür eine spezifische Handlungsmöglichkeit aus dieser Gesamtsumme durch den ausgeübten Zwang begrenzt wird. Das Beispiel hierfür ist erpresserische Bestechung. Zwang bedeute also den Eingriff in Eigentum, über das das Individuum ansonsten souverän verfügen kann. Eigentum ist damit aber auch „die Lösung des Problems, andere am Gebrauch bestimmter Güter auszuschließen, nämlich jener der Privatsphäre."[45] Dieses „Ausschließungsproblem", das auch impliziert, dass bei der Lösung desselben durch Eigentum die

---

38 Ebd., S. 47.
39 Ebd., S. 75.
40 Bouillon (1997), S. 83.
41 Ebd., S. 84. Bouillon setzt in diesem Zusammenhang, wie er in Fußnote 14 auf S. 83 erklärt, voraus, dass der Mensch einen freien Willen habe.
42 Ebd., S. 88.
43 Bouillon (1997), S. 88, Fußnote 18.
44 Ebd., S. 84.
45 Ebd., S. 89.

verschiedenen Eigentümer nebeneinander bestehen können, ohne dass es zu Konflikten kommt, ist logischerweise nur in Situationen mit mehr als einem Individuum vorhanden. Damit stellen sich zwei Fragen: Erstens, welche Formen von Handlungsbeschränkungen stellen tatsächlich Zwang dar? Zweitens, wie lässt sich das Problem der Zirkularität in der Freiheitsdefinition lösen, so dass es sich um eine trennscharfe und aussagekräftige Definition handeln kann?

Bouillon unterscheidet drei Arten von Handlungsbeschränkungen, nämlich natürliche, spontane und künstliche Handlungsbeschränkungen. Natürliche Handlungsbeschränkungen sind einfach zu fassen – das Wetter, Tiere und alle anderen natürlichen Bedingungen können gewünschte Handlungen unmöglich machen oder zumindest einen temporären Verzicht auf die Ausübung gewünschter Handlungsweisen seitens der Individuen erzwingen. Dass man nicht über das Meer laufen kann, gehört hier ebenso zu möglichen Beispielen wie die Erfahrung von plötzlich auftretenden Naturgewalten. Neben diesen intuitiv leicht erfassbaren Beschränkungen gehören gemäß Bouillon allerdings auch die psychischen Handlungsbeschränkungen eines Menschen in diese Kategorie.[46] Spontane Handlungsbeschränkungen hingegen entstehen durch andere Menschen, sind aber im Hinblick auf die durch diese Handlungen beschränkten Menschen kein Zwang, sondern ein ungewolltes Nebenprodukt. Denn bei den Handelnden, die die Beschränkung herbeiführen, liegt keine Absicht vor. Ein Leser, der im Café in ein Buch vertieft ist, wird zufällig von einer lauten Touristengruppe beim Lesen gestört; er erfährt aber durch diese Touristengruppe keinen Zwang, da die Absicht des Störens nicht vorhanden war. Dies ist bei künstlichen Handlungsbeschränkungen anders – und deswegen sind sie die einzigen Beschränkungen, die Bouillon als Zwang charakterisieren möchte, da er sie als prinzipiell vermeidbar einstuft.[47] Ein Beispiel wäre der erwähnte Leser im Café, dem das Buch von einer anderen Person weggenommen wird.

Damit stellen sich vorab zwei kritische Fragen, die von Bouillon selbst erwähnt und kurz ausgeführt werden. Erstens können psychische Eigenschaften des Menschen als Beschränkungen anerkannt werden, und zwar als Beschränkungen, die durch andere beeinflussbar sind bzw. sogar hervorgerufen werden können. Wenn psychische Beschränkungen nachweislich absichtlich dazu dienen, jemandem Kosten aufzuerlegen, dann sollten diese zu den künstlichen Folgekosten gerechnet werden. Ist jedoch die Absichtlichkeit nicht nachweisbar, so handelt es sich um spontane Handlungsbeschränkungen, die keiner Form der Regulierung unterworfen sind.[48] Zweitens können künstliche Handlungsbeschränkungen als spontane Handlungsbeschränkungen getarnt werden. Bouillon verweist darauf, dass „es [...] kein analytisches Kriterium [gibt], um scheinbare und tatsächliche spontane Handlungsbeschränkungen klar voneinander zu trennen."[49] Entscheidend bleibt die Absicht, jemanden zu schädigen, indem in dessen Privatsphäre – den Raum, der durch Eigentum gekennzeichnet ist – eingedrungen wird. Allerdings schließt Bouillon Beleidigung, Verleumdung, Rufmord etc. als künstliche Handlungsbeschränkungen

---

46 Bouillon (1997), S. 92-93.
47 Ebd., S. 96-97.
48 Ebd., S. 93, Fußnote 32.
49 Bouillon (1997), S. 97, Fußnote 39.

aus, auch wenn deren Wirkung im Sinne einer Schädigung des Opfers absichtlich war und gelingt. Denn während ein Räuber A ein Opfer B durch die Androhung von Gewalt zur Herausgabe von Geld zwingen kann, ist die Situation bei z.b. Verleumdung anders. Verleumdet A seinen Geschäftspartner B indem er (falsche) Informationen in Umlauf bringt, die B schädigen können, so entsteht die Schädigung nicht durch die Information sondern durch die Reaktion von C, D, E usw. auf die Information.[50] Eine schädigende Absicht des A liegt also vor, aber, so Bouillon, keine hinreichende Handlung desselben, um die intendierten Folgen zu erzielen.[51]

Wie lassen sich diese Abgrenzungsschwierigkeiten lösen? Möglicherweise kann dies erreicht werden, wenn die inhaltlich-analytische Ebene verlassen und die Frage, wer der Träger der Beweislast hinsichtlich der Beschränkung der Freiheit ist, gestellt wird. Radnitzky schlägt vor, dies anhand der Hindernisse, die einer bestimmten Handlung entgegenstehen können, zu kategorisieren. Er spezifiziert damit nicht bestimmte Hindernisse, sondern unterscheidet nur, ob die relevanten Hindernisse eine endliche oder abzählbar unendliche (d.h. eine im Wesentlichen kaum abzuzählende) Liste ergeben. Ist die Liste endlich, „dann ist das Schlüsselproblem, auf wen es rational ist, die Bürde der Beweislast zu platzieren, eine Frage der Effizienz."[52] Der einer Handlung Widersprechende B, muss nur das relevante Hindernis aus der Liste präsentieren, d.h. seine Behauptung verifizieren. Person A, der Handelnde, hingegen, müsste um seine „Unschuld" zu beweisen, die Behauptung des B falsifizieren, d.h. die gesamte Liste prüfen, um zu zeigen, dass der Vorwurf nicht durch die möglichen Hindernisse gedeckt wäre.[53] Insofern ist es, laut Radnitzky, effizienter, dem Widersprechenden die Beweislast aufzuerlegen. Im Falle einer abzählbar „unendlichen" Liste – dem wohl entscheidenden Fall für die Praxis – kommt Radnitzky zwar zur gleichen Schlussfolgerung, aber aus anderen Gründen. In diesem Falle ist es gemäß Radnitzky eine Frage der Logik, auf wen die Beweislast abgewälzt wird. Ein möglicher Einspruch gegen eine bestimmte Handlung ist verifizierbar, allerdings ist er für den Handelnden nicht falsifizierbar, da die Liste der möglichen Einwände quasi unendlich lang ist, und es dem Handelnden damit unmöglich ist, zu beweisen, dass der

---

50 Ebd., S. 99.

51 Mehr noch, gemäß dem Autor sind zahlreiche Güter, die man gemeinhin als nichtmateriell bezeichnen würde, wie z.b. Ehre, nicht zur Privatsphäre, also dem Eigentum einer Person, zuordenbar. Angenommen, Ehre sei ein privates Gut. Dann könnte A die Ehre von B nicht verletzen, da private Güter qua definitionem das Ausschließungsproblem lösen. Ist aber B dennoch der (nachvollziehbaren) Ansicht, dass seine Ehre verletzt ist, steht man vor einem Problem. Entweder, es wird akzeptiert, dass A seinen Körper einschließlich seiner Redefreiheit nicht vollständig nutzen darf (ein Zwang, der gerechtfertigt werden müsste und offensichtlich mit der bisherigen Definition kollidiert) oder analytisch zu schließen, dass Ehre gar kein privates Gut ist. Genau dies ist Bouillons Lösung (1997), S. 99. Es muss hier erwähnt werden, dass es Bouillon um eine genauere Definition von Freiheit und Zwang geht, um damit analytisch mögliche Handlungen überprüfen und kategorisieren zu können. Folgt man aber diesem Weg, so kann man dem Beispiel zustimmen, dass eine Verleumdungskampagne gegen eine Person mit angenommener Todesfolge (aufgrund beispielsweise von Selbstmord) nicht als Zwang, die marginale Beschränkung der Redefreiheit des Verleumders hingegen als Zwang eingestuft wird. Da Zwang für Libertäre unmoralisch ist, entsteht eine Aussage, die einfachen Alltagsintuitionen widerspricht.

52 Radnitzky (2001), S. 269.

53 Ebd., S. 268-270.

Einspruch nicht in der quasi unendlichen Liste möglicher Einsprüche enthalten ist.[54] Folglich kann die Beweislast dem Handelnden nicht aufgebürdet werden. Damit liefert Radnitzky ein Legitimationsargument für die Frage der Beweislast, die nur dem Widersprechenden aufgelastet werden darf.[55]

Ausgehend von dieser Diskussion stellt sich aber nach wie vor die Problematik des als problematisch erachteten Zirkelschlusses bei der Definition individueller Freiheit, da individuelle Freiheit die Abwesenheit von Zwang meint, sofern diesem nicht freiwillig zugestimmt wurde.[56] Bouillon versucht, dies durch eine Unterscheidung zwischen den Wahlmöglichkeiten in einer gegebenen Entscheidungssituation zu erreichen. Demzufolge gibt es in jeder Entscheidungssituation zwei trennbare Ebenen: eine Objekt- und eine Metawahl. Angenommen, Individuum A sitzt in einem Restaurant, der Kellner fragt A nach Beendigung des Essens, ob A noch einen Espresso oder einen Schnaps wolle. A hat nun zwei Entscheidungen zu treffen, einerseits die Entscheidung, ob er überhaupt noch etwas trinken will, das ist die Metawahl, und andererseits, welche der beiden Angebote, bzw. welche weitere Alternative er wünscht, das ist die Objektwahl. Im Beispiel sind diese Entscheidungen zwangsfrei, denn A kann bezahlen und kein weiteres Getränk zu sich nehmen, ohne dadurch negative Konsequenzen befürchten zu müssen. Handelt es sich jedoch um einen kriminellen und brutalen Wirt, so kann selbst im obigen Beispiel die Metawahl von A mit negativen Konsequenzen belegt sein. Will er bezahlen, und wird ihm dies mit Gewalt verweigert, so wäre seine Metawahl nicht mehr kostenfrei. Bouillon hält damit die Suche nach einer Definition von individueller Freiheit für erfolgreich beendet. Er definiert Freiheit wie folgt:

„Eine Person genießt individuelle Freiheit, solange sie – in eine Doppelwahlsituation gestellt – eine negative Metawahl treffen darf, ohne dabei künstliche Folgekosten Dritter, die sich auf ihren privaten Handlungsspielraum auswirken, erwarten zu müssen."[57]

Bouillons Definition beruht also auf der Einstufung von künstlichen Folgekosten als Äquivalent zu Zwang. Da es sich aber um Kosten handelt, so wendet Hülsmann ein, sei das Konzept haltlos, da Kosten subjektiver Natur sind. Die Kosten einer Entscheidung beinhalten den Verzicht auf die bestmögliche Alternative – die Opportunitätskosten, die bei jeder Entscheidung anfallen.[58] Demzufolge entstehen auch dann immer künstliche Folgekosten, wenn Menschen Angebote ablehnen, die ihnen sonst teilweise Vorteile ermöglichen würden. Ein Angebot in der Art von „Tue X, und ich gebe dir Y" beinhaltet

---

54 Ebd., S. 271.
55 Radnitzky (2001) betrachtet die Menge der Hindernisse als bestehend aus zwei wesentlichen Teilen; einerseits der Gesetze in Staaten, andererseits „wohl etablierte Konventionen" (S. 270). Inkonsistente Gesetze werden mit der Zeit korrigiert. Radnitzky äußert sich jedoch nicht zu den Konventionen, die möglicherweise ebenfalls inkonsistent oder aber unvorteilhaft sein können, obwohl sie sich über die Zeit hinweg nicht oder nur sehr langsam ändern.
56 Bouillon (1997), S. 100-101.
57 Bouillon (1997), S. 104. Zu bemerken ist, dass die Erwartung der Kosten hier die Freiheitsdefinition beeinflusst. Aber ist die Erwartung hinsichtlich einer bestimmten Konsequenz nicht vollkommen subjektiv?
58 Hülsmann (1998a), S. 89.

bei einer negativen Metawahl also den Verzicht auf Y – künstliche Folgekosten (indirekt) verursacht durch Dritte. Hülsmann sieht keine andere Wahl, als die Definition von Freiheit, wie sie von Bouillon vorgeschlagen wird, abzulehnen. Jeder Eingriff in die Privatsphäre eines Individuums ist für Hülsmann Zwang bzw. Gewalt. Um Freiheit ohne Zirkel zu definieren, muss nur danach gefragt werden, welche Handlungen erlaubt sind. Und das sind alle Handlungen, die eine Person mit seinem Eigentum vollzieht, ohne dabei in das Eigentum anderer einzugreifen.[59]

Allerdings scheint offensichtlich, dass Eigentum als Bezugsgröße nicht besser geeignet ist, um rechtmäßige von unrechtmäßigen Handlungen zu unterscheiden. Denn der mögliche Zirkel bleibt erhalten. So könnte man die Vorstellung von Hülsmann umformulieren und definieren: Eine Person heißt frei, wenn sie den Eingriffen in ihr Eigentum freiwillig zugestimmt hat. Die Zirkularität bleibt aber auch in dieser Definition enthalten. Insofern führt Hülsmanns Kritik nicht weiter. Auch ist der Aspekt der subjektiven Kosten, die in jeder Entscheidung involviert sind, nicht als Argument gegen die Definition von Bouillon überzeugend. Ist die Kosten-Nutzen-Kalkulation negativ, so macht eine negative Metawahl für einen rationalen Akteur Sinn. Der Verzicht auf die bestmögliche Alternative einer Entscheidung ist gewinnbringend (der Nettonutzen der getroffenen Entscheidung wird höher eingestuft als der der Alternative). Auch wird bei einer negativen Metawahl der private Handlungsspielraum nicht eingeengt, wenn individuelle Freiheit vorliegt. Opportunitätskosten haben keine negative Wirkung auf den Status quo ante, künstliche Folgekosten jedoch reduzieren den privaten Handlungsspielraum, der in der Ausgangssituation vor der Entscheidung vorlag.

Auch wenn die ersten Einwände Hülsmanns nicht überzeugen, so ergibt sich doch ein Problem durch die Trennung von Objekt- und Metawahl. Jede Objektwahl impliziert eine grundsätzliche Metawahl, und keine Metawahl kann ohne Objektwahl gedacht werden, denn entweder etwas ist in einem ursprünglichen Plan enthalten oder nicht.[60] In diesem Punkt kann Hülsmanns Kritik zugestimmt werden. Schwerwiegender hingegen ist das Problem, dass Bouillon das selbstgesteckte Ziel einer zirkelfreien Definition individueller Freiheit nicht erreicht. Es kann auch bei einer Doppelwahlsituation nicht ausgeschlossen werden, dass eine Person ex ante – also vor dem Eintritt einer konkreten Entscheidungssituation – möglichen künstlichen Folgekosten für bestimmte Entscheidungen in solchen Situationen zugestimmt hat. Indem nur auf eine bestimmte Situation abgestellt wird, weiß der Betrachter, der mit Bouillons Doppelwahlsituation vertraut ist, nicht, welche (möglicherweise vertraglichen) Vereinbarungen zuvor geschlossen wurden.

Zur vorangegangenen Diskussion lässt sich nun zweierlei anmerken. Erstens erfüllt Bouillons Definitionsversuch individueller Freiheit bei Abwesenheit künstlicher Folgekosten den angestrebten Zweck einer zirkelfreien Definition nicht. Einen Ausweg aus dem Dilemma einer zirkelfreien Definition individueller Freiheit scheint es nicht zu geben.[61] Zweitens ist Zwang nicht genauer bestimmbar geworden, da das Konzept der

---

59 Ebd., S. 90.
60 Hülsmann (1998a), S. 89.
61 Das gilt auch für die Beweislastumkehr, die Radnitzky (2002a), S. 356, anführt und die zuvor dargestellt wurde. Der Rekurs auf Logik führt nicht zu einer automatischen Bindung der Individuen,

künstlichen Folgekosten auf einer unterstellten, aber nicht geklärten oder gar begründeten Vorstellung von Selbst- und Sacheigentum basiert. Es muss daher geklärt werden, welche Eigentumsbegründungen in libertären Theorien entwickelt werden, und wie daraus resultierend die Eigentumseingriffe, also Zwänge, genauer gefasst werden können. Indem die Eigentumsbegründung auf der einen Seite und Zwangseingriffe in Eigentum auf der anderen Seite getrennt behandelt werden, kann geklärt werden, welche Gemeinsamkeiten aus den verschiedenen libertären Begründungsversuchen für Eigentum resultieren und welche Schwierigkeiten für eine konkrete Benennung der Kriterien zur Feststellung von Eigentumseingriffen existieren. Im Folgenden geht es zunächst um unterschiedliche Begründungsversuche für Selbst- und Sacheigentum, also den beiden, wie sich zeigen wird, dominanten libertären Normen. Im Anschluss werden die Gemeinsamkeiten herausgearbeitet und einer ersten kritischen Prüfung unterzogen.

2.4 Deontische Begründung eines Systems individueller Freiheit

Individuelle Freiheit als Maßstab zur Bewertung einer Ordnung und als Leitbild für eine Alternative scheint insofern unzureichend, als es eine klare und eindeutige Definition ohne Zirkularität im Rahmen des klassisch liberal inspirierten libertären Denkens nicht zu geben scheint.

Jasay skizziert daher eine eigenständige liberale Theorie, die dem Problem entgehen soll, ohne es genau zu adressieren.[62] In seinem Buch Choice, Contract, Consent: A Restatement of Liberalism klassifiziert Jasay bestehende liberale Ansätze als "loose liberalism", dem er seinen eigenen Ansatz "strict liberalism" entgegensetzt.[63] Was ist damit jeweils gemeint?

2.4.1 „Loose liberalism"

Jasay geht davon aus, dass jede liberale Theorie, die individuelle Freiheit maximieren möchte, diese einer Regel unterwirft, um Probleme einer radikal negativen Freiheit zu vermeiden.[64] Wenn jeder Mensch absolut „frei" ist, zu tun und zu lassen, was er möchte, so kann dies die „Freiheit" anderer verletzen.[65] Nur durch eine Regelbindung wird Frei-

---

sich an diese Logik auch zu halten. Es bräuchte ein weiteres, normatives Argument, warum sich Individuen daran halten sollten, das Radnitzky nur unterschwellig liefert und eine normative Prämisse darstellt, weil, wie Radnitzky argumentiert, es „unvernünftig [ist], ehrlich etwas zu verlangen," was logisch nicht möglich ist. Zur Kritik an Radnitzky siehe Bußhoff (2002), S. 361 und Pies (2002), S. 404.
62 Jasays Ansatz von 1991 ist nicht notwendigerweise libertär-anarchistisch, jedoch argumentiert er in frühen Arbeiten sehr staatskritisch (Jasay (1985)) und in späteren Arbeiten explizit für eine geordnete Anarchie (1997).
63 Jasay (1991).
64 Jasay (1991), S. 10-11.
65 Um Begriffsverwirrungen zu vermeiden: das Attribut "frei" und der Begriff der "Freiheit" scheinen bei Jasay nur zu bedeuten, dass dem menschlichen Handeln keine von anderen Menschen ge-

heit so begrenzt, dass sie nicht zum Hobbesschen Krieg aller gegen alle entartet. Damit ist zu klären, wie einerseits individuelle Freiheit und andererseits die freiheitsbegrenzende Regel definiert werden können. Auch Jasay trifft die grobe Unterscheidung zwischen negativer und positiver Freiheit, wie sie von Berlin vorgeschlagen wurde.[66]

Definiert man, wie Hayek, Freiheit als die Abwesenheit von Zwang, so ist Zwang zu untersuchen. Das Hayeksche Diktum, der Mensch solle frei sein vom willkürlichen Plan seiner Mitmenschen,[67] und der notwendige Schutz davor sei legitimer Zwang, wird von Jasay verworfen, da die Bestimmung von willkürlichem bzw. nicht-willkürlichem Zwang kaum zu treffen ist – es sei denn, man hält das geltende Recht für die entsprechende Lösung; eine Lösung, die Jasay aufgrund der Möglichkeit ungerechtfertigter Gesetze verneint.[68] Andere Freiheits- und Zwangskonzeptionen, die der Idee der „positiven Freiheit zu" etwas entsprechen, werden von Jasay ebenfalls als unhaltbar kritisiert, da sie dazu führen, dass alle auf alles einen Anspruch erheben können.[69] Insofern stellt sich die Frage, was Jasay anzubieten hat, wenn Definitionen negativer Freiheit schwierig, Definitionen positiver Freiheit hingegen inakzeptabel sind. Jasay fragt, ob es nicht ausreichend sein könnte, Freiheit einfach als „having one's way" zu definieren, und im Interesse des Schutzes des Einzelnen gemäß diesem Prinzip den Übergriffen anderer durch eine Regel Einhalt zu gebieten?[70] Dies ist die Lösung, die auf J.S. Mill zurückgeht, nämlich dass Zwang nur dann legitim ist, wenn es darum geht, Schaden von anderen abzuwenden.[71] Jasay hält dieses Prinzip für intuitiv nachvollziehbar und an sich für geeignet, um die Grenze des Handlungsbereiches einer Regierung und eines Staates zu definieren.[72] Nur die Erweiterungen hinsichtlich der möglichen Bedeutungen von „Schaden", den es abzuwenden gilt, seien in Theorie (und Praxis) soweit vorangeschritten, dass sie dem Prinzip in seinem ursprünglichen Gehalt eigentlich nicht mehr entsprechen.[73] Um Schaden abzuwenden, werden „Rechte" erfunden, die jedoch auch immer eine Verpflichtung für diejenigen darstellen, die diese Rechte beachten oder in Form von Steuern bezahlen müssen. Der staatlichen Willkür sei damit Tür und Tor geöffnet.[74] Folglich hält Jasay die Suche nach einer genauen Definition der die uneingeschränkte „Freiheit" begrenzenden Regel in gewisser Hinsicht für überflüssig, wenn nicht gar für unmöglich. Die Interessen, die eine Begrenzung der Freiheit rechtfertigen könnten, seien so vielfältig, dass widersprüchliche Definitionen in der Theorie und im Rahmen der Implementierung

---

machte Restriktionen gesetzt sind. Freiheit für alle impliziert per se also noch keine Schranken, die Notwendigkeit von Schranken zur Gewährleistung der Freiheit für alle wird erst durch das Auftreten von Konflikten sichtbar.
66 Ebd., S. 8-9.
67 Hayek (1971), Kapitel 9, S. 162.
68 Jasay (1991), S. 15-17. Auch Hayek wäre, wie Jasay bemerkt, mit der rechtspositivistischen Lösung nicht einverstanden gewesen.
69 Ebd., S. 17-22.
70 Ebd., S. 12 und S. 22ff.
71 Mill (1988/1859), S. 16 (Kapitel I).
72 Jasay (1991), S. 23.
73 Ebd., S 22-32, mit dem Titel: "Stetching the Harm Principle."
74 Jasay (1991), S. 31: „...the government has de facto and de jure discretion to apply coercion in every case where in its wisdom it judges that not applying the resources of some to the benefit of others would be harming them."

von Regeln widersprüchliche Resultate unausweichlich sind.[75] Um diesen Problemen zu entgehen und dennoch inhaltlich gehaltvolle Aussagen zur freiheitlichen Ordnung einer Gesellschaft machen zu können, entwirft Jasay eine Konzeption, die auf die Begründung von spezifischen normativ postulierten Regeln verzichtet, und dem Prozess einer marktwirtschaftlichen Regelfindung und Regeldurchsetzung Bedingungen zuschreibt, die aus selbstevidenten Axiomen abgeleitet werden können.

2.4.2 "Strict liberalism"

Die Axiome, die laut Jasay vonnöten sind, um eine liberale Theorie zu entwerfen, müssen als offensichtlich, als selbstevident, gelten können und sollten intuitiv nachvollziehbar sein, so dass vernünftige Individuen ihnen eigentlich nicht widersprechen können.[76] Sind sie dies, so ist der Entwurf einer liberalen Ordnungstheorie vereinfacht und die politischen Folgerungen, die dann aus liberaler Perspektive ableitbar sind, erscheinen weniger voraussetzungsreich als bei diversen Definitionen individueller Freiheit.[77] Er schlägt sechs Axiome vor, drei mit Bezug auf individuelle Wahlhandlungen und drei hinsichtlich der Bedingungen sozialer Koexistenz, aus denen sich der liberale Ordnungsentwurf deduzieren lässt. Neben den Problemen einer schlüssigen Freiheitsdefinition liegt ein weiterer Grund für dieses Vorgehen in dem von Jasay so betrachteten Kern von Politik: es geht in der Politik nicht primär um Freiheit, Gleichheit oder Gerechtigkeit, sondern um die Frage, wer für wen was entscheidet und entscheiden darf.[78]

Das erste Axiom ist das „Individualism Axiom" (1). Es besagt, dass nur Individuen handeln und entscheiden können, da nur Individuen als fähig gelten, Gründe für die Wahl einer bestimmten Alternative bestimmen zu können (nur Menschen haben dieses Reflektionsvermögen).[79] Das Axiom impliziert, dass nur Individuen überlegte Handlungen vollziehen können, nicht jedoch, dass sie dies notwendigerweise immer tun. Damit müssen individuelle Handlungen auch nicht als rational, wohl aber als verantwortlich (die Individuen verantworten ihre Entscheidung) bezeichnet werden.[80] Das zweite Axiom nennt Jasay das „Politics Axiom" (2). Individuen entscheiden – in der empirischen Realität – eben nicht nur für sich selbst, sondern können de facto auch für andere entscheiden. Aus dieser Tatsache leitet sich jedoch nicht die Wünschbarkeit politischer Entscheidungen ab. Jasay hält Kollektiventscheidungen, die nicht einstimmig getroffen werden,

---

75 Ebd., S. 11: „[However,] the notion of freedom is notoriously malleable. There is almost boundless latitude to the meanings that can be read into it. The interests whose protection is a legitimate ground for limiting freedom are likewise open to a wide range of, in part mutually contradictory, interpretations."
76 Ebd., S. 56.
77 Jasay verweist darauf, dass es aber kaum möglich sei, von Beginn an alle denkbaren Implikationen aus den Axiomen ableiten zu können. Ebd., S. 55.
78 Jasay (1991), S. 57ff.
79 Ebd., S. 58.
80 Jasay (1991), S. 58-59. Die Implikation dieses Axioms ist, dass die Idee rationaler Handlungen, die dem klassischen homo oeconomicus zugrunde liegen, aufgegeben wird. Allerdings führt Jasay die Individuen in gewisser Hinsicht zurück zum homo oeconomicus, wie sich am dritten Axiom zeigt, dem „Non-Domination Axiom".

für offensichtlich existent. Daher sei aus liberaler Perspektive deren Begrenzung und Kontrolle entscheidend.[81] Das dritte Axiom bezieht sich darauf, dass individuelle Entscheidungen und Handlungen durch zur Verfügung stehende Alternativen beeinflusst werden und dass im Allgemeinen keine Alternativen von Individuen gewählt werden, die durch andere Alternativen dominiert werden, also aus Sicht der Individuen und ihrer Präferenzordnung wenig attraktiv sind. Jasay nennt dies das „Non-Domination Axiom" (3). Der Sinn zielgerichteten Handelns ist demnach das Erzielen besserer Ergebnisse. Dies impliziert, dass paternalistische Bestrebungen falsch sind, da sie den individuellen Handlungsraum – indem die paternalistischen Bestrebungen in dominierten Alternativen enden – für manche Menschen willkürlich reduzieren.[82]

Da das Handeln verschiedener Individuen kollidieren kann, bedarf es eines Rahmens, mithilfe dessen Konflikte vermieden oder gelöst werden können. Dieser Rahmen besteht gemäß Jasay aus drei Konventionen: (4) dem „Contract Axiom", (5) dem „Priority Principle" und (6) dem „Exclusion Principle".[83] Da Verträge individuell nützlich sind und sie auf Versprechen beruhen, sollten diese Versprechen auch von eigennutzorientierten Individuen eingehalten werden können. Dem „Contract Axiom" liegt also der Grundsatz pacta sunt servanda zugrunde. Allerdings gibt es Fälle, in denen durch die Vielzahl der Menschen bei gleichzeitiger Knappheit von Gütern die Ausübung der individuellen Freiheiten zu Konflikten führen kann, ohne dass es a priori Rechte gibt. Eine Konvention wie das „Priority Principle" folgt der Logik „First Come, First Served".[84] Es ist, so Jasay, zwar nicht moralisch erklärbar, aber gerade daher so überzeugend. Die Alternative dazu kann nur ein Prinzip sei, über das politisch entschieden wird – aber aus politischer Willkür entstehe keine besser legitimierbare Regel, die von allen Individuen als richtig angesehen wird.[85] Mit dem „Priority Principle" verbunden ist die These von Jasay, dass Eigentum nur privat sein kann; nur Individuen haben die Möglichkeit über die Benutzung und Verwendung von Gütern souverän und ungeteilt zu entscheiden, da es einen kollektiven Verstand nicht gibt.[86] Gemeineigentum verletzt die notwendige Zurechenbarkeit bzw. Identität von Entscheidung und Verantwortung für die resultierenden Effekte. Nur durch Privateigentum ist diese Identität hergestellt. Dies ist das „Exclusion Principle".

Die genannten sechs Axiome bilden das Gerüst einer liberalen Ordnung, die Jasay als „strict liberalism" bezeichnet. Die Axiome werden dabei explizit in liberaler Absicht vorgeschlagen – der Versuch einer weitergehenden Begründung wird dabei nicht unternommen. Auffallend ist das „Politics Axiom", das vorerst nicht zur Idee einer geordneten libertären Anarchie passen kann. In späteren Arbeiten vertritt Jasay genau diese Idee einer geordneten Anarchie, was dem Verzicht auf das „Politics Axiom" bei Beibehaltung aller anderen Axiome in der hier dargestellten Theorie entspricht.[87] Folgt man diesem Verzicht, so ist die Theorie von Jasay, in der er seine Grundüberlegungen ausführt, tat-

---

81 Ebd., S. 61.
82 Ebd., S. 62-63.
83 Ebd., S. 65-79 für die Beschreibungen der jeweiligen Axiome.
84 Jasay (1991), S. 69.
85 Ebd., S. 71.
86 Jasay (1991), S. 74.
87 Siehe Jasay (1997).

sächlich libertär-anarchistisch. Aber welche ethische Auffassung vertritt Jasay? Dass es sich um eine Theorie in libertärer Absicht handelt, ist zwar grundlegend, aber erst durch die Bestimmung der oben beschriebenen Implikationen wird deutlich, dass es sich um eine auf individuellen Nützlichkeitserwägungen basierende, im Kern jedoch deontische Ethik handelt.[88] Jasay bietet Axiome an, die eine deontische Ethik begründen können – individuelle „Stopp-Punkte", die allerdings selbstevident seien und deshalb intersubjektiv akzeptiert werden können.[89] Jasays Konzeption versucht nun auch in der Folge nicht, eine genauere Definition von Zwang und in der Folge individueller Freiheit zu entwerfen. Allerdings diskutiert er eine Definition von Zwang, die den liberalen Grundüberzeugungen, insbesondere Hayeks, ähnelt:

> „An action or threat thereof, intended to change the value (cost) of another's options for the worse to an extent sufficient to impose the choice of some or to bar others ..., is prima facie wrongful, a tort."[90]

Diese Definition liegt nahe an dem, was bereits im Zusammenhang mit Bouillons Definition diskutiert wurde: Eingriffe in die individuelle Privatsphäre sind demnach zunächst einmal als Zwang zu werten. Allerdings lässt sich die hier angebotene Definition von Zwang an zwei Stellen hinterfragen: Zum einen spricht sie von intendierten Handlungen, die die Handlungsoptionen einer Person reduzieren oder ihr bestimmte Optionen auferlegen, jedoch ist die Möglichkeit von unintendierten Handlungsfolgen ebenso einzukalkulieren. Zum anderen stellt sich die Frage, wieso die Reduktion von Handlungsmöglichkeiten nur durch Handlungen, jedoch nicht durch Nicht-Handlungen, ausgelöst werden können (z.B. unterlassene Hilfeleistung).[91] Da es aber nicht Jasays Absicht ist, eindeutige Definitionen anzubieten, kann man diese Aspekte vorerst vernachlässigen. Vielmehr kann man die obige Zwangsdefinition als intuitive Grundregel interpretieren, die gleichsam als Hintergrundfolie dazu dient, die Ergebnisse, die sich im Rahmen der von Jasay als gültig vorausgesetzten Axiome ergebenden Konsequenzen auf ihre Kompatibilität mit klassisch liberalen Überzeugungen zu überprüfen. Jasays genuiner Ansatz ist jedoch ein anderer. Dies zeigt sich insbesondere bei den Axiomen, die sich auf die Bedingungen sozialer Koexistenz beziehen.[92] Jasay hält diese für Konventionen, die dadurch begründet sind, als dass sie als selbstevident gelten können bzw. dass sich die Individuen in der Realität häufig an diese halten. Daraus folgt für Jasay: politische Entscheidungen verändern nicht nur die für Individuen mögliche Alternativenwahl (Axiome (1) und

---

88 Unter deontisch – einem Begriff der normalerweise im Zusammenhang mit der Normenlogik (als Synonym) verwendet wird – versteht Radnitzky wohl dasselbe wie deontologisch (Radnitzky (2002a), S. 345). Die Idee der deontischen Ethik basiert darauf, dass es Regeln oder Verhaltensweisen gibt, die allen Menschen einsichtig sind, wie beispielsweise Regeln, die sich aus dem kategorischen Imperativ Kants ergeben könnten. Wie die deontologische Ethik bezieht sie sich auf Handlungen oder Regeln, die an sich gut sind und von daher unabhängig von ihren Konsequenzen als richtig eingestuft werden (vgl. Wolf (1998), S. 51).
89 Siehe auch Radnitzky (2002a), S. 346.
90 Jasay (1991), S.14. Hervorhebungen im Original.
91 Auf diese Probleme wird allgemein in Abschnitt 2.7 eingegangen.
92 Nachdem hier davon ausgegangen wird, dass auf das „Politics Axiom" verzichtet werden kann, ist eine detaillierte Auseinandersetzung mit den zwei verbleibenden Wahlaxiomen aufgrund des auch in dieser Arbeit zugrunde gelegten methodologischen Individualismus nicht weiterführend.

(3)), sondern greifen in offensichtliche und durch die Individuen auch befolgte Konventionen (Axiome (4) bis (6)), die für eine stabile Ordnung ausreichend sind, ein. Insofern wird Politik und mit ihr der Staat ablehnungswürdig, da er in seinen Konsequenzen mit den selbstevidenten Prinzipien kollidiert und zudem unnötig erscheint.

Diese Schlussfolgerung benötigt keine Definition individueller Freiheit, die eine solche Ablehnung des Staates nahe legen würde. Eine mögliche Kritik daran, dass es sich um normativistische Fehlschlüsse handele, erscheint allerdings als unangebracht. Jasay postuliert ja zusammenfassend Folgendes: (a) Es gibt Prinzipien, die, wenn sie akzeptiert werden, Stützen einer deontischen Ethik darstellen können. Diese Prinzipien sollten selbstevident sein, so dass ihre Akzeptanz leicht möglich ist. (b) Die Prinzipien sind außerdem in libertärer Absicht verfasst; damit wird klar, dass es sich um Werturteile handelt, die nicht verschleiert werden. (c) Bestimmte Prinzipien haben den Vorteil, dass sie sich in der Anwendung durch Individuen als selbstdurchsetzend erweisen. Dies betrifft insbesondere Verträge. Daran liegt es, dass bei Jasay nicht eine (nur unterstellte) Stabilität der Vertragskonvention zu einer normativ inspirierten Ablehnung des Staates führt, sondern dass Verträge als konstitutiv für eine libertäre Ordnung angesehen werden und damit ein Staat nicht mit der Vertragsdurchsetzung beauftragt werden muss.[93]

So einleuchtend dies vorerst erscheinen mag, so erweist sich doch der materielle Gehalt der Konventionen als schwierig, da nicht a priori klar ist, dass die vorgeschlagenen Konventionen auch tatsächlich in der erwarteten Ausprägung entstehen. Konventionen können stabil sein, selbst wenn sie nicht Pareto-optimal sind, das heißt, vorteilhaftere Konventionen sind aus Sicht der Individuen vorstellbar. Dies gilt insbesondere deshalb, weil es unterschiedliche Ausprägungen einer grundlegenden Konvention – zum Beispiel der Eigentumskonvention – geben kann.[94] So ist die Aneignung von Eigentum bei Jasay nicht an Bedingungen geknüpft, wie dies bei klassischen Liberalen wie Locke der Fall ist. Ohne das Privateigentumsprinzip Jasays hier schon in Frage zu stellen, ist zudem nicht klar, welche Kriterien beim Eigentumserwerb gelten sollen. Ob diese ersten kritische Anmerkungen an Jasays Konzeption allerdings stichhaltig sind, wird sich in einer genaueren Analyse zeigen.[95] Vorerst jedoch lässt sich fragen, ob nicht anstelle mehrerer Axiome die Frage nach dem Nutzen zentral für eine Begründung libertärer Eigentumsrechte sein kann, in denen sich individuelle Freiheit aus libertärer Sicht manifestiert.

---

93 Ob diese Selbstdurchsetzung zutreffend ist oder nicht, wird in Kapitel 3 und 5 diskutiert.
94 Zu Pareto-Optimalität im Zusammenhang mit Konventionen siehe Richter/Furubotn (2003), S. 128-129.
95 Zu den normativen Fragen siehe Abschnitt 2.7, zur Frage der Durchsetzung der entsprechenden Konventionen siehe Kapitel 3 sowie Kapitel 5.

2.5   Utilitaristische Begründung individuellen Sacheigentums

2.5.1   Libertäre Normen durch marktwirtschaftliche Prozesse

Ist es vielleicht möglich, dass libertäre Prinzipien durch marktwirtschaftliche Prozesse faktisch durchgesetzt werden können, weil sie für die Individuen nützlich sind? David Friedman hält dies nicht nur für möglich, sondern für den einzigen Weg, um libertäre Institutionen zu implementieren und überzeugend dafür zu werben. Damit verbindet sich bei Friedman anders als bei Jasay die inhaltliche Normbestimmung unweigerlich mit der Implementierung, während sie bei Jasay in den unterstellten selbstevidenten Prinzipien einer libertären Ordnung vorausgesetzt sind. Friedmans utilitaristisch geprägter Ansatz fußt auf der Annahme, dass Menschen Selbsteigentum an ihrem Körper haben. Es ist dann laut Friedman zumindest formal möglich, „in Ruhe gelassen zu werden", und sein Gegenteil, „gezwungen zu werden", zu definieren.[96] Dies schließt auch den Umgang mit Eigentum an Sachen ein.

Eigentum ist für Friedman vor allem aus zwei Gründen notwendig. Einerseits haben Menschen unterschiedliche Ziele, andererseits sind bestimmte Dinge knapp, d.h. sie sind eben nicht jederzeit von jedermann für divergierende Zwecke einsetzbar.[97] Im alltäglichen Umgang von Menschen mit Menschen können Konflikte entstehen, die das Eigentum notwendig machen. Erst wenn spezifiziert ist, wem etwas rechtmäßig gehört, können Konflikte besser gelöst werden als mit Gewalt. Gewalt ist laut Friedman eben nicht nur teuer, sie erschwert auch noch das Planen für die Zukunft, da Informationen über die relevanten Kräfteverhältnisse nur bedingt vorliegen. Die Notwendigkeit von Eigentum klärt aber weder die Frage, ob es sich dabei um Privat- oder Gemeineigentum handeln soll, noch die Frage, wie die Eigentumsrechte genau spezifiziert werden sollen.[98] Friedman lehnt Gemeineigentum ab, da es dem Individuum auferlegt, gesellschaftlichen Zielen Folge zu leisten, die es als Individuum aber für falsch halten kann.[99] Vor allem aber bedeutet Gemeineigentum ineffiziente Ressourcenallokation – nicht dem Konsumenteninteresse wird am besten gedient, sondern dem durchsetzungsstarken politischen Interesse einer bestimmten Mehrheit. Auch Monopole sind kein Grund, Gemeineigentum herbeizuführen, z.B. im Falle natürlicher Monopole. Der potenzielle Wettbewerb führt ebenso zum Schutz vor Preisdiskriminierung als auch der indirekte Wettbewerb durch Substitutionsmöglichkeiten bei Produkten oder Dienstleistungen.[100] Aber ist diese neoklassisch orientierte, ökonomische Sichtweise wirklich libertär-anarchistisch? Friedmans Anarcho-Kapitalismus scheint zwar durchaus libertäre Konsequenzen zu haben, insofern als er prima facie absolutes Selbst- und Sacheigentum bejaht und den Staat konsequent ablehnt.[101] Seine Begründung für die individuelle Freiheit und individuelles

---

96 Friedman (2003), S. 18.
97 Ebd., S. 23.
98 Zur Spezifikation der Eigentumsrechte hält Friedman den Marktmechanismus für am besten geeignet. Friedman (2003), Kapitel 43.
99 Ebd., S. 25.
100 Ebd., S. 54-55.
101 Exemplarisch Friedman (2003), S. 18 und S. 31.

Eigentum basiert allerdings auf utilitaristischen Argumenten, so dass Abweichungen von den Prinzipien möglich werden.

2.5.2 Der utilitaristische Ansatz von David Friedman

Friedman ist skeptisch, wenn es um eine Verteidigung des libertären Paradigmas auf Basis naturrechtlicher Betrachtungen bzw. vorausgesetzter Prinzipien geht.[102] Seiner Einschätzung nach muss die Begründung für den Anarcho-Kapitalismus die Schwächen einer naturrechtlichen Konzeption beachten und zu zeigen versuchen, warum libertäre Institutionen funktionieren können bzw. in der Vergangenheit bereits funktioniert haben.[103] Die naturrechtliche Begründung leide an der Schwierigkeit, Verhaltensregeln für Grenzfälle nicht bestimmen zu können. Friedman verweist als Beispiel auf die Möglichkeit eines Flugzeugabsturzes auf ein Privathaus. Die Wahrscheinlichkeit ist zwar gering, aber dennoch kann ein solcher Fall jederzeit eintreten.[104] Beinhaltet das Abwehrrecht eines Hausbesitzers – wie es in der (naturrechtlichen) Vorstellung der Selbstverteidigung beim Angriff auf das eigenen Leben oder Eigentum enthalten ist – auch präventiven Selbstschutz z.B. durch Abschießen des Flugzeugs? Die Kernfrage hinter diesem Beispiel ist die Bedeutung von Wahrscheinlichkeit für die Frage, wann ein Libertärer aus Notwehr handeln darf, und wann er damit eine Verletzung der Freiheitsrechte anderer verursacht. Da dies nicht eindeutig zu bestimmen ist, sind laut Friedman die libertären Normen in ihrer Einfachheit schwer zu vertreten. Es sind darüber hinaus viele Beispiele denkbar, so Friedman, in denen Verletzungen von Eigentumsrechten nützlich sind, aber libertären Prinzipien widersprechen.[105] Über diese Möglichkeit sollte nicht hinweggesehen werden, denn es sind Fälle, an denen sich die Glaubwürdigkeit der Theorie entscheide.[106] Auch der Libertarismus biete keine unanfechtbaren Lösungen. Deshalb geht es Friedman darum, aufzuzeigen, dass libertäre Institutionen wie das absolute Privateigentum vorteilhafte Konsequenzen haben. Menschen haben eher eine Bereitschaft, Veränderungen zuzustimmen, die für mehr Glück sorgen anstelle für widersprüchliche Formen von Gerechtigkeit.[107]

Mit einer Analyse der bestehenden bzw. vergangenen kapitalistischen Institutionen meint Friedman nun, Funktionsprinzipien ableiten zu können, die für eine kapitalistische Ordnung ohne Staat sprechen – nicht nur weil sie funktionieren, sondern weil sie auch im Zweifel allen Vorteile bringen. Er hält eine „tiefere Verbindung" von Freiheit und Glück für existent.[108] Damit nimmt er eine utilitaristische Position ein. So bestreitet Friedman auch, dass man den Nutzen anderer Menschen absolut nicht beobachten bzw.

---

102 Zur naturrechtlichen Konzeption siehe Abschnitt 2.6.
103 Friedman (2003), S. 41.
104 Ebd., S. 204-205.
105 Friedman (2003), Kapitel 41.
106 Ebd., S. 213-214.
107 Ebd., S. 220: „Deshalb ist einer der Gründe, aus denen ich meine Argumente eher auf Konsequenzen als auf Gerechtigkeit aufbaue, dass die Leute stark unterschiedliche Vorstellungen von Gerechtigkeit haben, aber allgemein übereinstimmen, dass es gut ist, Menschen glücklich und wohlhabend zu machen."
108 Friedman (2003), S. 215 und S. 222.

abschätzen könnte – im Falle von Geschenken oder Schmerzensgeldzahlungen fließen Abschätzungen über den Nutzen, den andere aus solchen Dingen haben können, ein.[109] Allerdings heißt dies nicht, dass der Nutzen absolut exakt messbar wäre. Da allerdings auch Friedman meint, dass jedes Individuum seinen Nutzen am besten kennt, ist es nur folgerichtig, dezentrale Institutionen zu fordern, die den Nutzen aller maximieren. Der Grund für dezentrale Institutionen liegt für Friedman im Wesentlichen darin begründet, dass alle individuellen Informationen so am besten verarbeitet werden können. Dies sei ein weiterer Grund für individuelle Freiheit und absolutes Privateigentum.[110] Auch wenn Friedman den Utilitarismus als mögliche Moralregel akzeptiert, ist er hier ebenso kritisch wie er es im Falle einer rein naturrechtlichen Begründung des Libertarismus ist – und zwar aus demselben Grund: es gibt Situationen, in denen die Moralregel zu Konsequenzen führt, die auch Friedman nicht akzeptiert. So ist z.B. der Mord an einer möglicherweise unschuldigen Person zur Erhöhung des Gesamtnutzens (z.B. durch Befriedigung der Emotionen in einer Gemeinde) auch für ihn völlig inakzeptabel.[111] Friedman folgert, dass er kein reiner Utilitarist sei, aber auf Basis utilitaristischer Logik herausfinde könne, welche Institutionen oder Regeln funktionieren und zugleich libertären Standards entsprechen.[112] Ein Beispiel anhand der Freigabe von Heroin in einer anarchisch-kapitalistischen Ordnung kann dies verdeutlichen:

> „Die Legalität von Heroin wird nicht dadurch festgelegt, wie viele dafür oder dagegen sind, sondern von den Kosten, die jede Seite zu zahlen bereit ist, um ihren Willen durchzusetzen. Leute, die das Leben anderer kontrollieren wollen, sind selten bereit, für dieses Privileg zu bezahlen[...]"[113]

Möglicherweise schafft der Markt Gesetze, die im Widerspruch zu libertären Prinzipien Heroin verbieten, besonders wahrscheinlich ist dies jedoch laut Friedman nicht, zumal der Markt regionale Differenzierung erlaubt. Die libertäre Lösung bei Friedman besteht also nicht in der universellen Gültigkeit einfacher libertärer Normen, sondern in der Freiwilligkeit von Transaktionen, die allerdings grundsätzlich Selbsteigentum und auch Sacheigentum als Voraussetzung haben. Dabei hat die utilitaristische Begründung der libertären Anarchie bei Friedman wie jede utilitaristische Begründung zu klären, welchen Charakter der Nutzen hat, der maximiert werden soll, und wie dieser Nutzen zwischen Individuen verglichen werden kann.[114] Friedman nimmt selbst keine konsequent utilitaristische Position ein und begrenzt seinen Utilitarismus mit einer Art moralischem Rest-Libertarismus, der Auswüchse normativ begrenzen soll. Friedman ist sich dennoch des Problems einer gewissen utilitaristischen Willkür bewusst,[115] hält dies aber im Rahmen des Entstehens von marktwirtschaftlichen Gesetzen und Rechtssprechungsinstanzen für

---

109 Ebd., S. 216-217.
110 Ebd., S. 217.
111 Ebd., S. 219.
112 Siehe hierzu bei Friedman (2003) insbesondere S. 220 und S. 221.
113 Ebd., S. 160-161.
114 Siehe hierzu Hoppe (1987), Wolf (1998) und Jasay (1991).
115 Zur utilitaristischen Willkür aus libertärer Sicht, siehe Rothbard (1973), S. 25, der schreibt: "Another problem with the utilitarian is that he will rarely adopt a principle as an absolute and consistent yardstick to apply to the varied concrete situations of the real world. He will only use a principle, at best, as a vague guideline or aspiration, as a tendency which he may choose to override at any time."

lösbar, da die individuellen Anreize, Kosten zu vermeiden bzw. den Nutzen (bei Friedman ist dies der monetäre Wert) zu maximieren, so hoch sind, dass effiziente Gesetze entstehen werden, die den libertären Rechten ähneln und die Menschen vor Übergriffen anderer schützen.[116] Anders interpretiert: Friedman fragt nach den Institutionen, die aus individueller Nutzenkalkulation entstehen werden, und nicht nach den übergeordneten Moralregeln im Rahmen einer utilitaristischen Ethik.[117] Das Selbsteigentum, das es neben dem Sacheigentum zu begründen gilt, setzt Friedman hierbei als Annahme voraus. Insofern ist es konsequent, dass er auf eine klare Definition von Freiheit, Zwang und Eigentum verzichtet. Denn die genaue Spezifikation der darunter zu subsumierenden Rechte entsteht erst im marktwirtschaftlichen Prozess, der für alle Individuen als vorteilhaft beschrieben wird. Norminhalt und Normdurchsetzung entstehen prozessual auf dem Wege individueller Kontrakte.

Trotz dieser Unbestimmtheit möglicher Regeln zeigen die Ablehnung von Umverteilung und die Kritik am Staat, insbesondere an der Bereitstellung von öffentlichen Gütern, dass Friedman einer Definition von positiver Freiheit ablehnend gegenübersteht.[118] Die Freiheit, die er implizit vertritt, ist ausschließlich als negative Freiheit im Sinne von Vertragsfreiheit konzipiert. Solange niemand einen Vertrag unter Zwang unterschreibt, ist die Freiheit nicht verletzt.[119] Dabei ist das zugrunde liegende Menschenbild als homo oeconomicus kontextspezifisch idealisiert – als Vertragspartner sind die Menschen vernünftig, als staatliche Akteure werden Menschen hingegen auch hinsichtlich ihrer möglichen machthungrigen Neigungen beschrieben.[120] „Vernünftig" bezeichnet dabei die rationale Handlung im Hinblick auf einen vernünftigen Zweck. Es erscheint Friedman unvernünftig, wenn ein beliebiges Individuum viel Geld für manipulative Zwecke beispielsweise durch Kauf privater Radiosender und Beeinflussung des Programms ausgibt.[121] Denn wenn damit die Hörer abgeschreckt werden, so führt dies zu finanziellen Verlusten des Investors.

Damit schleicht sich bei Friedman eine normative Prämisse ein, die so nicht geteilt werden muss. Die Möglichkeit nämlich, dass Individuen nicht nur als staatliche, sondern auch als private Akteure anderen Menschen Kosten auferlegen wollen, aufgrund von Zwecken, die andere nicht teilen, scheint bei Friedman entweder ausgeschlossen oder nur ein Randproblem zu sein, das sich im Zweifel im Rahmen des marktwirtschaftlichen Kalküls selber löst. Die Rationalitätsannahme der Ökonomik wird bei Friedman gekoppelt mit der Annahme einer monetär orientierten Zielsetzung seitens der Individuen.[122] Der utilitaristische Ansatz für eine Rechtfertigung des Libertarismus steht daher

---

116 Friedman (2003) verweist beispielsweise in Kapitel 44 seines Buches auf die private Rechtssprechung im mittelalterlichen Island.
117 Dies beantwortet jedoch nicht die Frage, inwiefern eine solche vertragliche Absicherung bei privaten Sicherheitsagenturen selbst stabil und sicher ist. Dies wird kritisch in Kapitel 5 diskutiert.
118 Friedman (2003), S. 70ff., S. 132ff. und S. 191ff.
119 Die Frage der Externalitäten, die bei Verträgen zu Lasten Dritter auftreten können, scheint bei Friedman vor allem ein Problem der Politik zu sein. Siehe ebd., S. 135.
120 Ebd., S. 137.
121 So seine implizit wertende Formulierung zum möglichen Missbrauch von Radiofrequenzen durch eine „hypothetischen Bande Machiavellischer Millionäre"; Friedman (2003) S. 29.
122 Siehe z.B. Friedman (2003), S. 228.

vor der Frage, ob die vorausgesetzten Normen wie absolutes Selbsteigentum mit den Folgen der marktwirtschaftlich organisierten Prozesse zur Spezifikation und Durchsetzung von Regeln konsistent sind. Diese Frage stellt sich allen libertären Konzeptionen, wenngleich die naturrechtlich inspirierten Libertären daran festhalten, dass bestimmte Prinzipien anders als bei Friedman nicht erst im Rahmen einer marktwirtschaftlichen Verfahrenslösung spezifiziert werden, sondern aus a priori gültigen Axiomen deduziert werden können.

2.6 Naturrechtliche Begründung von Eigentum

2.6.1 Normen des libertären Anarchismus aus naturrechtlicher Sicht

In einer naturrechtlichen Konzeption wird die libertäre Vorstellung von individueller Autonomie aus dem Naturgesetz abgeleitet, das wiederum – laut Murray Rothbard – durch die Vernunft erkennbar sei und seine erkenntnistheoretische Fundierung im Apriorismus mit dem Handlungsaxiom als Ausgangspunkt der Analyse habe.[123] Es ist zu fragen, welche Normen sich aus dieser „praxeologischen" Deduktionsmethode ergeben und wie diese Normen und die ihr zugrunde liegende Methodik bei Rothbard und, in stärkerer Form, bei Hans-Hermann Hoppe begründet werden.

Rothbard beginnt seine Darlegungen mit einem zentralen Axiom. Kein Mensch und keine Gruppe dürfen gegen andere Menschen und deren Eigentum Gewalt anwenden. Dabei wird Gewalt von Rothbard beschrieben als die Verwendung bzw. Drohung roher, physischer Gewalt gegen andere Individuen.[124] Dieses Gewaltausschlussprinzip (non-aggression axiom) ist das Herzstück des libertären Denkens. Es folgt daraus, dass einerseits nicht in das Privateigentum einer Person eingegriffen werden darf, andererseits auch jede Form der Einschränkung des Lebensstils einer Person durch Dritte z.B. hinsichtlich von Meinungsfreiheit, Pornographie etc. illegitim ist. Libertäre sind insofern weder „rechts" noch „links", sondern, so Rothbard, die einzigen, die konsequent und konsistent im Namen der Freiheit argumentieren.[125]

Um das Gewaltausschlussprinzip zu begründen, hat es in der libertären Tradition mehrere Versuche gegeben. Insbesondere den utilitaristischen Begründungsversuch untersucht Rothbard, hält ihn aber für ungeeignet, da das Gewaltausschlussprinzip damit leicht bei Nutzenvergleichen geopfert werden könne.[126] Die einzig sinnvolle Rechtfertigung sieht

---

123 Die Verknüpfung der Analyse positiver Gesetzmäßigkeiten menschlichen Handelns mit einem Geltungsanspruch von Naturrechten erscheint problematisch, da gemeinhin gilt, dass aus dem Sein kein Sollen abgeleitet werden kann. Rothbard (2000), S. 32-34, hält diese Ist-Soll-Dichotomie für falsch.
124 Rothbard (1973), S. 22.
125 Rothbard (1973), S. 23.
126 Im Hinblick auf den Utilitarismus stellt Rothbard (1973), S. 25, kritisch die Frage: "[But] if it is legitimate to apply value judgements to the consequences of X, why is it not equally legitimate to apply such judgments to X itself?"

er daher in der naturrechtlichen Begründungsphilosophie.[127] Das Selbsteigentum des Menschen sieht er als Lebensnotwendigkeit an. Es sei „… vitally necessary for each man's survival and prosperity that he be free …".[128] Ist dies erst einmal akzeptiert, so lässt sich auch die zweite Norm bei Rothbard leicht nachvollziehen: das Recht auf „Heimstatt". Der Mensch muss sich herrenlose Nahrung aneignen, um überhaupt überleben zu können. Er hat einen Anspruch auf das Eigentum an den Dingen, die er selbst erschaffen hat, auch aus den Ressourcen, die die Natur „bereitstellt". Prinzipiell kann festgehalten werden, dass kein Produzent tatsächlich etwas Physisches herstellt, denn alles muss ursprünglich aus der Natur stammen. Individuen nutzen natürliche Gegenstände und transformieren sie durch ihre Arbeit gemäß ihren individuellen Überzeugungen, Wünschen und Ideen. Derjenige, der sich ein ursprünglich ungenutztes Land zu Eigen macht, der Ersterwerber, tut dies, indem er das ungenutzte Land benutzt und verändert.[129]

Dieses Recht auf „Heimstatt" ist somit die zweite Norm der libertär-anarchistischen Gesellschaftskonzeption, die unweigerlich verknüpft ist mit dem Selbsteigentum des Menschen. Ohne die Möglichkeit, sich natürliche Dinge auch ohne die Zustimmung anderer Individuen anzueignen, wäre das menschliche Überleben von der Willkür anderer abhängig. Da das Selbsteigentum eine absolute normative Basis in der libertären Theorie darstellt, kann keine Eigentumskonzeption mit dem Selbsteigentum kompatibel sein, die anderen Individuen logisch oder faktisch geltende Mitspracherechte am Überleben eines Betroffenen zuspricht. Insofern ist Rothbard auch gegen jedweden zusätzlichen Proviso beim Eigentumserwerb.[130] Nur die Vermischung mit Arbeit gilt für ihn als akzeptabel. Aus diesen Axiomen ergibt sich nun Folgendes:

> „The central core of the libertarian creed, then, is to establish the absolute right to private property of every man: first, in his own body, and second, in the previously unused natural resources which he first transforms by his labor. These two axioms, the right of self-ownership and the right to "homestead", establish the complete set of principles of the libertarian system. The entire libertarian doctrine then becomes the spinning out and the application of all the implications of the central doctrine. For example, a man, X, owns his own person and labor and the farm he clears on which he grows wheat. Another man, Y, owns the fish he catches; a third man, Z, owns the cabbages he has grown and the land under it. But if a man owns anything, he then has the right to give away or exchange these property titles to someone else, after which point the other person also has absolute property title. From this corollary right to private property stems the basic justification for free contract and for the free-market economy."[131]

---

127 Ebd., S. 26. Allerdings verzichtet Rothbard, trotz der unverkennbaren Nähe zu John Locke, auf eine Legitimationsbegründung des Selbsteigentums, die sich bei Locke letztlich auf Gott bezieht. Siehe für diese Kritik Bouillon (1998), S. 30.
128 Rothbard (1973), S. 27.
129 Rothbard (1973), S. 34 und Rothbard (2000), S. 64.
130 Rothbard (2000), S. 243.
131 Rothbard (1973), S. 39. Hervorhebung im Original.

Auf dem libertären Normensystem aufbauend gibt es gemäß Rothbard nur eine normative Gesellschaftstheorie, die sich begründen lässt: die „Theorie des individualistischen Anarchismus".[132] Da der Staat der einzige dominierende und der über die Zeit hinweg systematischste Aggressor ist, impliziert dies, dass der Staat gänzlich abgeschafft werden muss.[133] Dabei begründet Rothbard die Marktwirtschaft und das ihr zugrunde liegende Vertragsrecht auf Basis des Naturrechts und des Handlungsaxioms (als Beschreibung der Natur des Menschen). Letzteres sei die Voraussetzung für die Möglichkeit der Erkenntnis eines Individuums, was seiner Natur entspreche, und dass es dazu notwendigerweise ein Recht auf vollständiges Selbsteigentum und auf Heimstatt haben müsse.[134] Alle anderen Versuche der Begründung müssen laut Rothbard scheitern, da sie im Widerspruch zum Handlungsaxiom und den daraus konsistent abgeleiteten Aussagen stehen.

Es ist daher angebracht, kurz auf die Theorie des Handlungsaxioms einzugehen, die auf die theoretischen Arbeiten von Ludwig von Mises zurückgeht.[135] Mises vertritt eine Methodologie in der Ökonomik, die er als Praxeologie, die Lehre vom zielgerichteten Handeln, bezeichnet hat.[136] Diese praxeologische Methode beginnt mit einem „wahren" Axiom, aus dem alle weiteren Aussagen abgeleitet werden können. In Rothbards Worten: „For if A implies B, and A is true, then B must also be true."[137] Aber welches Axiom kann beanspruchen, wahr zu sein? Hier kommt nun das Handlungsaxiom ins Spiel, von dem Mises glaubt, dass es als grundlegend für die Sozialwissenschaften gelten müsse.[138]

Mises erkenntnistheoretischer Ansatz ist geprägt durch seine Überzeugung, dass es a priori – Wissen tatsächlich gibt. Ist ein Axiom gefunden, das a priori gilt, so bedeutet Wissenschaft für Mises nur das Durchführen von Deduktionen aus diesem Axiom, da mit der empirischen Methodik keine allgemein gültigen Gesetze menschlichen Handelns identifiziert werden können.[139] Das fundamentale Axiom, das gemäß Mises nun als a priori zu Erfahrungswissen zu gelten hat, ist das Wissen, dass der Mensch handelt. Mises glaubt, dies letztlich durch Introspektion feststellen zu können.[140] Hinsichtlich der ökonomischen Theorie hält Mises diese „Kategorie des Handelns" für die einzige Ausprägung von a priori-Wissen.[141] Dabei versteht er unter Handeln immer zielgerichtetes und intentionales Handeln, das im Gegensatz zur Psychologie nicht mit der Erklärung unbewußten Handelns, verursacht durch Reize, zu verwechseln sei.[142] Ebenso

---

132 Für diese Formulierung siehe Hoppe (1987), S. 16.
133 Rothbard (1973), S.23.
134 Rothbard (1973), S. 27.
135 Rothbard (1973) und Hoppe (1987).
136 Mises (1949), S. 3.
137 Rothbard (1997), S. 59.
138 Mises (1949).
139 Ebd., S. 26.
140 Mises (1949), S. 26: "For the comprehension of action there is but one scheme of interpretation and analysis available, namely, that provided by the cognition and analysis of our own purposeful behavior."
141 hierzu Mises (1949), S. 46. Mises schreibt, S.92: „Praxeological reality is not the physical universe, but man's conscious reaction to the given state of this universe." Mit „Kategorie des Handeln" wird ein Verstandesbegriff beschrieben, der die mögliche apriorische Erkenntnis bestimmt. Siehe hierzu allgemein Wolters (1995), S. 368f.
142 Mises (1933), S. 123 und Mises (1949), S. 12.

wenig erkläre die Psychoanalyse menschliches Handeln, da es ihr um die Hintergründe von Handlungen, aber nicht deren konkreten Inhalt geht. Der handelnde Mensch will einen gegebenen Zustand durch einen besseren Zustand ersetzen. Gemäß Mises geht es daher darum, die (ökonomischen) Regeln herauszufinden, „mit deren Hilfe das menschliche Handeln erklärt werden kann."[143] Zielgerichtetes Handeln ist nötig in einer Welt von Knappheit. Und selbst in einer Welt möglichen Überflusses an Gütern und Dienstleistungen bleibt noch immer die individuelle Lebenszeit eines Menschen ein knappes Gut.[144]

Indem Mises das Handlungsprinzip als a priori zu Erfahrungswissen beschreibt, gibt er seiner Theorie gleichzeitig eine eigenständige epistemologische Verankerung.[145] Die Konsequenz der praxeologischen Sichtweise ist ein methodischer Dualismus: während in den Naturwissenschaften statistisch-mathematische Methoden sinnvoll eingesetzt werden können, kann dies in der Ökonomik nicht sinnvoll kopiert werden, da menschliches Handeln menschliches Lernen nach sich zieht: es gibt keine Konstanten menschlichen Handelns, die sich durch Empirie finden und belegen lassen.[146] Dies gelinge nur mit Deduktionen aus einem wahren Axiom, dem Handlungsaxiom der Praxeologie.[147]

2.6.2 Libertäre Argumentationsethik

Um die Normen des Libertarismus und damit die Privateigentumsethik zu rechtfertigen, setzt Hans-Hermann Hoppe auf eine Begründung, die sich zwar an der naturrechtlichen Konzeption orientiert, aber darüber hinausgehen soll. Begründen, so Hoppe, sei „gewaltfreies Begründen."[148] Dies ist durch das Gewaltausschlussprinzip impliziert, das er als mit dem Handlungsprinzip eigentlich identisch betrachtet.[149] Demnach ist jeder physische Eingriff in die Integrität eines menschlichen Körpers – wie bei Rothbard – ungerechtfertigt, wenn dieser nicht aufgrund freiwilliger Vereinbarung erfolgt.[150] Um einen Wahrheitsanspruch hinsichtlich normativer Theorien geltend machen zu können, verweist Hoppe nun darauf, dass das apriorische Handlungsprinzip objektiv sei, also „im Prinzip intersubjektiv überprüfbar".[151] Um Begründen zu können, muss bereits eine apriorische

---

143 Ebd., S. 122.
144 Rothbard (1997), S. 60ff.
145 Mises (1949), S. 34.
146 Rothbard (1997), S. 73.
147 Somit können ökonomische Gesetzmäßigkeiten nur durch Logik entdeckt werden, da die Erfahrung trügerisch ist: die möglichen Einflüsse einer gegebene Situation sind zu vielfältig und außerdem veränderbar, so dass eine rein empirische Beobachtung keine Ableitung für die allgemeine ökonomische Gesetzmäßigkeit erlaubt. Die Schwierigkeiten, die mit dieser Position einhergehen, werden im folgenden Abschnitt diskutiert.
148 Hoppe (1987), S. 13.
149 Ebd. S. 63.
150 Offensichtlich spielt für Hoppe im Versuch der Letztbegründung des Handlungsprinzips als apriorischer Norm die psychische Unversehrtheit einer Person keine Rolle. Die psychische Unversehrtheit ist – so lässt sich vermuten – schwer (wenn überhaupt) zu überprüfen und folglich kein Kriterium für eine Verletzung des Gewaltausschlussprinzips.
151 Das Kriterium der intersubjektiven Überprüfbarkeit wird – in angeblicher Anlehnung an Popper – von Hoppe zur Rechtfertigung der libertären Normen verwendet. Dies wird von Bouillon (1998) kritisiert, der darauf hinweist, dass es Popper nicht um die Begründung von normativen

Norm gegeben sein, „und zwar die Norm, du darfst, wenn du irgendetwas, ganz gleich was, als begründet nachweisen willst, keine physische Gewalt gegen irgendjemanden ausüben oder androhen."[152] Dies ergibt sich gemäß Hoppe daraus, dass objektive Aussagen mit Wahrheitsanspruch eben solche Aussagen sind, der jedes Individuum als autonomes Subjekt prinzipiell zustimmen kann. Dabei bezieht sich die Zustimmungsfähigkeit nicht (nur) auf den Inhalt der Aussage, sondern auf die Bedingungen, unter denen die Zustimmung erreicht werden kann. Durch Gewaltandrohung oder Gewaltanwendung entledigt man sich der Möglichkeit, etwas an sich objektiv inhaltlich zu begründen, so dass andere „qua autonomes Subjekt" zustimmen können. Da dies von jedem Forscher zumindest implizit akzeptiert wird, muss es „als allgemein anerkennungsfähig unterstellt werden."[153] Das Prinzip, wie ein Wahrheitsanspruch erhoben werden kann, muss also wahr sein und a priori gelten, da das Gegenteil nicht widerspruchsfrei begründet werden kann.[154]

Wie ist nun das Selbsteigentum eines Menschen zu rechtfertigen? Hoppe hält dies bereits durch den Nachweis der Objektivität des Gewaltausschlussprinzips für erreicht. Jeder Eingriff in die physische Integrität eines Körpers einer anderen Person ist mit dem aprioristischen Gewaltausschlussprinzip inkompatibel, folglich ist das Selbsteigentum des Menschen laut Hoppe bewiesen. Analog zur physischen Unversehrtheit des Verfügungsrechts eines jeden am eigenen Körper gibt es gemäß Hoppe auch ein Recht auf Unversehrtheit derjenigen Dinge, die sich ein Individuum im Naturzustand aneignet und ggf. verändert: Sacheigentum. Er rechtfertigt dieses mit einem argumentum e contrario.[155] Hoppe begründet das seiner Auffassung nach mit dem Handlungsprinzip kompatible Eigentumsprinzip wie folgt: Eigentum wäre, wenn nicht durch Arbeit, dann nur per Deklaration zu begründen. Dies aber widerspreche dem Gewaltausschlussprinzip: es könnte auch der Körper eines anderen per Deklaration angeeignet werden. Damit ist für Hoppe die inhaltliche Rechtfertigung der Privateigentumsnormen abgeschlossen.

Es stellt sich die Frage, ob in dieser Begründung nicht ein normativistischer Fehlschluss begangen wurde. Denn es wird hierbei vom möglichen (faktischen) Selbstwiderspruch bei einer argumentativen Kritik an den libertären Normen auf eine universelle Gültigkeit derselben geschlossen. Dennoch sei genau dies, so Hoppe, kein Problem. Er hält seine Argumentationsethik für völlig wertfrei:

> „The structure of the argument is this: a) justification is propositional justification – a priori true is-statement; b) argumentation presupposes property in one's body and the homesteading principle – a priori true is-statement; and c) then, no deviation from this ethic can be argumentatively justified – a priori true is-statement."[156]

Theorien sondern nur um die Überprüfbarkeit von wissenschaftlichen Aussagen, also um Falsifizierbarkeit, geht. Siehe S. 34.
152 Hoppe (1987), S. 12-13.
153 Ebd.
154 Ebd., S. 61-62.
155 Ebd., S. 14.
156 Hoppe (1993), S. 208. Hervorhebung im Original.

Die Normen des Libertarismus – die Prinzipien der Privateigentumsethik – sind gemäß Hoppe also Voraussetzungen menschlichen Handelns und menschlichen Argumentierens. Jedwede Kritik daran stellt folglich einen performativen Selbstwiderspruch dar – man nutzt die Voraussetzungen bereits beim Versuch, sie inhaltlich zu widerlegen.

Die Argumentationsethik stellt damit den Versuch dar, eine Letztbegründung des libertären Normensystems zu erreichen. Mit dem a priori des Handelns und dem a priori des Argumentierens meint Hoppe, auch einen Beitrag zur Erkenntnistheorie, nämlich in Form einer epistemologischen Fundierung der Praxeologie, geleistet zu haben. Epistemologie ist das, was man a priori wissen kann.[157] Das Problem der rationalistischen Philosophie ist es, gemäß Hoppe, zu klären, wie a priori-Wissen mit der wahrgenommen Realität in Einklang gebracht wird. Es kann schließlich nicht davon ausgegangen werden, dass die Verstandesstrukturen mit der Realität automatisch korrespondieren – Erkenntnis hinsichtlich der Realität könnte unmöglich sein.[158] Hoppes Lösung liegt im Handlungsaxiom: durch das Handeln kommt der Mensch in Kontakt mit der Realität. A priori-Wissen ist somit beides, eine Reflektion der Realität ebenso wie eine geistige Voraussetzung des Wissenserwerbs. Zwar könnten z.b. arithmetische Regeln auch anders gedacht werden, sie können aber nicht anders sein, da man sich ihnen gemäß verhält bzw. handelt (z.B. durch Wiederholungen von Handlungen).[159] Das Handeln erfährt eine Rückkopplung mit der menschlichen Argumentation (Theoriebildung mithilfe der Sprache), die zur Geltendmachung eines Wahrheitsanspruches benötigt wird. Hoppe formuliert nun die Aufgabe der Epistemologie neu: seiner Meinung nach geht es eigentlich um die Frage, welche Aussagen argumentativ unwiderlegbar sind.[160] Argumentativ unwiderlegbar sind diejenigen Aussagen, die durch Tun zwingend bestätigt sind. Der Satz „Ich lebe nicht" ist – abgesehen von z.b. ironischen Interpretationen – ein performativer Selbstwiderspruch, da der die Aussage Treffende sein eigenes Leben voraussetzen muss, um die Aussage überhaupt treffen zu können. Dies verdeutlicht, wie Hoppe versucht, die libertären Normen aus ihrem in der österreichischen Schule verwendeten, rein naturrechtlichen Begründungskontext zu lösen. Er sieht darin vor allem den Vorteil, eben eine wahrhaft wertfreie Begründung für die libertär-anarchistischen Normen geliefert zu haben und gleichzeitig die Diskussion von einer anthropologischen Betrachtung des Menschen zumindest partiell zu lösen, da sich die Ableitung der libertären Prinzipien mit der Untersuchung der Bedingungen von Argumentationen im Interesse einer Wahrheitsfindung begnügen kann.[161]

Der Apriorismus, der der libertären Theorie bei Rothbard und Hoppe zugrunde liegt, geht wie erwähnt auf Mises zurück, formuliert jedoch unterschiedliche Gründe für die Geltung der apriorischen Methode.[162] Hier soll es nun darum gehen, ob die Begründung der libertären Eigentumsnormen als gelungen bezeichnet werden kann oder nicht.

---

157 Ebd., S. 153.
158 Ebd., S. 154.
159 Ebd., S. 156.
160 Hoppe (1993), S. 153.
161 Ebd., S. 207-208.
162 Boaz (1998) bemerkt, dass trotz der praxeologischen Sichtweise Mises eigentlich Utilitarist gewesen sei. Siehe S. 82.

Dazu muss also auf den Apriorismus nochmals spezifisch eingegangen werden. Zu Beginn wird die Theorie von Mises zu betrachten sein. Dieser vertritt im Wesentlichen zwei Behauptungen: (a) Es gibt a priori gültige Aussagen und (b) „der Mensch handelt" ist eine a priori gültige Aussage und muss zugleich als Axiom der Theoriebildung verwendet werden. Unterstellt man, das (a) richtig ist, dann stellen sich jedoch mindestens zwei Fragen.[163] Erstens ist zu klären, ob aus dem a priori des menschlichen Handelns zugleich folgt, das es tatsächlich ein Axiom für die Theoriebildung selbst darstellen muss. Zweitens muss geklärt werden, ob die Kategorie des Handelns, aus der sich das Handlungsaxiom ableitet, als einzige Kategorie der Epistemologie – und in der Folge, ob das Handlungsaxiom als einziges Axiom der ökonomischen Theorie – zugrunde gelegt werden muss.

Hinsichtlich der ersten Fragestellung ist zu klären, ob es einen Unterschied zwischen (epistemologischen) Kategorien, die in Anlehnung an Kant die Voraussetzung für Erkenntnis sind, und den erklärenden Theorien, die über die Wirklichkeit informieren, gibt.[164] Die Kategorien mögen die Voraussetzung für Theoriebildung hinsichtlich der Wirklichkeit sein, ohne dabei gleichzeitig als Axiome dieser (erklärenden) Theorien dienen zu müssen.[165] Barrotta schreibt zu den Kategorien, dass diese eben genau deshalb nicht die Axiome der Wissenschaften sein können, weil sie erst den Rahmen für die Möglichkeit der Wissenschaften durch die Konstituierung unseres Wahrnehmungsvermögens ermöglichen.[166]

Anders interpretiert: die kantischen Kategorien bilden die Grundlage für das menschliche Erkenntnisvermögen – Erklärungen hinsichtlich der Realität, und damit auch die ökonomische Theorie, beziehen sich a posteriori auf das a priori gegebene Erkenntnisvermögen. Wäre a priori das Handlungsaxiom jedem Menschen durch Introspektion erkennbar, müsste dies auch für die genaue Spezifikation des Axioms gelten. Insofern stellt sich die Frage, ob das Axiom zunächst sinnvoll verwendet werden kann. Um die Abgrenzung von menschlichem Handeln zu Reflexen vorzunehmen, muss empirisch überprüft werden, in welche (Unter-)Kategorie eine bestimmte Handlung fällt. Pavlowsche Reflexe sowie Konditionierung könnten von einem Beobachter als „Handlungen" gedeutet werden, obwohl diese vielleicht keine intentionalen Handlungen sind und evtl. keine a priori Unterscheidung zwischen diesen möglich ist.[167] Daher fällt es schwer zu erkennen, wie einerseits das Axiom, dessen Inhalt a posteriori bestimmt werden muss, gleichzeitig a priori vorausgesetzt werden kann, wenn doch der spezifische Inhalt des Axioms a priori nicht bekannt ist. Anders ausgedrückt: es muss eine Grenzziehung zwischen zielgerichtetem und nicht zielgerichtetem Verhalten möglich sein, damit klar

---

163 Die Frage, ob es überhaupt a priori wahre Aussagen/Sätze gibt oder geben kann, soll hier nicht en detail erörtert werden, da dies den Diskussionsrahmen sprengen würde.
164 Kants synthetische Urteile a priori dienen als Voraussetzung bzw. als Beschreibung der Möglichkeit von Wissen, das sich aus der Erfahrung bildet. Siehe beispielsweise Kant (1990/1797), S. 47-48 (Metaphysik der Sitten, Einleitung in die Metaphysik der Sitten, II. Von der Idee und Notwendigkeit einer M.d.S.).
165 Barrotta (1996), S. 58.
166 Ebd.
167 Nozick (1997), S. 121-123.

ist, was das Axiom vom zielgerichteten Verhalten genau bedeutet. Aber genau diese Grenzziehung scheint nur auf Basis von Theorien a posteriori möglich zu sein, was zu einem Widerspruch führt. In der Misesschen Konzeption ist also eine Gleichsetzung der epistemologischen Voraussetzungen für Theorien und den Axiomen als Ausgangsbasis derselben im Handlungsaxiom enthalten – im Gegensatz zu Kant, auf den er sich bezieht.[168]

Die zweite Fragestellung betrifft hingegen die implizite Unterstellung der praxeologischen Theorie, dass nur das Handlungsaxiom – bei Mises eben gleichgesetzt mit der „Kategorie des Handelns" – Basis einer geschlossenen Theorie sein kann. Um eine Theorie zu bestätigen, so Mises, müssen die deduktiven Schritte untersucht werden, ob sie logische Fehler enthalten oder nicht und ob die Theorie auf das Handlungsaxiom aufbaut. Mises meint, dass die Argumentation überprüft werden kann, wenn die Deduktionen ohne Brüche oder Probleme auf das Handlungsaxiom, und zwar nur auf das Handlungsaxiom, zurückgeführt werden können. Dann sei das untersuchte Theorem vollständig wahr und gültig.[169] Selbst wenn das Handlungsaxiom als wahr und gültig angenommen würde, so kann doch bezweifelt werden, dass nicht noch andere Axiome, oder, um der Frage nach den notwendigen Voraussetzungen einer (ökonomischen) Wissenschaft nachzugehen, andere Kategorien denkbar und möglich sind, um zu anderen Theorien und Schussfolgerungen zu kommen. Barrotta weist darauf hin, dass es keine Garantie für eine bestimmte Anzahl oder eine bestimmte Art von Kategorien geben kann, da auch diese über die Zeit hinweg veränderbar sein können.[170] Der Gewissheitsanspruch, der mit der Vorstellung von Mises hinsichtlich einer epistemologischen Fundierung seiner praxeologischen Theorie einhergeht, scheint insofern fragwürdig.

Die notwendige Trennung von Kategorien (als Voraussetzung und Adressaten von erfahrungsbezogener Erkenntnis) und erklärenden Theorien, denen Axiome zugrunde liegen, hat wohl deshalb auch bei Rothbard den Ausschlag für eine an die Misessche Konzeption angelehnte, jedoch anders begründete Konzeption eines a priori – Wissens gegeben. Auch bleibt hier das Handlungsaxiom als wesentlicher Ausgangspunkt einer ökonomisch geprägten Gesellschaftstheorie erhalten. Rothbard argumentiert, die empirischen Aussagen, die das Handlungsaxiom stützen, seien „so broadly based as to be hardly „empirical" in the empiricist sense of the term ... They are so generally true as to be self-evident."[171] Dennoch ist das Handlungsaxiom gemäß Rothbard wahr und a priori gültig, da es (a) in der menschlichen Erfahrung tief verankert ist, (b) auf innerer und äußerer, reflektierter Erfahrung beruht und (c) den historischen Entwicklungen der Menschheit zugrunde liegen muss.[172] Ein Kritiker, der dem Prinzip widerspricht, begeht einen Selbstwider-

---

168 Barrotta (1996), S. 58. Mises Vorstellung, dass aus einem a priori wahren Axiom eine vollständige Theorie abgeleitet werden könne, steht vor dem zusätzlichen Problem, mit der auf einem a priori gültigen Axiom gebildeten Theorie zwar einen Bezug zur Realität herstellen, aber keine Information im Sinne eines empirischen Gehalts (z.B. in Form von Prognosen) liefern zu können. hierzu Vanberg (1975), S. 90.
169 Mises (1978), S. 72.
170 Barrotta (1996), S. 62.
171 Rothbard (1957), S. 316.
172 Dies ist eine Zusammenfassung der Darlegungen von Rothbard (1997), S. 65.

spruch: er beabsichtigt die Widerlegung eines Arguments durch zielgerichtetes Handeln, in diesem Falle Argumentation.[173] Die Ableitungen, die sich aus dem Handlungsaxiom ergeben, erfolgen dann allerdings in Analogie zur Vorstellung von Mises, dass eine wahre Theorie beim a priori gültigen Handlungsaxiom enden müsse, würden die Deduktionen Schritt für Schritt überprüft. Dies sieht Rothbard beispielsweise bei seiner Darlegung der libertären Normen als erfüllt an.[174] Allerdings erscheint dies als fraglich, denn die Begründung, die Rothbard für die libertären Normen des Selbsteigentums und des Rechts auf „Heimstatt" vorbringt, ist letztlich funktional, da diese Rechte „dem Menschen bei der Wahrnehmung seiner vitalen Interessen [helfen]".[175] Auch hält Rothbard uneingeschränkte Freiheit für notwendig, da nur so die Prosperität des menschlichen Lebens gewährleistet werde[176] – eine empirische Behauptung.[177]

Hoppe versucht nun, die libertären Normen, wie sie von Rothbard beschrieben werden, nicht nur naturrechtlich, und hinsichtlich des a priori des Handlungsaxioms als letztlich quasi-empirisch, sondern durch die von ihm vertretene Argumentationsethik zu stützen. Dabei knüpft er an die Misessche Vorstellung der „Kategorie des Handelns" an. Seine epistemologische Begründung weist nun dem Handlungsaxiom zwingend und eben nicht mehr mit einem Rest-Empirismus den Status eines a priori zu – da dies argumentativ unwiderlegbar sei.[178] Damit entgeht Hoppe, falls die Stimmigkeit seiner Argumentationsethik angenommen wird, der ersten Kritik an der Konzeption des a priori bei Mises – nämlich der angenommenen Identität der Kategorie des Handeln als Voraussetzung der Erkenntnismöglichkeit und dem Handlungsaxiom.[179] Dennoch liefert auch Hoppe keine Begründung, weshalb nur das Handlungsaxiom allein Relevanz für die (ökonomische) Theoriebildung haben soll.[180]

---

173 Rothbard (1997), S. 68. Die Logik der Argumentation wird vor allem von Hoppe (1987) detaillierter ausgeführt. Er nennt sie auch „Argumentationsethik".

174 Rothbard (1973) und Rothbard (1997), in der er die praxeologische Methode, auf der seine normative Aussagen beruhen, generell verteidigt.

175 Bouillon (1998), S. 30. Rothbards Andeutungen sind besonders klar auf S. 27 seines Buches For a New Liberty zu finden; Rothbard (1973).

176 Rothbard (1973), S. 27.

177 Bouillon (1998), S. 30.

178 Die Suche nach performativen Widersprüchen zur Identifikation von Regeln, die sich als alternativlos erweisen, zieht ihre Anleihe aus der Diskursethik von Apel und Habermas, dessen Doktorand Hoppe war (Vorwort bei Hoppe (1987)). Hoppe folgt damit Apel, nicht jedoch Habermas, der Letztbegründungsversuche ablehnt. Siehe hierzu Habermas (1983) und Reese-Schäfer (2001).

179 Muss also der Ansatz empirisch-positiver Ökonomik verlassen werden? Long (2004) kritisiert den methodologischen Ansatz der positivistischen Ökonomik mit Verweis auf Milton Friedman, dem er vorwirft, nicht zwischen precisive und non-precisive abstraction zu unterscheiden. Gemäß Long sind die neoklassischen Modelle unrealistisch, nicht weil sie die Realität nicht vollständig genug abbilden, sondern weil sie in den Annahmen falsche Dinge behaupten (statt diese gar nicht zu spezifizieren). Sind auf Basis dieser Modelle die Prognosen tatsächlich eingetreten, so könne dennoch nicht geklärt werden, warum das Ergebnis vorgefunden wurde. Das Verstehen der zugrunde liegenden Prozesse wird laut Long in der empirischen Herangehensweise unmöglich. Allerdings wendet er seine eigene, im gleichen Text vertretene These, dass precisive abstractions (im Sinne von fehlerhaften Annahmen) Erkenntnisgewinne leisten können, wenn damit die Wirkungsweisen bestimmter Faktoren isoliert besser verstanden werden, nicht auf die von ihm kritisierte neoklassische Theorie an.

180 Barrotta (1996), S. 60, bezieht dies auf Mises – es ist jedoch auch bei Hoppe relevant.

Noch bleibt der Apriorismus in seiner Verwendung als Ansatz zur Letztbegründung intakt. Allerdings gibt es im Wesentlichen drei Gründe, diesen Anspruch einer gelungenen Letztbegründung zu verneinen, wenn die Idee, dass es a priori gültige Aussagen gibt, nochmals kritisch betrachtet wird. Erstens müssen sich für eine gelungene Letztbegründung die deduzierten Aussagen als „wahr" herausstellen können, was voraussetzt, dass sich die apriorischen „Einsichten" nicht doch als Irrtümer erweisen.[181] Dazu ist es jedoch nötig, dass die apriorischen Aussagen nicht auf irrtumsanfälligen Voraussetzungen beruhen. Da aber die Gewissheit, auf Basis der Selbstreflexion im Sprechakt bestimmte Voraussetzungen als unbezweifelbar gültig behaupten zu können, wiederum selbst abhängig ist von nicht explizit gemachten Voraussetzungen, beispielsweise dem verwendeten Ich-Begriff bzw. -verständnis[182] – kurz: der anthropologischen Sicht des Menschen über das Handlungsaxiom hinaus – kann es sich bei den apriorischen „Erkenntnissen" nicht mehr um irrtumsresistente Deduktionen handeln. Die cartesianische Einsicht „Ich denke, also bin ich" ist eine trügerische Einsicht, da sie das denkende Ich nicht genau spezifizieren kann. Der zweite Grund ist ebenfalls der Wissenschaftstheorie entlehnt. Radnitzky hält die Hoppesche Begründung deshalb für gescheitert, da es sich bei den Aussagen aus Sicht eines Beobachters entweder um (normativ leere) Definitionen oder aber um synthetische, und damit falsifizierbare, Sätze handelt.[183] Auch damit geht der „Unwiderlegbarkeitscharakter" der apriorischen Deduktionen verloren. Das dritte, der Diskursethik entlehnte Argument, geht auf Habermas zurück. Performative Widersprüche, wie sie in der libertären Argumentationsethik die Letztbegründung liefern sollen, sind zwar hilfreich, weil Diskussionen tatsächlich nicht ohne solche Argumentationsregeln auskommen würden.[184] Aber auch wenn diese Regeln daher als alternativlos gelten müssen, so sind sie damit noch nicht in ihrem eigentlichen normativen Inhalt begründet.

Die Begründung des libertären Gewaltausschlussprinzips als grundlegende normative Regel, die Hoppe über die von ihm postulierte Argumentationsethik erreicht zu haben glaubt, kann nun kritisch hinterfragt werden. Die Argumentation verlangt, dass Gewalt abwesend sein muss, wenn ein Wahrheitsanspruch erhoben wird. Die Erfüllung dieser Bedingung impliziert jedoch nicht ihre Universalisierung als allgemeingültige Moralregel.[185] So verlangen Internisten von ihren Patienten mit Leberproblemen Nüchternheit für die Ultraschalluntersuchung, ohne dass daraus das absurde Gebot für allgemeine Nüchternheit abzuleiten wäre. Insofern scheint in Hoppes Argumentation doch ein normativistischer Fehlschluss vorzuliegen.[186] Auch Hoppes Begründung für das aus dem

---

181 Albert (1987), S. 36-37, Fußnoten 61 und 62.
182 Albert (1975), S. 132-134.
183 Ausführlich dazu Radnitzky (1995a), S. 189-194.
184 Habermas (1983), S. 105.
185 Bouillon (1998), S. 34. Auch Narveson (2004), S. 24, argumentiert ähnlich: aus einer de facto Kontrolle im Moment der Argumentation entsteht nicht zwingend ein „Besitzanspruch" auf ein Recht. Schließlich Habermas (1983), S. 107.
186 Ebd., S. 34. Hoppe klärt außerdem nicht, was unter Gewalt zu verstehen ist. Er setzt hier auf das Alltagsverständnis, das sich im Wort „Gewalt" manifestiert. Dass dieses Alltagsverständnis jedoch kulturkontigent und zeitabhängig sein könnte, wird von ihm nicht beachtet. Hoppe (1987), S. 64.

Selbsteigentum resultierende „Recht auf ursprüngliche Appropriation durch Arbeit" ist – wie Bouillon argumentiert – wohl nicht haltbar.[187]

Rothbards und Hoppes Letztbegründungsversuch für die libertären Normen scheint also gescheitert zu sein.[188] Dies lässt das Normensystem jedoch vorerst intakt, wenngleich Modifikationen der Begründung nötig erscheinen. Auch ist die Frage nach der Durchsetzbarkeit der Regeln in einer libertären Anarchie noch nicht geklärt, da dies bei Rothbard und Hoppe, anders als bei Jasay und Friedman, von der eigentlichen Rechtfertigung der Normenverbindlichkeit entkoppelt ist. Bevor die libertäre Konzeption der Normdurchsetzung allerdings genauer betrachtet wird, ist eine Prüfung erster Fragen, die sich mit den libertären Normen beschäftigen, angebracht. Dies nicht, um sie, was legitim wäre, mit Alternativen zu kontrastieren, sondern um zu untersuchen, ob die Normen des Selbst- und des Sacheigentums selbst ungeachtet der unterschiedlichen Begründungsfiguren so eindeutig sind, wie es den Anschein erweckt. Besteht diese Klarheit nicht, so wird neben dem Verfahren der Normdurchsetzung auch ein Verfahren der Normspezifikation bzw. der -interpretation benötigt werden.

2.7 Prüfung der libertären Eigentumskonzeption

Libertäre Theorien weisen trotz unterschiedlicher Begründungen grundsätzliche Gemeinsamkeiten auf, die die Basis für eine erste Überprüfung darstellen. Die Bedeutung einer nicht-zirkulären Definition, wie sie von Bouillon angestrebt wird, tritt dabei in den Hintergrund, da von der möglichen Zustimmung zu Eingriffen in die individuelle Freiheit abstrahiert wird. Es soll geprüft werden, inwiefern die libertären Ansätze Zwang tatsächlich spezifizieren und an welche Voraussetzungen dies geknüpft ist. Es geht also nicht um die Begründung der Möglichkeit oder Notwendigkeit libertärer Freiheitsnormen wie zuvor, sondern um die Frage der Eindeutigkeit der konkreten Inhalte der libertären Grundsätze, die in der libertären Konzeption im Rahmen einer „geordneten" Anarchie durchgesetzt werden sollen. Zunächst einmal zu den Gemeinsamkeiten. Hier lassen sich folgende Aussagen als libertäre Grundüberzeugungen identifizieren:[189]

(1) Jeder Mensch ist Eigentümer seiner selbst.
(2) Die Welt gehört ursprünglich niemandem.[190]
(3) Es gibt ein Recht auf absolutes Sacheigentum an ungleich verteilten Gegenständen, sofern sie rechtmäßig erworben wurden.

---

187 Bouillon (1998), S. 35.
188 Die bisherige Kritik bezog sich dabei vor allem auf die Begründung in Hoppes Argumentation, jedoch nicht auf die Implikationen. Dies ist Teil des Abschnitt 2.7. An dieser Stelle kann jedoch angemerkt werden, dass die anthropologische Sicht des Menschen bei Hoppes Begründung der Argumentationsethik impliziert, dass Menschen mit geistiger Behinderung oder Säuglinge/Kleinkinder nicht als „vollwertige" Menschen gedacht werden können, da ihnen ggf. der Zugang zum Verständnis der Hoppeschen Argumentation und der normativen Folgerungen fehlt.
189 Für eine ähnliche Darstellung siehe auch Kymlicka (1997), S. 120. Die hier dargestellten grundsätzlichen Gemeinsamkeiten libertärer Theorien weisen allerdings en detail Unterschiede auf, die in der folgenden Diskussion betrachtet werden.
190 Eine Ausnahme, wie sich noch zeigen wird, stellt hier Friedman (2003) dar.

(4) Individuelle Freiheit ist mit der Frage nach Eigentum, sei es am eigenen Körper oder an Sachen, untrennbar verknüpft. Eingriffe in das Eigentum von Individuen sind prima facie Zwang bzw. Gewalt.

Die grundlegende Ausgangsnorm, das „Selbsteigentum" eines Individuums (Aussage (1)), wird hier insofern bejaht, als die Negation desselben die Frage aufwerfen würde, wer Eigentümer der Menschen ist bzw. sein kann. Der Mensch als „Zweck an sich selbst" bleibt vorausgesetzt, ohne dass dies für die intendierte Diskussion eine konkretere Darstellung benötigen würde.[191] Sollte sich also zeigen, dass die anderen libertären Thesen zwingend aus dem Selbsteigentum abgeleitet werden müssen, so wäre dies ein starker Grund, die darauf aufbauenden Aussagen zu bejahen. Erscheinen aber weitere Kriterien nötig, um die Aussagen (2) bis (4) treffen zu können, so besteht unweigerlich ein Spielraum für unterschiedliche Auslegungen der libertären Normen und ggf. die Notwendigkeit, diese in einem Verfahren zu klären oder festzulegen. Es wird mit Aussage (2) die Diskussion begonnen, denn die Behauptung, die Welt gehöre niemandem, ist die Voraussetzung für das absolute Eigentumsrecht in libertären Theorien.[192]

2.7.1 Ursprung des Eigentums

Wenn die Welt ursprünglich niemandem gehört, so ist dies zuerst einmal genauer zu betrachten. Angenommen, das Gegenteil wäre richtig, und die Welt gehöre allen Menschen. Woher kann ein solches Recht kommen? Und was bedeutet es? Bei John Locke ist das Selbsteigentum ebenso wie das Sacheigentum des Menschen letztlich nur auf Gott zurückzuführen:

> „Denn da der überaus starke Trieb, sein Leben und sein Dasein zu erhalten, ihm von Gott selbst als ein Prinzip des Handelns eingepflanzt worden war, konnte ihn die Vernunft, als die Stimme Gottes in ihm, nur lehren und überzeugen, dass er in der Befolgung dieser natürlichen Neigung sein Dasein zu erhalten hatte [...]. Deshalb war das Eigentum des Menschen an den Geschöpfen aus seinem Recht begründet, von jenen Dingen Gebrauch zu machen, die für sein Dasein notwendig oder nützlich waren."[193]

---

191 Kants Betrachtung der Menschen als „Zwecke an sich selbst" ähnelt der libertären Vorstellung vom Selbsteigentum, ist aber nicht damit gleichzusetzen. Das libertäre Selbsteigentum bezeichnet die Grenze für andere, die nicht überschritten werden darf. Verständlich wird das libertäre Selbsteigentum als der Gegensatz von Selbstbestimmung und Sklaverei – jeder ist selbst der Sklavenhalter der eigenen Person und niemand anderes hat ein Recht dazu. Vgl. Cohen (1995), S. 68. Rothbard weist darauf hin, welche Implikation die Negierung des Selbsteigentums hat – nämlich einen Selbstwiderspruch (Rothbard (1973), S. 28-29). Welche Grenzen dem Selbsteigentum gezogen werden, bleibt jedoch vorerst eine offene Frage.
192 Dabei spielt die Verknüpfung von Aussage (1) mit Aussage (2) eine Rolle, da die Alternativhypothese, die Welt gehöre allen damit verknüpft ist.
193 Locke (1977/1690), S. 136 (Erste Abhandlung, § 86). Hervorhebung im Original.

Und Locke weiter:

> „Doch ich will mich bemühen darzustellen, wie Menschen zu einem Eigentum an einzelnen Teilen dessen gelangen konnten, was Gott der Menschheit gemeinsam gegeben hat [...]."[194]

Als Geschöpfe Gottes haben die Menschen nicht nur ein Recht auf Selbsteigentum, sondern auch auf die Verwendung aller Güter, die ihnen gemeinschaftlich von Gott gegeben wurden. Abstrahiert man für den Augenblick von den Bedingungen, unter denen dies bei Locke steht, so lässt sich klären, was Eigentum aller an der gemeinsamen Welt impliziert. Wenn jedem die Welt (mit-)gehört, dann bedeutet dies, dass auch jeder ein Recht auf die natürlichen Ressourcen hat, und demzufolge auch auf deren Verwendung. Damit entsteht aber ein grundsätzliches Problem: Es müsste für das Zusammenleben der Menschen geklärt werden, in welchem Verfahren über die Verwendung der Ressourcen entschieden werden kann, denn eine einstimmige Entscheidung in jeder Verwendungsfrage hätte die Konsequenz, dass die Transaktionskosten zur Beschreitung einer legitimen Verwendung bei Zustimmung aller prohibitiv hoch wären, genau genommen unmöglich. Die mögliche Willkür eines einzelnen, der seine Zustimmung der Nutzung von Ressourcen durch andere verweigert, scheint einen solchen Weg nicht akzeptabel zu machen, da damit das zugrunde liegende Verständnis des Selbsteigentums faktisch ad absurdum geführt würde. Locke ist sich des Problems bewusst und hält daher die Vermengung der menschlichen Arbeit mit einem Objekt für ausschlaggebend hinsichtlich der Abgrenzung von „Mein" und „Dein".[195]

Aktuelle libertäre Theoretiker kritisieren allerdings grundsätzlich die Vorstellung, die Welt gehöre allen Menschen.[196] Erstens ließe sich unter dieser Annahme das individuelle Überleben nur unter der latenten Drohung einer möglichen Sanktionierung durch andere aufrechterhalten und zweitens müsste es Rechte geben, die der ursprünglichen Verteilung vorgehen, also per se Verbindlichkeit beanspruchen können.[197] Im naturrechtlichen Begründungsdiskurs wird dabei insbesondere die Verknüpfung mit dem Selbsteigentum des Menschen deutlich – und zwar ohne Rekurs auf Gott. Das Ziel individuellen Überlebens setzt voraus, dass sich ansonsten als herrenlose Güter betrachtete Gegenstände gebrauchen lassen. Ohne diese Voraussetzung wäre das individuelle Recht auf Leben auch logisch nicht widerspruchsfrei denkbar.[198] Rothbard bezieht dies in erster Linie auf das Selbsteigentum eines Menschen, aber da die Begründung für Eigentum allgemein

---

194 Locke (1977/1690), S. 216 (Zweite Abhandlung § 25). Hervorhebung im Original.
195 Ebd., S. 218 (Zweite Abhandlung, § 29). Darauf wird im folgenden Abschnitt näher eingegangen werden.
196 Friedman (2003), S. 206 befasst sich mit dieser Thematik nur am Rande. Daher wird er in der vorliegenden Diskussion nicht auf seine Vorstellungen eingegangen. Allerdings gehört Friedman in dieser Frage selbst zu den Kritikern anderer libertärer Vorstellungen, da er nicht daran glaubt, dass es möglich ist, „Eigentumsrechte an Land aus einer a-priori-Theorie des Rechts abzuleiten." Friedman meint sogar, dass die Erde ursprünglich allen gehörte, und Eigentumsrechte nur aufgrund von Nützlichkeitserwägungen benötigt werden. Seine Position ist eine Ausnahme hinsichtlich Aussage (2) der einleitenden Beschreibung zu Abschnitt 2.7.
197 Rothbard (2000), S. 61 sowie Jasay (1991), S. 73.
198 Rothbard (2000), S. 61.

gelte, sei auch die Frage der Gültigkeit von Sacheigentum geklärt.[199] Die grundsätzliche Skepsis libertärer Theoretiker hinsichtlich des ursprünglichen Gemeineigentums rührt jedoch aus der zweiten Behauptung, dass Rechte vor den Menschen existiert haben.[200] Dies sei unhaltbar, da eine Begründung, die sich auf Gott stütze, selbst eine von Menschen vorgebrachte Begründung ist.[201] Selbst wenn es eine Naturordnung gebe, die Menschen identifizieren können, bleibe die Frage offen, „ob Gott diese Ordnung geschaffen hat oder nicht."[202] Auf jeden Fall bleibt damit ein den Menschen vorausgehendes Recht ausgeschlossen. Ein weiteres abstraktes Argument behauptet, dass Eigentum nur als Privateigentum denkbar sei: wenn die Welt allen gehörte, also genuines Gemeineigentum vorliege, so müsste es auch eine Art gemeinsamen Verstand geben. Dies sei aber nicht der Fall. Eigentum könne von daher nur privat sein, da sonst der Sinn des Eigentums, nämlich die Möglichkeit, Entscheidungssouveränität an die Verantwortung für die Resultate zu knüpfen, hinfällig würde. Konzeptionell könne es also gar kein Gemeineigentum geben, es sei denn über den Weg des individuellen Zusammenschlusses und des Übertragens von Eigentum auf eine ebenfalls von Individuen zu schaffende Entität, die bestimmte Entscheidungsprozeduren beinhaltet. Bei einem solchen nichtgenuinen Gemeineigentum würden Entscheidungen in einem politischen Verfahren von Wenigen getroffen, die Kosten und die Erträge würden aber auf alle verteilt.[203] Die Souveränität im Gebrauch von Eigentum könne zwar delegiert, sie könne aber nicht wirklich geteilt werden.[204] Gemeineigentum erscheint Libertären somit als ein Widerspruch in sich.[205] Hinter dieser libertären Betrachtung steht allerdings in erster Linie eine Effizienzaussage, denn es wird unterstellt, dass die Kombination von Gemeineigentum und damit politischer Entscheidungsfindung weniger gut geeignet ist, die Bedürfnisse der Individuen in ihrer Rolle als Eigentümer zu befriedigen, als die Alternative reiner privater Verfügungsrechte.[206]

Dennoch bleibt offen, ob das Verständnis, dass die Welt allen gehört, notwendigerweise zu einer Unmöglichkeit des individuellen Gebrauchs von natürlichen Ressourcen führt, oder ob sich daraus nicht vielmehr nur eine Einschränkung des Gebrauchs ableiten lässt, der andere Menschen schädigt, da sie nicht mehr über bestimmte Ressourcen verfügen können, wenn es vielleicht keine Alternativen zu ihnen gibt. Selbsteigentum mag

---

199 Ebd., S. 64. Dabei ist wie bei Locke die Bedingung der Vermischung mit Arbeit relevant für eine Konstituierung von Eigentumsansprüchen. Siehe hierzu den Abschnitt 2.7.2.
200 Jasay (1991), S. 72-73 sowie Rothbard (2000), S.61ff.
201 Jasay (1991), S. 58, mit seinem Argument, dass eben nur Individuen handeln können. Für seine Kritik an der Vorstellung von Gemeineigentum und vorausgehenden „Rechten" siehe S. 72-73.
202 Rothbard (2000), S. 22.
203 Dies gilt natürlich nicht für den Fall von Einstimmigkeit in der Entscheidungsfindung.
204 Jasay (1991), S. 74-75.
205 Ebd. Dies schliesst selbstverständlich nicht aus, dass es Eigentum gibt, das einer Gemeinschaft gehört, die sich frei gebildet hat und die Verfahren der Bestimmung des Mitteleinsatzes beschließt. Da aber jedes Individuum wieder seine Ressourcen abziehen kann (z.B. seine Mitgliedschaft beenden kann), ist dies Privateigentum, kein Gemeineigentum.
206 Hier besteht kein Unterschied zwischen den verschiedenen libertären Denkrichtungen. Selbst wenn sich theoretisch herausstellen sollte, dass Gemeineigentum unter bestimmten Bedingungen effizienter ist als Privateigentum, so bleibt aus libertärer Sicht doch das Problem der Ausbeutung der individuellen Präferenzen durch politische Entscheidungen bestehen – die Rechte der Individuen werden verletzt.

Sacheigentum bedingen, nicht jedoch dessen absoluten Charakter. Es ließe sich auch Sacheigentum rechtfertigen, selbst „wenn die Welt weder als Selbstbedienungsreservoir noch als Gemeineigentum angesehen würde, sondern als gleichmäßig unter allen Menschen aufgeteilt."[207] Diese Idee entgeht der Kritik, dass sich das Selbsteigentum eines Menschen nicht widerspruchsfrei denken lässt hinsichtlich der Wirkungen des ursprünglichen Rechts „Die Welt gehört allen Menschen". Aber das Problem der Geltung dieser Vorstellung wird ebenfalls nicht gelöst. Es macht weitere Probleme deutlich, denn dieses Gleichaufteilungspostulat könnte nicht zwischen Urbewohnern der Erde und immer wieder Neugeborenen differenzieren, ohne das Selbsteigentum eines jeden Menschen wiederum in Frage zu stellen. Wenn die Welt allen gleichermaßen gehört, so kann dies nicht auf eine bestimmte Generation beschränkt sein. Damit entstünde aber ein immer wiederkehrender Umverteilungsbedarf, der das Privateigentum, das als prinzipiell anerkannt vorausgesetzt wird, aushöhlt und damit für das Problem der Knappheit keine Lösung bereithält. Dennoch muss dies nicht bedeuten, dass der Zusammenhang von absolutem Sacheigentum mit Selbsteigentum zwingend ist. Mann kann sich durchaus selbst besitzen, auch wenn man nur einen begrenzten bzw. gleichen Anteil an den gesellschaftlichen Gütern, die allgemein zur Verfügung stehen, hat. Es entsteht kein logischer Widerspruch bei begrenztem Sacheigentum und vollem Selbsteigentum.[208]

Sofern diese Aussage zutrifft, entgeht sie doch nicht der libertären Kritik, dass der faire Anteil eben nicht auf ex ante bestehenden „Rechten" basieren kann. Für Libertäre ist der faire Anteil nur der, der aus rechtmäßiger Aneignung und legitimer Übertragung resultiert, anstelle eines ansonsten willkürlichen Prinzips, das aus einem politischen Verfahren stammt oder mit Bezug auf metaphysische Gründe postuliert wird.[209] Wenn die Welt nun ursprünglich niemandem gehört, da das Gegenteil nicht hinreichend überzeugend scheint, so ist noch immer zu klären, wie exklusives Eigentum überhaupt möglich sein kann, wie Rechtmäßigkeit des Eigentumserwerbs festzustellen und wie mit unrechtmäßigem Eigentum zu verfahren ist. Dies bezieht sich auf die dritte libertäre Grundüberzeugung.

2.7.2 Ursprüngliche Aneignung und rechtmäßiges Eigentum

Wenn rechtmäßiges Eigentum konstituiert werden soll, so stellen sich zwei grundsätzliche Fragen. Erstens ist die Art der ursprünglichen Aneignung einschließlich ihrer Bedingungen zu hinterfragen, zweitens geht es um das Ausmaß des Eigentumsanspruches, denn zwischen der Substanz eines Gegenstandes und ihrem Ertrag kann und muss zu Beginn unterschieden werden. Akzeptiert man die Idee des Selbsteigentums unabhängig von der Reichweite ihrer Bedeutung, so ist es schwer vorstellbar, wie dieses Selbsteigentum gewahrt werden kann, wenn nicht wenigstens die Aneignung herrenloser Güter rechtmäßig ist, um

---

207 Kymlicka (1997), S. 121 und Cohen (1995), S. 87-90, der das Rawlssche Differenzprinzip in anderer Form als Alternative vorschlägt.
208 Kymlicka (1997), S. 109.
209 Jasay (1991), S. 73. Eine mögliche Lösung im Rahmen eines Gesellschaftsvertrages wird in Kapitel 4 implizit behandelt.

das Überleben der eigenen Person zu sichern.[210] Diese Aneignung herrenloser Güter kann
– wenn kein vorrangiges Recht auf diese Güter besteht – legitim auf verschiedene Art erfolgen. Locke verlangt daher, dass der Mensch seine Arbeit mit den Gütern mixt:

> „Wenn auch das Wasser, das aus der Quelle fließt, Eigentum aller ist, wer kann
> zweifeln, dass es dennoch im Kruge nur demjenigen gehört, der es geschöpft hat?
> Seine Arbeit hat es aus den Händen der Natur genommen, wo es Gemeingut
> war und allen ihren Kindern gleichmäßig gehörte, und er hat es sich dadurch
> angeeignet."[211]

Diese Lockesche Bedingung der Eigentumsaneignung wird von manchen Libertären
geteilt. Für Rothbard gehört jedem Menschen nur das, „was er produziert, d.h. was er
durch eigene Anstrengung in Gebrauch nimmt."[212] Insofern ist für Rothbard wie Locke
die Vermengung von Arbeit mit einem Gegenstand eine notwendige Bedingung, um
einen Eigentumsanspruch geltend machen zu können. Der Grund liegt laut Rothbard
darin, dass die Alternative, die Geltendmachung per Deklaration, weder den naturge-
gebenen Beschaffenheiten etwas hinzufügt (also jemand etwas sein Eigen nennen würde, das nicht durch ihn verändert oder bearbeitet wurde) noch, dass durch Deklaration
– so Hoppe in Übereinstimmung mit Rothbard – Konflikte vermieden werden können,
denn durch die Abgabe unterschiedlicher Deklarationen werden diese geradezu herauf-
beschworen. Eine Klärung der Rechtmäßigkeit des Eigentums würde so konterkariert.[213]
Rothbard bezeichnet die Vorstellung, durch Deklaration Eigentumsansprüche begründen zu können, folglich als „Kolumbuskomplex".[214] Der Entdecker unbewohnter Inseln
könnte die ganze Insel sein Eigen nennen, aber rechtmäßig gehört ihm nur, was er tatsächlich bearbeitet bzw. nutzt und wodurch entsprechend die „Hand des Menschen auf
die eine oder andere Weise offensichtlich ist."[215] Dies hat insbesondere dann Bedeutung,
wenn es um die Klärung von Eigentumsansprüchen geht, die in der Vergangenheit liegen
– Landanspruch ist beispielsweise dann ungültig, wenn es „niemals in Dienst gestellt
wurde."[216] Für Rothbard und Hoppe ist damit die konkrete Art der Aneignung ausreichend spezifiziert. Aber ist die notwendige Bedingung, seine Arbeit mit den ursprünglich
herrenlosen Gegenständen zu mischen, auch eine hinreichende Bedingung? Friedman
hält dies für wenig überzeugend, weil nicht erklärt sei, „warum ich, wenn ich ein kleines
Stückchen Wald rode, nicht nur den zusätzlichen Wert meiner Mühe erhalte, sondern
das vollständige Verfügungsrecht über das Land."[217] Auch wenn dies im ersten Augenblick überzeugend erscheinen mag, so hält Rothbard das Argument für gefährlich. Ohne
eine Vorstellung von der Legitimität ursprünglicher Aneignungsakte bleibe dem Utilita-

---

210 Rothbard (2000), S. 61-63.
211 Locke (1977/1690), S. 218 (Zweite Abhandlung, § 29). Hervorhebung im Original.
212 Rothbard (2000), S. 50.
213 Rothbard (2000), S. 61-64 und Hoppe (2002), S. 380.
214 Rothbard (2000), S. 62.
215 Ebd., S. 79.
216 Ebd.
217 Friedman (2003), S. 206. Allerdings hält Friedman dies für ein geringfügiges Problem, da der
Anteil an Einkommen aus Land in den meisten Gesellschaften sehr gering sei. Allerdings haben auch
die modernen Verteilungsstrukturen ihre Wurzel in den ursprünglichen Aneignungen, denn, so bemerkt Rothbard, „kein Mensch „schafft" jemals Materie." Siehe Rothbard (2000), S. 64.

risten, selbst wenn er die Zuordnung und Gestaltung von Verfügungsrechten nach ihrer Nützlichkeit für die Individuen bewertet, nur, alle bestehenden Eigentumsansprüche des Status quo als gültig zu erachten, auch wenn diese durch Gewalt gegenüber anderen, eigentlich rechtmäßigen Eigentümern zustande gekommen sind.[218] Dennoch ist nicht ganz klar, warum die Bearbeitung von Grund und Boden schon einen Anspruch auf das Land an sich beinhaltet. Das Problem ist dabei völlig unabhängig davon, ob man nun der Ansicht ist, die Welt gehöre niemandem oder allen. Die Vermischung von menschlicher Arbeit mit Gegenständen der Natur als Legitimationsgrund für Eigentum nicht nur der Erträge, sondern des benutzten Objekts, scheint ein schwaches Kriterium zu sein. Rothbards und Hoppes Konzeption steht dabei noch vor einer anderen Schwierigkeit, nämlich welches genaue Ausmaß an Arbeit vollbracht werden muss, um einen Anspruch auf Eigentum zu begründen. Reicht die Markierung eines Obstbaumes als Bearbeitung zur Begründung des Anspruches auf Eigentum desselben? Nozick beschreibt am Beispiel einer Tomatendose, deren Inhalt in die Weltmeere geschüttet wird, wie schwierig eine solche Abgrenzung der Bearbeitung als Kriterium für Eigentumsansprüche ist.[219] Möglicherweise führen diese ungenauen Spezifikationen genau zu dem Konflikt, der durch Eigentum eigentlich gelöst werden sollte. Jasay vertritt daher die Position, dass Eigentum durchaus per Deklaration entstehen kann. „First come, first served" ist Jasays Ausweg aus dem Dilemma der ungenauen Spezifikation und dem utilitaristischen Problem ungerechtfertigter erster Aneignungsakte:[220]

> „The Priority principle imposes one particular order on how one person's liberty is to rank relative to another's, and on who shall accede to something scarce and valuable to which no one has better title than anyone else but which only some can have. This order of priority is the order of arrival in a designated position, or of the making of the relevant claim."[221]

Jasay vertritt damit ein Prinzip, das wie er selbst sagt, „moralisch arbiträr" sei.[222] Dennoch liegt für ihn genau darin die Stärke, denn alternative Regeln, die im politischen Prozess entstehen, sind vorgeprägt, und daher nicht gerechter als das Prinzip ,wer zuerst kommt, mahlt zuerst'. Ohnehin sollen sich Theorien der Gerechtigkeit auf die Konsequenzen von Rechten beziehen anstelle zu behaupten, „that there are rights to property prior to its initial distribution".[223] Die Aneignungsakte können dann an sich nicht mehr kritisiert werden, es sei denn, sie verletzen bereits bestehende Ansprüche anderer.[224] Bei

---

218 Rothbard (2000), S. 67. Für Friedmans Konzeption ist dies jedoch kein Problem, da auch in seiner Konzeption Grund und Boden angeeignet werden dürfen, allerdings müsse dafür die entsprechende gesellschaftliche Norm herausgebildet werden, die sich aber durch Verträge entwickele. Siehe hierzu auch Kapitel 5.

219 Nozick (1974), S. 175. Nozick beschreibt auch die Möglichkeit, nur den Mehrwert der Arbeit als legitimes Eigentum zu betrachten. Das ist aber nicht möglich, so Nozick, da die Bestimmung dieses Mehrwertes bisher nicht eindeutig geklärt sei.

220 Um ungerechtfertigte Ansprüche auf Eigentum bestreiten zu können, braucht es aber einen Schlichtungsprozess. Siehe Kapitel 3.

221 Jasay (1991), S. 70-71.

222 Ebd., S. 70ff.

223 Ebd.

224 Um solche Dispute zu klären, setzt Jasay (1997), S. 206, auf die Vertragskonvention. In den Gemeinschaften, in denen die Vertragskonvention etabliert ist, kann die Durchsetzung von Ansprüchen

Radnitzky, der sich auf Jasay beruft, findet sich hierzu der Hinweis, dass es eigentlich um die Frage geht, wer sich für fähig hält, die Ausschließungskosten des Eigentums zu tragen.[225] In gewisser Hinsicht ist diese Lösung äußerst elegant, entledigt sie sich doch den Problemen der Bestimmung von konsistenten Maßstäben zur Klärung der Legitimation von Eigentum ohne dabei willkürlicher zu sein als politische Alternativlösungen. Doch können auch hier Einwände vorgebracht werden. Wenn ein Individuum A sich das Land aneignen kann und das Individuum B, das nicht zugestimmt hat, dass A das Land, auf dem beide ursprünglich leben, sein Eigen nennt, so kann B dennoch nicht mehr wie ursprünglich das Land benutzen. Angenommen A kann seinen behaupteten Anspruch durchsetzen. Dann kann eine Abhängigkeit von B entstehen, der eben, wenn er überleben will, seine Arbeitskraft verkaufen muss, bis hin zur Sklaverei oder der Sklaverei ähnelnden Verträgen, wenn denn nötig.[226] Das kann darin münden, dass Menschen verhungern, weil sie eventuell keine marktgängigen Fähigkeiten haben und keine Hilfe bekommen.[227]

Diese Kritik hat zwei Aspekte. Zum einen verweist sie auf die mangelnde Zustimmung der Nicht-Eigentümer, zum anderen auf die möglichen Konsequenzen. Für den ersten Teil der Kritik ist die mögliche libertäre Antwort schon oben benannt worden – solange es keine vorgängigen Rechte gibt, die die Notwendigkeit von Zustimmung bei Eigentumserwerb beinhalten, solange kann dieser Kritikpunkt nicht überzeugen. Auch der zweite Aspekt, die möglichen Konsequenzen einer Abhängigkeit von B bei Aneignung des Landes (oder sonstiger Güter, z.B. natürliche Wasserquellen) durch A, erscheint nicht hinreichend plausibel. Denn es ist nicht klar, wieso im Naturzustand das Überleben von B notwendigerweise von A abhängt.[228] So wird B bei Eigentum von A an einer überlebenswichtigen Wasserquelle nicht schlechter gestellt, wenn die Quelle beispielsweise von A aufgefunden wurde und B ohne A nie davon erfahren hätte.[229] Weder das Handeln von A noch sein Eigentumsanspruch sind notwendigerweise für das Leben/Überleben von B verantwortlich.[230] Auch wenn die Sicherung des Überlebens eines Individuums nicht notwendigerweise durch die Eigentumsrechte anderer begrenzt wird, so ist dies jedoch nicht ausgeschlossen.[231] Es kann also sinnvoll geprüft werden, ob es nicht möglich und

---

durch Verträge mit Sicherheitsagenturen gelöst werden.
225 Radnitzky (2002b), S. 434. Er bemerkt dazu: „ [...] ob der Vertrag hält, muss sich zeigen." Zu Ausschließungskosten siehe auch Richter und Furubotn (2003), S. 105.
226 Hier bemerkt Rothbard (2000), S. 144, dass eine Person ihren Willen nicht veräußern kann. Daraus schließt er, dass freiwillige Sklavenverträge unmöglich sind.
227 Cohen (1995), S. 86.
228 Von einem entsprechend konstruierten Naturzustand, der die Aussage negiert, wird abstrahiert.
229 Dies basiert auf der Idee von Gauthier (1986), S. 204. Siehe auch Abschnitt 2.7.3.
230 So z.B. auch Hayek (1971), S. 166: „Auch wenn ihn [ein Individuum, MK] selbst und vielleicht seine Familie die Gefahr des Hungers bedroht und ihn zwingt, eine ihm widerwärtige Beschäftigung für einen sehr geringen Lohn anzunehmen und er der Gnade des einzigen Menschen ausgeliefert ist, der bereit ist, ihn zu beschäftigen, so ist er doch weder von diesem noch von irgend jemand anderen [...] gezwungen. Solange die Handlung [...] nicht bezweckte, [...] ihn zu bestimmten Handlungen oder Unterlassungen zu zwingen, [...] ist ihre Wirkung auf seine Freiheit keine andere als die einer Naturkatastrophe [...]."
231 Zum Beispiel im Falle unterlassener Hilfeleistung durch einen Eigentümer, der in Not geratene Menschen sterben lässt.

mit libertären Überzeugungen kompatibel wäre, den Eigentumsanspruch, selbst wenn er auf die moralisch arbiträre Logik der ersten Besitznahme durch Deklaration rekurriert, durch weitere Kriterien zu begrenzen. Zum anderen bleibt durch die mögliche Ausbeutung derjenigen, die nicht schnell genug waren, sich einer Sache zu bemächtigen, die Sicherheit der behaupteten Eigentumsansprüche offen. Die Akzeptanz von 'first come, first served' ist insofern eine empirische Behauptung. Es ist nicht a priori klar, warum sich Menschen zwingend an das Prinzip halten sollten.[232] Sowohl die Bindung als auch der Verstoß können rational sein. In anderen Worten: Die sichtbare Hand der Benachteiligten kann sich zur Wehr setzen, und damit die Stabilität der Ordnung untergraben. Ob diese Vermutung zutrifft oder nicht, wird später behandelt.[233]

Nun zur Frage möglicher weiterer Kriterien. Locke ist auch hier wieder der Ausgangspunkt der Diskussion, denn der von ihm vorgeschlagene Vorbehalt soll es ermöglichen, dass durch die Aneignung von Land und anderen Dingen durch einen einzelnen, „genug und ebenso gutes den anderen gemeinsam verbleibt".[234] Diese Regel, anderen genug übrig zu lassen, damit sie nicht durch die Aneignung eines anderen geschädigt werden, kann in zwei Varianten gedacht werden. Als „stringente" Variante würde die Regel nahe legen, dass sprichwörtlich genug vorhanden bleibt – sieht sich eine Person allerdings bereits verteilten Gütern bzw. Ländern gegenüber, so hält sie sich vielleicht für benachteiligt. Nozick meint dazu, dass der Lockesche Proviso in dieser starken Form letztlich nicht haltbar ist, da der Grund der Benachteiligung einer Person durch die Aneignung von anderen auf die allererste ursprüngliche Aneignung überhaupt zurückzuführen ist.[235] Prinzipieller argumentiert Rothbard gegen den Lockeschen Vorbehalt, „da man immer sagen kann, dass die Verringerung der Menge verfügbaren Landes alle anderen, die das Land auch hätten in Besitz nehmen können, schlechter stellt."[236] Anstelle der „stringenten" wäre auch eine „schwache" Variante denkbar, in der die Individuen, die ihr gewünschtes Land nicht mehr aneignen, es aber dennoch benutzen können – und zwar im Rahmen von Verträgen mit den Eigentümern. Sollte sich herausstellen, dass es auch den Nicht-Eigentümern unter einem solchen System besser geht, so wäre absolutes Privateigentum leicht zu rechtfertigen.[237] Aber der Lockesche Vorbehalt wäre dann auch ein unnötiges Kriterium: die Lo-

---

232 Jasay (1991), S. 71, kritisiert alternative Regeln, da sie letztlich politisch festgelegt und damit im Zweifel noch viel stärker vorgeprägt sind als das Prinzip ‚wer zuerst kommt, mahlt zuerst'. Da aber auch Jasay das Individuum in den Mittelpunkt stellt, da es ja vor Ausnutzung durch andere geschützt werden soll, ist nicht klar, warum mögliche politische Eingriffe, die problematisch sein mögen, nicht rechtfertigbar sein können. Auch hier entscheidet die Akzeptanz der Individuen, auch hier steht sie einer empirischen Überprüfung offen.
233 Vgl. hierzu die Ausführungen in Kapitel 3 und Kapitel 5.
234 Locke (1977/1690), S. 217 (Zweite Abhandlung, § 27).
235 Nozick (1974), S. 176. Die Unterscheidung „stringent" versus „schwach" geht auf Nozick zurück.
236 Rothbard (2000), S. 243. Siehe auch Jasay (1991), S. 72.
237 Cohen (1995), S. 83, kritisiert, dass der Vergleich zwischen einem Naturzustand ohne Eigentumsrechte und einer Marktwirtschaft mit möglichen absoluten Eigentumsrechten eine Verkürzung der relevanten Alternativen darstellt. Vielleicht stellen sich alle Individuen in einem System mit eingeschränkten Eigentumsrechten am besten? Allerdings: Für die Begründung von Eigentumsrechten muss nicht zwingend ein Vergleich mit allen denkbaren Alternativen durchgeführt werden – derer gibt es theoretisch unendlich viele. Nozick (1974), S. 177, deutet selbst einen ähnlichen Aspekt an: was soll die Vergleichsgröße sein, d.h. welche Spezifikationen des Naturzustandes bzw. eines

gik der Privateigentumsökonomie würde ihn implizieren, falls die Nicht-Eigentümer in einem solchen System besser gestellt wären. Problematisch ist an dieser Argumentation, dass sie den klassischen Problemen utilitaristischer Begründungen nicht ganz entgehen kann, denn die „schwache" Variante bindet das Recht auf absolutes Privateigentum an die empirische Hypothese der Besserstellung aller.[238] Auch Locke hat dies mit dem Verweis auf den Nutzen der menschlichen Arbeit getan, denn durch diese würde der Ertrag von Land erst gesteigert, da „man in den meisten Fällen neunundneunzig Hundertstel ganz dem Konto der Arbeit zuschreiben muss."[239] Insofern ist man den Eigentümern in gewisser Hinsicht zu Dank verpflichtet. Da aber gemäß dem „schwachen" Vorbehalt niemand schlechter gestellt werden darf, muss geklärt werden, ob tatsächlich niemand durch absolutes Privateigentum benachteiligt wird. Aber woher sollte man in Bezug auf die Nicht-Eigentümer denn wissen können, „ob sie schlechter gestellt sind oder nicht?"[240] Da eine objektive Messung nicht möglich ist und eine Befragung in strategischen Behauptungen seitens der Individuen münden kann, lässt sich auch der „schwache" Vorbehalt nicht aufrechterhalten. Jasay hält ihn für unrealisierbar,[241] ebenso wie Rothbard, der befürchtet, dass der „Lockesche Vorbehalt zum Verbot jeglichen privaten Landeigentums führen [kann][...]."[242] Die Tatsache, dass Menschen tatsächlich schlechter gestellt werden könnten, sei „ihre angemessene Übernahme von Risiken."

Während die Konzeption von Rothbard und Hoppe, so die erste Schlussfolgerung der bisherigen Diskussion, nur aufrechtzuerhalten ist, wenn das grundlegende Werturteil (die Behauptung, zur Wahrung des Selbsteigentums gäbe es die Notwendigkeit, „absolutes" Sacheigentum zuzulassen) hinsichtlich der Verknüpfung des Selbsteigentums mit der Legitimation von Sacheigentum geteilt wird, so entgeht Friedman mit seiner utilitaristischen Argumentation diesen Problemen. Allerdings gilt in seiner Konzeption dann, dass – solange kein Recht institutionalisiert ist – alle bestehenden Eigentumsansprüche als rechtens angesehen werden müssen. Es dürfte dann auch nur sehr schwer möglich sein, bei Herstellung von spezifischen Eigentumsrechten im Rahmen eines marktwirtschaftlichen Prozesses vorher entstandenes ‚Unrecht' zu korrigieren.[243] Insofern ist das Prinzip ‚wer zuerst kommt, mahlt zuerst' ein vorläufiger Ausweg. Aber auch dieses steht vor einer Schwierigkeit, da es voraussetzt, dass es als Prinzip von den Individuen akzeptiert ist. Anderenfalls entfaltet es nicht die Bindungskraft als Ausgangspunkt einer sozialen Ordnung, die ihm zugesprochen wird. Genau diese Voraussetzung, die Akzeptanz des Prinzips (als gerecht), scheint für Jasay gegeben zu sein: "[...] it is widely held to be equitable, almost certainly because it is felt to be impartial as a distributor of inequality."[244] Das jedoch ist nur eine (empirische) Behauptung über mögliche Individuenpräferenzen. Es lässt sich

---

Alternativzustandes müssen für die Prüfung der komparativen Vorteile eines Privateigentumssystem vorgenommen werden?
238 Siehe hierzu Cohen (1995), S. 86, in Bezug auf Nozick.
239 Locke (1977/1690), S. 225 (Zweite Abhandlung, § 40)
240 Rothbard (2000), S. 243.
241 Jasay (1991), S. 72.
242 Rothbard (2000), S. 243. Hervorhebung im Original.
243 Die unrechtmäßigen Eigentümer, die ihr Eigentum auf Gewalt gegründet haben, dürften materiell potenter sein.
244 Jasay (1991), S. 71.

daher feststellen, dass keine Klarheit über die Legitimität des Aneignungsverfahrens von Sacheigentum in den libertären Konzeptionen besteht. Möglicherweise impliziert dies ein Problem für die gesamte soziale Ordnung, wenn diese legitim bzw. gerecht sein soll. Dies lässt sich anhand der Frage der Eigentumsübertragung veranschaulichen.

Ist der Eigentümer eines Gegenstandes auch automatisch der rechtmäßige Eigentümer? Wenn Sacheigentum also durch Diebstahl und Gewalt angeeignet wird, dann könnte der Dieb bzw. Gewalttätige einen Anspruch auf das nun in seinem Besitz befindliche Eigentum erheben. Die libertäre Konzeption würde dann darauf hinauslaufen, dass alle zu einem bestimmten Zeitpunkt bestehenden Eigentumsverhältnisse akzeptiert werden müssten. Eigentum ist aber nur legitimes Eigentum, wenn es legitim erworben wurde, also durch Verträge, Schenkung, Erbe oder durch Arbeit. Was aber Eigentumstitel konstituieren kann, ist, wie soeben diskutiert, in der libertären Theorie unklar. Nimmt man nun aber an, ein bestimmtes Prinzip sei allgemein akzeptiert oder im Rechtssystem durchsetzbar, so bleibt die Frage, wie mit illegitimem Eigentum umgegangen werden soll. Das Problem lässt sich an einem Beispiel verdeutlichen. Angenommen, die Indianer Nordamerikas gelten als rechtmäßige Aneigner und Eigentümer ihres Landes, aber wurden durch Gewalt enteignet und von abgestammten Gebieten verdrängt. Gemäß der libertären Theorie haben die ursprünglichen Eigentümer bzw. ihre Rechtsnachfolger einen legitimen Anspruch auf ihr Land und die Erträge. Wenn man nun weiter annimmt, dass heutige Armut auch stark durch die Armut vergangener Generationen in der jeweils eigenen Familiengeschichte bedingt ist, so könnten die heutigen verarmten Nachfahren von ehemals entrechteten Familien einen Anspruch auf Rückerstattung ihres ehemaligen Besitzes haben.[245] Da dies ganze Gesellschaften betrifft und angesichts der weit in die Vergangenheit reichenden Vorgeschichten die Forderungen unbestimmbar sind, schlägt beispielsweise Nozick eine einmalige und allgemeine Umverteilung vor.[246] Für libertäre Anarchisten ist dies aber vollkommen inakzeptabel. Eigentum muss zwar an den rechtmäßigen Eigentümer zurückgegeben werden, aber nicht aufgrund einer pauschalen Umverteilung, sondern aufgrund konkreter Beweise.

Dafür gibt es im Wesentlichen drei Gründe. Zum einen ist nicht ganz klar, welche Gegenstände von den heutigen Nachfahren möglicher früher Verbrecher zurückgegeben werden sollen bzw. wie eine Ausgleichszahlung ausfallen solle. Das ist deswegen schwierig, weil ganz neue Wertgegenstände entstanden sind, die es zuvor nicht gegeben hat.[247] Der zweite, damit verbundene, Grund ist die subjektive Einschätzung des Wertes, der bei den Eigentumsentschädigungen eine objektive Bemessung verhindert.[248] Und schließlich wird das prinzipielle Argument vorgebracht, eine allgemeine Umverteilung sei genauso kriminell wie die zugrunde liegenden Gewaltakte illegitimer Aneignung, denn bei ei-

---

245 Nozick (1974), S. 230-231. Dabei ist die Frage der Armut für die Frage der Rechtsansprüche prima facie irrelevant. Auch ist die „Fortschreibung" von Armut nur eine mögliche Implikation aus der Enteignung.
246 Ebd.
247 Narveson (2004), S. 30.
248 Das ist allerdings ein umstrittener Punkt. Rothbard (2000), Kapitel 13, hält hier an der lex talionis, einer Vergeltungstheorie der Strafe nach dem biblischen Prinzip „Auge, um Auge, Zahn, um Zahn" fest. Siehe insbesondere S. 102-103.

ner allgemeinen Umverteilung werden auch immer Unschuldige enteignet. Nur in konkreten Fällen kann ein Anspruch auf Rückerstattung von Eigentum oder Entschädigung behauptet und ggf. gewährt werden.[249] Das führt allerdings dazu, dass frühere Ungerechtigkeiten, obwohl sie in die Gegenwart nachwirken, unkorrigiert bleiben. Wenn aber der Status quo ungerecht ist, und zwar auf Basis der libertären Theorie der Gerechtigkeit, also der Kombination von legitimer Aneignung und legitimen Übertragungsakten von Eigentum, und gleichzeitig eine allgemeine Korrektur solcher Ungerechtigkeiten neue schafft, so bleibt ein Dilemma bestehen, das sich nicht ohne weiteres auf Basis der Vorschläge für Eigentumsrechte lösen lässt.[250] Denn sonst endet sie in dem für Libertäre ungewünschten Effekt, dass die bestehenden Eigentumsverhältnisse größtenteils ungerechtfertigt sind, aber aus Effizienzgründen, nämlich dem genauen Nachweis von früherem Unrecht, eine Korrektur unterlassen wird. Das wird noch dadurch verschärft, dass nämlich gar nicht klar ist, welches die Eigentumseingriffe sind, vor denen die Individuen zu schützen sind.

2.7.3 Eigentumseingriffe

Lässt man die Frage nach der genauen Klärung des Zustandekommens von Sacheigentum beiseite und nimmt man auch weiterhin Selbsteigentum der Individuen an, so ist der oben in Satz (4) erwähnte Zusammenhang zwischen Eigentum und Zwang eingängig. Zeichnet sich individuelle Freiheit vor allem durch die Geltung von absoluten Eigentumsrechten aus, da Konzeptionen positiver Freiheit in der libertären Theorie ausgeschlossen sind, so können alle Eingriffe in die Privatsphäre eines Individuums als Zwang gewertet werden.[251] Die vorläufige Definition von Zwang in Aussage (4) verdeutlicht dies (unter der Annahme, dass es sich um Eingriffe handelt, die ohne Zustimmung der betroffenen Individuen erfolgen).[252] Bouillon weist dabei explizit auf die Bedingung hin: Wäre kein Eigentum existent, so hätte die Behauptung, jemand zwinge einen anderen, keine Aussagekraft. Es könnte auf alle Dinge von allen zurückgegriffen werden, ohne dass jemand spezifische Rechte daran hätte. Und das gilt auch für das Selbsteigentum des Menschen, was aufgehoben wäre.[253]

Zwang setzt also voraus, dass es einen Bereich gibt, der gegen den Willen des betroffenen Individuums negativ beeinflusst wird: den Bereich der Privatsphäre, der durch Eigentumsrechte gekennzeichnet ist. Allerdings lässt Zwang dem Betroffenen immer noch eine Handlungsmöglichkeit, eine Wahlmöglichkeit zwischen Optionen.[254] Der Zwang, den

---

249 Rothbard (2000), S. 72-74.
250 Eventuell bietet hier die Idee eines Gesellschaftsvertrages einen Ausweg. Die Thematik wird in Kapitel 4 allgemein behandelt.
251 Die Privatsphäre, definiert als Eigentum einer Person (an sich selbst und an Sachen), in das nicht eingegriffen werden kann, geht hier auf Hayek (1983), S.168 ff. zurück. Siehe auch Bouillon (1997), S. 88.
252 Wird von der Zustimmung (freiwillig oder unfreiwillig) abstrahiert, so besteht keine Gefahr einer zirkulären Definition.
253 Bouillon (1997), S. 88.
254 Davon wird hier jedoch abstrahiert. Es geht viel mehr um die Frage, was einen Eingriff in Eigentum konstituieren könnte, aber nicht ob die Idee z.B. künstlicher Folgekosten als Form von

jemand gegenüber jemand anderem ausübt, verändert jedoch die Alternativen, zwischen denen gewählt werden kann, negativ. Wo dies nicht der Fall ist, sollte – so Hayek – besser von Gewalt geredet werden.[255] Zwang bedeute, dass „mein Verstand das Werkzeug von jemand anderem wird […].“[256] Da beide Handlungsarten – Zwang und Gewalt – Eingriffe in die Privatsphäre darstellen, erscheinen beide aus Hayeks Sicht verwerflich. In der folgenden Diskussion wird eine solche Trennung von Zwang und Gewalt allerdings nicht beibehalten, vielmehr werden diese synonym verwendet. Es deuten sich zwei Unterscheidungen an, die genauer betrachtet werden sollen. Zum einen scheint Zwang mit einer Intention des Zwingenden einherzugehen, zum anderen geht es um die Bedeutung der Handlung an sich – der Zwingende tut etwas, das die Optionen des Gezwungenen negativ beeinflusst.

Zunächst zur Frage der Intention. Sind Eingriffe nur dann verwerflich, wenn sie absichtlich sind? Wenn jemand ausrutscht und eine andere Person dabei aus Versehen anrempelt und verletzt, so mag dies eher als Unfall gewertet werden, denn als absichtsvolle, gegen einen anderen gerichtete Handlung. Es ist nicht sofort klar, ob es sich hier um Zwang handelt, selbst wenn das verletzte Individuum dadurch weniger Handlungsmöglichkeiten hat als vor dem Unfall. Weder lag Absicht noch eine Handlung im eigentlichen Sinne vor, sondern viel eher eine unbeabsichtigte und unbewußte Körperbewegung. Dennoch könnten Libertäre die Ansicht vertreten, dass die Schädigung auf jeden Fall des Ausgleichs bedarf, und dass sich jeder potenzielle „Täter" gegen solche Alltagsrisiken vertraglich versichern kann. Insofern ist Zwang ein umfassenderer Begriff in der libertären Theorie als bei Hayek. Er umfasst jeden, auch unabsichtlichen Eingriff in die Privatsphäre eines Individuums.[257] Insofern ist die Intention für die Frage der Haftung unerheblich, denn der Geschädigte hat ein vorgängiges Recht auf die Unversehrtheit seines Eigentums. Wird dieses verletzt, so muss der Verursacher den Schaden wiedergutmachen bzw. ggf. bestraft werden.[258] Auch in der libertären Theorie gibt es somit legitimen Zwang, nämlich den Zwang, der zur Abwehr von ungewollten Eingriffen bzw. zur Bestrafung erfolgter Eingriffe nötig ist.[259]

Nun kann die zweite Frage nach der Rolle von Handlungen genauer betrachtet werden, denn auf die Intentionalität kommt es im libertären Denken nicht an, um Zwang bzw. Eigentumsverletzungen von sonstigen Handlungen zu unterscheiden (es kann nur in

---

Zwang erst durch die Handlung des Täters oder schon durch einen Ausspruch desselben festgestellt werden kann.

255 Hayek (1983), S. 161.
256 Ebd.
257 Hülsmann (1998a), S. 90. Implizit auch Friedman (2003), insbesondere die Kapitel 43, in der er skizziert, wie das Recht auf Basis einer wirtschaftstheoretischen Analyse ausgestaltet werden könnte, um Eingriffe in das Eigentum einer Person zu bestrafen. Allerdings ist diese Frage ein Streitpunkt auch innerhalb des libertären Spektrums. Siehe hierzu den Hinweis bei Narveson (2004), S. 13, der auf die Frage der Vorhersehbarkeit der Konsequenzen einer Handlung abzielt. Angenommen, es sei selbst bei maximaler Voraussicht nicht möglich, dass der Handelnde das Ergebnis vorhersehen kann, so müsste er straffrei bleiben. Hingegen Bouillon (1997), S. 95, der unabsichtliches Handeln nicht als Zwang definiert, da Zwang nur bei Handlungen mit Intention vorliegen könne. Auch Jasay (1991) argumentiert ähnlich, siehe S. 28 ff.
258 Bzgl. der Bestrafung im Falle von Verbrechen siehe Rothbard (2000), S. 96ff..
259 Rothbard (2000), S. 96ff.

der Frage der Bestrafung eine Rolle spielen). Handlungen können andere Menschen zu einem Verzicht von ansonsten wahrnehmbaren Optionen bewegen. Werden aggressive Handlungen angedroht, so handelt es sich in libertärer Wahrnehmung prima facie um Zwang. Das muss nicht implizieren, dass jede Drohung Zwang bedeutet. Ein Arbeitgeber, der einem Mitarbeiter androht, ihn zu entlassen, wenn dieser Mitarbeiter nicht einer Änderung des Arbeitsvertrages zustimmt, um statt 35 Wochenstunden 40 Stunden zu arbeiten, übt aus libertärer Sicht keinen Zwang aus. So unangenehm diese Drohung auch sein mag, selbst wenn sie sich realisieren sollte, wenn sich der Arbeitnehmer weigert, einer Vertragsänderung zuzustimmen, so ist dies keine Form des Zwangs.[260] Was aber, wenn die Alternative der Arbeitslosigkeit einhergeht mit materiellen Verlusten, die das Überleben des Arbeitnehmers gefährden (wenn es z.B. keine Arbeitslosenversicherung gäbe)? Hayeks Oasenbeispiel geht in diese Richtung. Angenommen, ein Oasenbesitzer hat im Umkreis von mehreren Hundert Kilometern das Monopol auf Wasser und kann dieses zu einem ihm beliebenden Preis verkaufen (oder überhaupt nicht, wenn er will). Sollten dann andere Individuen verdursten, so läge gemäß Hayek eben doch ein Fall von Zwang vor, da es sich bei Wasser um ein unentbehrliches Gut handelt.[261] Die Konsequenz, einen Menschen sterben zu lassen, weil ihm ein unentbehrliches Gut versagt bleibt, macht denjenigen, der das Gut unmittelbar bereitstellen könnte, zu einem Zwingenden und damit ähnlich einem Mörder, der absichtlich den Tod einer anderen Person herbeiführt. Die Verwehrung eines Vorteils, die unterlassene Hilfeleistung, kann Zwang bedeuten. Das ist gemäß der libertären Theorie nun allerdings unhaltbar. Der Oasenbesitzer verkleinert nicht die Handlungsmöglichkeiten der möglicherweise Verdurstenden, er übt keinen Zwang aus, denn das Eigentum dieser Personen wird nicht durch den überhöhten Monopolpreis, den die Verdurstenden nicht bezahlen können, verletzt.[262] Darüber hinaus ließe sich plausibel argumentieren, dass nicht a priori bestimmt werden kann, was als „unentbehrliches Gut" qualifiziert werden soll; und dass die Verweigerung eines Tauschgeschäftes oder die Bereitstellung eines Gutes zu einem bestimmten Preis nicht ungerecht oder nötigend sein kann, da dies sonst immer behauptet werden könnte.[263] Mit anderen Worten: eine Gemeinschaft, „in der Arbeitsverweigerungen verboten sind, ist natürlich eine Gesellschaft allgemeiner Sklaverei."[264]

In der bisherigen Diskussion zur Frage der Rolle von Handlungen wurde auch die Nicht-Handlung / das Unterlassen als eine abstrakte Form der Handlung betrachtet. In der Tat spielt die Trennung doch eine größere Rolle, als dies bisher deutlich geworden sein mag. Anhand eines ähnlichen Falls wie dem Oasenbeispiel lässt sich dies illustrativ demonstrieren:

> „You are drowning in the river, and I, passing by on the river bank, leave you to drown. This is an outcome; consider two ways in which it might have come about. First, you fall into the water. I come along, hear your cries for help, but

260 Siehe Hayek (1983), S. 166.
261 Ebd., S. 165.
262 Bouillon (1997), S. 44-45.
263 Rothbard (2000), S. 222.
264 Ebd., S. 224.

ignore them and continue on my way. Second, you are standing on the bank. I come along, push you into the water, and, ignoring your cries for help, continue on my way. In the first case, although certainly I fail to better your unhappy situation, I do not worsen it. In the second case, although the outcome is the same, I clearly do worsen your situation. Why this difference?"[265]

Gauthier fragt nach dem Unterschied der beiden ähnlichen Geschehnisse und argumentiert, dass im zweiten Falle die Abwesenheit des Übeltäters für das Opfer eine signifikante Änderung der Situation bedeuten würde, d.h. es gäbe gar kein Opfer, weil niemand ins Wasser gestoßen worden wäre.[266] Verallgemeinert könnte man also sagen, Nicht-Handlungen können ceteris paribus gar keinen Zwang verursachen, denn wäre der Nicht-Handelnde überhaupt nicht da gewesen, so würde sich die Situation für den Betroffenen (im Beispiel der Ertrinkende) nicht ändern. So sehr dies einleuchten mag: trifft dieser Test auch auf Hayeks Oasenbeispiel zu? Nimmt man an, es gäbe den Oasenbesitzer nicht, so hätte auch niemand verdursten müssen. Nun ist dies keine sinnvolle Anwendung, denn es hätte einfach ein anderes Individuum der Oasenbesitzer sein können, kurz: die ceteris paribus-Bedingung würde verletzt, wenn das Argument so beschrieben wird. Gauthier sieht daher einen Vergleich als notwendig an, der die c.p.-Bedingung aufrecht erhält und nach den Bedingungen der Situation fragt, um den Referenzpunkt für den Vergleich zu determinieren.[267] Dann könnte entschieden werden, ob es sich um allgemeine Bedingungen oder nur um die Eigenschaften einer konkreten Person, d.h. eines konkreten Täters, handeln würde. Gauthiers Test kann als eine Bestätigung für die libertäre Vorstellung gewertet werden, dass Nicht-Handeln keine Form von Zwang oder Eigentumsverletzungen begründen kann.[268]

Allerdings sind die Implikationen dieser Logik intuitiv zuerst einmal zweifelhaft. Es besagt nichts anderes, als dass niemand ein Recht auf einen Teil des Sacheigentums einer anderen Person haben kann, selbst wenn jemand nur durch dieses Eigentum am Leben bleiben kann. Sacheigentum leitet sich in der libertären Theorie aber vor allem aus dem individuellen Selbsteigentum ab, und dieses kann nun, wenn es ohne direkte aggressive Handlungen bedroht ist, als weniger wertvoll betrachtet werden wie der Schutz des Sacheigentums eines anderen. Denn Zwang darf für Libertäre nur legitim eingesetzt werden, um den Zwang an anderer Stelle zu vermeiden. Aber jemanden sterben lassen, obwohl Abhilfe leicht möglich ist, ist gemäß der libertären Theorie keine Form des Zwangs. Jemanden sterben zu lassen, mag unmoralisch sein, aber ist kein Unrecht.[269] Auch ist nicht ausgeschlossen, dass sich die betroffenen Individuen gegen Monopolisten wehren – mit Gewalt – und dafür zur Rechenschaft gezogen, aber letztlich überleben werden.[270] Es sind vor allem Handlungen, die in das Eigentum einer anderen Person eingreifen, die als Verletzung der individuellen Freiheit, als Schaden oder Zwang bewertet werden müssen. Handlungen, die jemanden schädigen, indem die Eigentumssituation eines

---

265 Gauthier (1986), S. 204.
266 Ebd.
267 Ebd., S. 205.
268 Siehe Narveson (2004), S. 14. Gauthier selbst ist allerdings kein libertärer Theoretiker.
269 Rothbard (2000), S. 41 und S. 222.
270 Hülsmann (1998b), S. 98.

anderen verschlechtert wird, gelten als verwerflich und sollten vermieden bzw. bestraft werden. Solche Handlungen, ob absichtlich oder nicht, legitimieren Zwangshandlungen des Geschädigten auch im Rahmen der libertären Theorie. Bei den Nicht-Handlungen hingegen wurde klar, dass aus libertärer Sicht keine Freiheitsbeschränkungen vorliegen können.

Es geht nun darum, von Handlungen, die direkt in die Privatsphäre eines anderen Individuums eingreifen, zu Handlungen überzugehen, die dies nur indirekt tun. Bouillons Definitionsversuch von individueller Freiheit enthält künstliche Folgekosten, die eben anders als natürliche oder spontane Handlungsbeschränkungen eine negative, unerwünschte Beeinflussung des Eigentums des Betroffenen darstellen.[271] Dieses Konzept der künstlichen Folgekosten ist nun aber zu unspezifisch, da es direkte und indirekte Effekte nicht trennt. Indirekte Effekte können als Externalitäten beschrieben werden, bei denen Dritte Güter mitkonsumieren, ohne im Besitz dieser Güter zu sein.[272] Externe Effekte werden nicht im Marktpreis der Güter abgebildet. Der Marktmechanismus, bzw. das Ausschlussprinzip, versagt.[273] In der Betrachtung der ursprünglichen Aneignung war ein Thema der Erwerb von Eigentumsrechten an Land. Wird angenommen, dass diese Landbesitznahme möglich und legitim ist, so ist allerdings noch nicht klar, welche Spezifika das Eigentumsrecht auf Land enthält. Gehört dazu auch die Luft über dem Grundstück? Endet das Grundstücksrecht in x Meter Höhe, so dass auch Flugzeuge ohne spezifische Erlaubnisse über das Grundstück fliegen dürfen? Diese Abgrenzung scheint theoretisch nicht leicht machbar, falls überhaupt möglich. Im Beispiel für Externalitäten wird dies deutlich: wenn ein Grundstückseigentümer ein Grillfest veranstaltet und der Rauch zu seinem Nachbarn zieht, verletzt dies die Eigentumsrechte des Nachbarn? Was ist, wenn es sich um sehr starken Rauch oder gar um gefährliche Stoffe, die im Rauch enthalten sind, handelt? Externalitäten sind so gesehen ungenau spezifizierte Eigentumsrechte, oder anders ausgedrückt, es ist möglich, dass die legitimen Eigentumsrechte von zwei oder mehr Personen in Konflikt miteinander geraten.[274] Eine mögliche Lösung wäre es, durch Verhandlungen diese Konflikte zu beenden, d.h. die Externalitäten zu internali-

---

271 Siehe Abschnitt 2.3.

272 Hier sind einige Klärungen und Annahmen relevant. Es soll im Folgenden um negative Externalitäten gehen, nicht jedoch um positive Externalitäten, die auch als öffentliche Güter bezeichnet werden (siehe hierzu Kapitel 4). Allerdings: die Lösung eines Problems negativer Externalitäten könnte selbst eine positive Externalität für andere darstellen. Davon wird hier abstrahiert. Es geht primär um die mangelnde Spezifikation von Verfügungsrechten, was mit Konflikten zwischen legitimen Eigentümern einhergehen kann, und wo nicht a priori klar ist, wer „im Recht" ist. Des Weiteren werden pekuniäre Externalitäten ausgeschlossen, denn sollten diese auftreten, wird der Status quo eines Betroffenen nicht negativ verändert. Zu pekuniären und technologischen Externalitäten siehe Scitovsky (1954). Auch geht es hier nicht um Nutzenexternalitäten, sondern nur um Güterexternalitäten, da nur hier ein Eingriff in die Privatsphäre angenommen wird. Schließlich werden die psychischen Externalitäten, die denkbar sind, ausgeschlossen, aus dem gleichen Grund wie bei den Nutzenexternalitäten. Zur möglichen Bedeutung von Nutzenexternalitäten und psychischen Externalitäten im Rahmen einer individualistischen Theorie siehe beispielsweise die Hinweise bei Zintl (1983), S. 70 bzw. S. 81.

273 Siehe hierzu Coase (1960), Furubotn/Pejovich (1972), Buchanan/Stubblebine (1962), Kräkel (1999), S.36ff. und Richter/Furubotn (2003), S. 109ff.

274 Eigentumsrechten werden in der Literatur eingeteilt mit Hinblick auf die möglichen Spezifika von Nutzung (usus), Ertrag (usus fructus) und Veränderung (abusus) gesprochen. Siehe Kräkel (1999), S. 37.

sieren.[275] Von Externalitäten Betroffene könnten mit den Verursachern übereinkommen, dass durch eine monetäre Ausgleichszahlung auf die Handlungen verzichtet wird.[276] Auch umgekehrt ist dies denkbar. In der Tat entsteht jedoch ein Problem, wenn es sich nicht um nur zwei Individuen handelt, bzw. wenn diese Fälle sehr häufig vorkommen. Verhandlungen, selbst wenn sie möglich sein sollten, kosten die beteiligten Individuen etwas.[277] Diese Transaktionskosten können dazu führen, dass die Internalisierung externer Effekte nicht vollständig durch Verhandlungen gelingen könnte.[278] Für die libertäre Theorie ergibt sich das Problem, dass damit die Eigentumsrechte kontingent sind, sie sind nicht genau spezifiziert und müssen in einem Verfahren spezifiziert werden, das a priori kein Ergebnisprognose ermöglicht.[279]

Dieses Problem wird auch bei der Rolle des Selbsteigentums deutlich, das bisher als Annahme vorausgesetzt und nicht diskutiert wurde. Auch hier wird eine genaue Spezifikation benötigt, sollen konfligierende Rechte der Individuen nicht ad hoc und willkürlich gelöst werden. Das Rauchen ist ein Beispiel. Ein Raucher mag mit seinem Körper machen, was er will, aber der Rauch kann auch andere treffen, in der unmittelbaren Nachbarschaft des Rauchers, in der Öffentlichkeit etc. Eine libertäre Antwort wäre, den Raucher, wenn er jemanden nachweislich damit schädigt, zu Schadensersatz zu verpflichten. Aber auch damit bleibt das Problem nur partiell gelöst. Denn es ist nicht klar, ab wann wie viel Rauch den Nichtraucher schädigt. Ein bereits erwähntes Argument von Friedman in Abschnitt 2.5.2 ist das Problem der Wahrscheinlichkeit bzw. des Ausmaßes einer möglichen Schädigung. A priori lässt sich die Trennlinie zwischen Schädigung und Nicht-Schädigung nicht treffen. Das muss letztlich in einem Verfahren entschieden werden.

2.8 Bilanz und Folgerungen

Da einerseits eine Letztbegründung libertärer Normen, also ihre unausweichliche Notwendigkeit, scheitert, und andererseits eine einfache Lösung der Frage der ursprünglichen Appropriation und der genauen Ausgestaltung der Eigentumsrechte aufgrund von Externalitäten nicht möglich ist, bräuchte es eigentlich auch aus libertärer Sicht ein Verfahren, mit dem diese Schwierigkeiten ausgeräumt werden können. Dabei muss hier gelten, dass die individuellen Präferenzen, die in dieses Verfahren einfließen, nicht von

---

275 Demsetz (1967), S. 349.
276 Coase (1960). Jasay (1991), S. 28-29, hält die Idee von Coase für Rechtfertigung genug, dem Staat die Korrekturmöglichkeit ungenau spezifizierter Verfügungsrechte abzusprechen. Die Transaktionskostenannahme (null Transaktionskosten) lässt er in diesem Zusammenhang unerwähnt.
277 Zum Konzept und Begriff der Transaktionskosten siehe allgemein Richter/Furubotn (2003), Kapitel 2 und die dort angegebene Literatur.
278 Buchanan/Stumblebine (1962) warnen jedoch davor, damit automatisch dem Staat die Rolle zuzuweisen, die Verfügungsrechte im Falle von Externalitäten zu klären. Auch die Kosten der staatlichen Regelung bzw. Durchsetzung sind in Rechnung zu stellen. In manchen Fällen könnte der Verzicht auf Regulierung und Beibehaltung von Externalitäten vorteilhafter sein.
279 Das Problem der Spezifikation von Verfügungsrechten wird unter Libertären von Friedman (2003), Kapitel 41, anschaulich beschrieben.

vornherein bekannt sind.[280] Dies basiert auf der mit Libertären geteilten Annahme, dass letztlich nur Individuen entscheiden können und somit die Gesellschaftstheorie methodisch ihren Ausgangspunkt beim Individuum findet.

Die Frage nach der Durchsetzbarkeit des möglicherweise Wünschenswerten erlangt also eine besondere Bedeutung. Die Durchsetzung der libertären Normen muss auch ohne Staat möglich sein, wenn die libertäre Konzeption Bestand haben will. Wenn sich dies jedoch nicht als problemfrei erweist, so muss auch die Möglichkeit einer staatlichen Normdurchsetzung, die ihrerseits wieder – insbesondere aus libertärer Sicht – eigenen Problemen ausgesetzt ist, überprüft und mit der libertären Konzeption kontrastiert werden. Damit befassen sich die beiden folgenden Kapitel.

---

280 Jedes Individuum kann sich dabei auf die vorgebrachten Argumente zugunsten bzw. zuungunsten einer Theorie, die sich im Rahmen des zweckrationalen Kalküls vor allem auf die möglichen Zwecke und deren Gründe beziehen, stützen. Dem unterstellten Individuum ist es egal, ob eine Begründung als unausweichlich (der praxeologische Ansatz von Rothbard und Hoppe) oder hinsichtlich ihrer epistemologischen Verankerung kritisch beschrieben wird. Es entscheidet selbst, ob es diesen Argumenten eigene hinzufügt, sich von ihnen überzeugen lässt oder nicht.

3 Der libertäre Entwurf: die geordnete Anarchie

3.1 Vorbemerkung

Was individuelle Freiheit auszeichnet, kann nicht bestimmt werden, ohne dass es einen Prozess gibt, in dem die Wechselseitigkeit, die der Idee der individuellen Freiheit zu eigen ist, verarbeitet werden kann. Wenn Freiheit die Abwesenheit von Schädigungen des Individuums ist, muss geklärt werden, welche Schädigungen als unerlaubt und damit sanktionierbar gelten sollen. Wie im letzten Kapitel gezeigt wurde, müssen Schädigungen definiert werden, und dazu bedarf es einer Methode, um die konkreten Norminhalte zu bestimmen. Denn wenn Konflikte zwischen Individuen bestehen, gibt es wie zum Beispiel im Falle von Externalitäten graduelle Abstufungen, die für die Klärung, ob eine Schädigung eines Individuums durch ein anderes vorliegt oder nicht, gemacht werden müssen.

Unterstellen wir zu Beginn, dass die libertäre Vorstellung eines Maximums an individueller Autonomie nur ohne den Staat erreicht werden kann. Das bedeutet, dass es ein Verfahren zur Etablierung der konkreten Rechtsnormen und deren Durchsetzung geben muss, das selbst keinen Beschränkungen unterliegt. Märkte könnten ein solches Verfahren darstellen, und es ist genau das, was Libertäre meinen, wenn sie von einer privaten Rechtsdurchsetzung sprechen. Da auf Märkten prima facie freiwillig getauscht wird, erscheinen sie geeignet, die individuelle Autonomie zu gewährleisten.

Nun gilt es für die Untersuchung, sich als erstes der Funktionsbeschreibung von Rechts- und Sicherheitsmärkten zuwenden. In einem zweiten Schritt geht es um die Prüfung, ob solche Märkte auch stabil sein können, das heißt, ob sie nicht doch zum Entstehen des Staates oder staatsähnlicher Gebilde führen (ob nun aus libertärer Sicht in legitimer oder illegitimer Weise). Die dritte Frage bezieht sich dann auf den Mechanismus, der solche Märkte zu einer stabilen Angelegenheit macht. Sollte dieser durch systematische Schwächen gekennzeichnet sein, bestünde anstelle einer Monopolisierungsgefahr die Gefahr des Hobbesschen Naturzustandes. Da der permanente Konflikt zwischen Menschen auch für Libertäre nichts Wünschenswertes ist, wird die Alternative eines Staates attraktiver sein, sollte dieser nicht mit unüberwindbaren Makeln behaftet sein.

3.2 Der Markt für Recht und Ordnung

Libertäre meinen, dass bei der Durchsetzung der individuellen Freiheitsrechte deswegen auf den Staat verzichtet werden kann, da sich die Individuen selbst zu schützen wissen bzw. die sicherheits- und rechtsbezogenen Dienstleistungen auf Märkten erwerben können. Der Staat ist weder notwendig noch wünschenswert. Der Staat gilt Libertären als die einzige Institution, die systematisch Zwang und Gewalt gegen Individuen anwendet, obwohl die Individuen der Regelungsmacht des Staates – so die Hypothese – keine freiwillige Zustimmung erteilt haben.[281] Die libertäre Lösung zur Durchsetzung der Freiheitsrechte der Individuen geht nun davon aus, dass die Selbstregulation mittels Märkten vollkommen ausreichend ist, um die Freiheit eines Einzelnen zu schützen. Es ist daher zunächst zu klären, wie dieser Markt für Recht und Ordnung funktionieren könnte. Allerdings muss beachtet werden, dass die Beschreibung über die Funktionsweise des Marktes zwar möglich ist, das exakte Design aber ebenso wenig klar benannt werden kann wie das Ergebnis, also der Rechtscode, der in einer libertären Anarchie existieren würde. Es handelt sich um einen unregulierten Markt, dessen exakte Entwicklung nicht prognostizierbar ist.[282] Dennoch könnte dieser Markt aus seiner Funktionslogik heraus einige Charakteristika aufweisen, die sich beschreiben lassen und die die Rechtsfindung und –durchsetzung in der Konzeption einer libertären Anarchie verdeutlichen. Dabei wird auch betrachtet werden, welche möglichen Probleme in einem Markt für Recht und Ordnung entstehen können und wie Libertäre meinen, diese Probleme lösen zu können.

3.2.1 Beschreibung des Marktprozesses

Angenommen, ein Individuum befindet sich im Streit mit einem anderen Individuum. Es spielt erst einmal keine Rolle, um welchen Streitgegenstand es sich handelt. Angenommen wird, dass die betroffenen Individuen rational handeln, ihren Nutzen maximieren und vollständige Information besitzen. Entscheidend ist die Tatsache, dass es einen Konflikt gibt, und dass die Individuen ein grundsätzliches Interesse daran haben – per Annahme – diesen Streit friedfertig zu lösen. Für diesen Fall ist die häufigste und ebenso banale Möglichkeit zur Beilegung des Konfliktes die freiwillige Übereinkunft der beiden Streitpartner. Scheitert diese, so gibt es zwei Möglichkeiten: entweder der Streit bleibt ungelöst oder aber die Streitpartner einigen sich auf ein Verfahren der Konfliktlösung, bei dem Dritte ins Spiel kommen können. Einerseits könnten die Akteure die Probleme antizipieren und sich bereits ex ante, also zum Beispiel vor Abschluss eines Geschäftes, auf ein Verfahren geeinigt haben, so z. B. durch die Festlegung auf einen bestimmten Vermittler, der im Konfliktfall einen Kompromiss oder eine Entscheidung zu finden sucht. Industrieinterne Schlichtungsverfahren sind dabei ebenso vorstellbar wie Vermittlertätigkeiten bei grenzüberschreitendem Handel oder zwischen Unternehmen verschiedener Industriesektoren. Der Käufer könnte beispielsweise seinen Kaufbetrag an einen Treuhänder überweisen, der erst beim Eingang der Ware beim Käufer den Betrag an den Verkäufer weiterleitet.[283] Auch ex post, d.h. nach erfolgtem, aber für mindestens eine Seite nicht zufrieden stellendem Geschäft, könnte ein gemeinsamer Vermittler gefunden werden. Der Vermittler seinerseits ist auf seine Reputation angewiesen, sei es als selbständiges Individuum oder als Repräsentant einer Vermittlungsgesellschaft, die

---

281 Zur Legitimationsfrage und damit zur Frage der Zustimmung der Individuen zu staatlichem Zwang siehe Kapitel 4.
282 Siehe hierzu Rothbard (1970), S. 6 und Stringham (1998), S. 55.
283 Stringham (1998). S. 61.

wiederum ihrerseits eine marktliche Reputation zu verlieren hat.[284] Die Reputation dient somit als Lösung für die möglicherweise auftretenden Konflikte.

Für diesen Fall gemeinsamer Interessen der Streitenden sollte es also Möglichkeiten geben, den potentiellen Konflikt zu lösen. Was aber, wenn die Annahme eines gemeinsamen Lösungsinteresses aufgegeben wird? Was ist zu erwarten, wenn die Konfliktparteien, unabhängig davon, ob es um einen Vertrag oder um eine Verletzung von Eigentumsrechten geht, keine Kompromissbereitschaft zeigen? Nun ist zunächst danach zu fragen, wo das Geschäft abgeschlossen wurde bzw. an welchem Ort der Streit auftritt. Das ist deswegen von Relevanz, da Eigentümer eines Grundstückes beispielsweise auch die Regeln, die auf dem eigenen Territorium herrschen, festlegen können.[285] Denn das absolute Verfügungsrecht über Eigentum ist Teil der libertären Vorstellung von Gerechtigkeit qua marktwirtschaftlicher Prozesse, solange kein anderer dabei unfreiwillig zu Schaden kommt. Beispielsweise lässt sich diese Logik anhand eines Freizeitparkbesitzers veranschaulichen, der die Regeln festlegt, die in seinem Park gelten. Besucher machen mit ihrem Eintritt deutlich, dass sie die Regeln akzeptieren, auch wenn z. B. keine Entschädigung für technische Defekte, die zu gesundheitlichen Schädigungen führen könnten, in den Regeln vorgesehen ist. Die Besucher können eben nicht einklagen, dass es bestimmte Standards geben müsste, die sie selbst für richtig halten oder die ihnen ihrer Meinung nach zustehen, sie müssen vielmehr für sich klären, welchen Preis sie für bestimmte Dinge – einschließlich der Risiken – zu zahlen bereit sind. Ein Freizeitparkbesitzer, dessen Attraktionen technisch defekt sind oder Besucher schädigen, wird sich allerdings – so die libertäre Argumentation – nicht lange am Markt halten. Auch seine Reputation als vertrauenswürdiger Anbieter steht auf dem Spiel. Durch die Regelsetzungsmöglichkeit der Individuen auf ihren Grundstücken kann von vornherein geklärt werden, welches „Recht" gilt.

Hat der Konflikt jedoch nicht seinen Ursprung in einem abgegrenzten Territorium, oder gibt es Streit über die Auslegung der Regeln, so bedarf es eines klärenden Prozesses. Es wird angenommen, dass die meisten Individuen Sicherheitsagenturen beschäftigen, die sie vor Gewalt schützen und die im Falle von Konflikten vermittelnd tätig sind.[286] Das Individuum, das sich als Opfer sieht, kann seine Sicherheitsagentur beauftragen, um zu einer Lösung zu kommen. Diese wendet sich wiederum an möglicherweise eigenständige Gerichtsunternehmen bzw. Gerichte, die im Auftrag der Sicherheitsagentur arbeiten.[287] Es ist dabei durchaus denkbar, dass es Gerichte nur zur Überprüfung von anderen Gerichtsurteilen gibt, also Berufungsgerichte, die den Endpunkt des Rechtsprechungsprozesses darstellen.[288] Damit lässt sich nun der Prozess der Rechtsfindung skizzieren:[289]

---

284 Hinter dem Konflikt – sei er bereits vorhanden oder als Möglichkeit antizipiert – steht das in der Ökonomik und insbesondere der Spieltheorie bekannte Gefangendilemma. Darauf wird in Abschnitt 3.5.1 näher eingegangen.
285 Rothbard (2000) und Stringham (1998), S. 56 und S. 68.
286 Rothbard (1970), S. 6, Friedman (1996), S. 235ff., Osterfeld (1989), S. 53ff. und Stringham (1998), S. 56ff.
287 Osterfeld (1989), S. 56 und Friedman (1996), S. 236.
288 Rothbard (1970), S. 7.
289 Diese Zusammenfassung folgt Osterfeld (1989), S. 59.

(i) Können sich die Parteien nicht auf eine freiwillige Konfliktlösung einigen, so können sie sich jeweils an ihre Sicherheitsagentur wenden. Sollten sie der gleichen Agentur angehören, so ist für sie der Urteilsspruch des Gerichts bzw. des mit der Agentur vertraglich verbundenen Gerichts bindend.

(ii) Sollte eine der Parteien keine oder eine andere Sicherheitsagentur beschäftigt haben, so gilt das Gericht als zuständig, auf das man sich einigt bzw. wenn die verschiedenen Gerichte zum selben Urteil gelangen, so gilt dieser Urteilsspruch.

(iii) Besteht Uneinigkeit über das zuständige Gericht, so könnte ein Berufungsgericht beauftragt werden, entweder, weil es in den Verträgen der Individuen mit den Sicherheitsagenturen festgelegt ist oder weil man sich neu darauf einigt.

(iv) Gibt es auch über das Berufungsgericht keine Einigung, so bleibt der Disput ungelöst.

Der libertäre Konfliktlösungsprozess scheint also durch ein Höchstmaß an Freiwilligkeit, das dem Prozess zugrunde liegt, ein Maximum an individueller Autonomie auch praktisch sicherstellen zu können. Sicherheitsagenturen, Gerichte und einzelne Richter haben ebenso wie die Vertragspartner ein Eigeninteresse, faire und vernünftige Verfahrensregeln zu wählen und zu respektieren. Anderenfalls würde ihre Reputation leiden und das bedeutet wiederum, dass ihre eigene „Vermarktbarkeit" sinkt. Ein weiterer Aspekt ist, dass in einem solchen Markt für Recht und Ordnung das Niveau der Sicherheitsdienstleistungen nur abhängig ist von den Präferenzen und der Zahlungsbereitschaft der Individuen einer bestimmten Region.[290] Auch damit wird der individuellen Autonomie Rechnung getragen, unfreiwillige Umverteilung existiert nicht.

Ein Rechtsdurchsetzungssystem ohne Monopol scheint also nicht unplausibel zu sein und kann im Rahmen zur friedlichen Konfliktlösung ohne Verletzung der für Libertäre so schützenswerten individuellen Autonomie beitragen. Allerdings stellen sich erste Fragen.

Bewaffneter Konflikt. Dem zuvor diskutierten Fall lag die Annahme zugrunde, dass es kein gemeinsames Lösungsinteresse gibt, um einen Kompromiss der Konfliktparteien zu ermöglichen. Führt dies nicht unweigerlich zu bewaffneten Konflikten zwischen den konkurrierenden Sicherheitsagenturen? Die Vermutung ist nicht von der Hand zu weisen, denn die Agenturen wollen ihren bestehenden Kunden ebenso wie potentiellen Kunden das Signal geben, dass sie sich ihrer Belange auch tatsächlich annehmen. Dafür werden sie engagiert. Allerdings sind bewaffnete Konflikte teuer – sie führen einerseits zu hohen direkten Kosten und damit zu höheren Prämien für die Sicherheitsdienstleistung,[291] andererseits schrecken Konflikte mögliche Bewerber für Tätigkeiten bei der Sicherheitsagentur ab. Ein weiterer Grund, die erste Vermutung fallen zu lassen, ist die Unsicherheit des Ergebnisses. Der Konflikt ist nicht nur teuer, da er stark risikobehaftet ist, sondern auch, da er indirekt durch die Beeinflussung der Reputation der Sicherheitsagentur zu entgangenen Gewinnen bzw. zum Verlust von Kunden führen

---

290 Hoppe (2003a), S. 361.
291 Friedman (2003), S. 146.

kann. Insofern scheint es durchaus plausibel zu sein, dass der Konflikt in einem Prozess ohne Gewalt gelöst wird. Der Hobbessche Naturzustand ist aus libertärer Sicht insofern eine voreilige Beschreibung der Situation ohne Staat – auch in einem solchen Zustand wird Recht entstehen und durchgesetzt, aber ohne Rekurs auf ein künstliches Gewaltmonopol.

Zwangsanwendung ohne Zustimmung. Um das Recht durchzusetzen, muss allerdings Zwang angewendet werden können, z. B. gegen einen Tatverdächtigen. In der Tat wollen Libertäre auch, dass es möglich ist, einen Verbrecher gefangen zu nehmen bzw. ihn vor Gericht zu bringen. Aber auf welcher Grundlage? Es lässt sich bei dringendem Tatverdacht kaum rechtfertigen, dass weitere Individuen der Gefährdung ausgesetzt bleiben. Gleichzeitig besteht möglicherweise keine Zustimmung seitens des Angeklagten zum Verfahren. Zum Beispiel sei angenommen, dass A bei seinem Nachbarn B etwas aus der Garage gestohlen hat, und B dies vermutet, aber nicht beweisen kann. B meldet den Diebstahl seiner Sicherheitsagentur und ggf. seiner Versicherung. Die Sicherheitsagentur macht Zeugen ausfindig, die A beim Einbruch in die Garage gesehen haben und vor Gericht aussagen werden, und veranlasst daraufhin die Festnahme von A, der allerdings dagegen protestiert. Hat A nun eine eigene Sicherheitsagentur, so wird diese einschreiten und der Prozess der Konfliktlösung kann wie skizziert seinen Gang nehmen. Hat A keine Sicherheitsagentur und beauftragt er auch keine spontan, so wird er verurteilt und muss die Strafe absitzen bzw. Wiedergutmachung leisten. Genau an dieser Stelle wird gegen A Zwang ausgeübt, sowohl durch die Festnahme als auch durch die Verurteilung und durch den Zwang, das Strafmaß zu erfüllen. Aber A hat nicht zugestimmt! Die libertäre Antwort darauf ist nun eine eindeutige: da A keine eigene Sicherheitsagentur anheuert, hat er implizit dem Verfahren und damit auch dem Ergebnis zugestimmt.[292] Wenn A unschuldig ist, wird das Urteil des Gerichts von Bs Sicherheitsagentur – ungeachtet aller theoretisch möglichen Fehler aufgrund menschlichen Irrtums – fair sein, da es sonst seiner eigenen Reputation Schaden zufügt. Eine Sicherheitsagentur und ein Gericht, die voreingenommen handeln, werden kaum Vertragspartner in anderen Sicherheitsagenturen finden und auf Dauer Kunden verlieren.

Missbrauch. Die Möglichkeit, dass eine Sicherheitsagentur missbräuchlich Zwang anwendet und im Interesse der eigenen Kunden gegen andere Individuen voreingenommen ist, scheint kein systematisches Risiko einer libertären Rechtsordnung zu sein. Dennoch sind Sicherheitsagenturen und Gerichte private Unternehmen, die den jeweils eigenen Profit maximieren wollen. Landes und Posner argumentieren, dass private Sicherheitsunternehmen verschiedene Möglichkeiten haben, ihr Einkommen durch angebliche oder „organisierte" Verbrechen zu erhöhen, bei denen Individuen verurteilt werden und Wiedergutmachung leisten müssen.[293] Ein weiterer Anreiz ist es, mögliche Verbrechen nicht zu vereiteln, sondern stattfinden zu lassen, da die Wiedergutmachungszahlungen möglicherweise höher sind als die Strafzahlung des Täters bei einer Vereitelung der Tat durch die Sicherheitsagentur. Auch hier sind für Libertäre der Wettbewerb zwischen den

---

292 Osterfeld (1989), S. 58.
293 Landes und Posner (1975), S. 26.

Unternehmen und der Schaden, den die Reputation des missbrauchenden Unternehmens nimmt, Korrektive für die befürchteten Exzesse.[294]

Armut. Falls sich ein Individuum im Recht sieht, so sollte es selbst für den Fall einer materiell schlechten Situation ohne Probleme eine juristische Vertretung finden. Da eine verurteilte Partei zur Wiedergutmachung verpflichtet werden kann, um den Schaden sowie den deshalb notwendigen Rechtsprozess zu finanzieren, kann auch die ex ante nicht bezahlte Sicherheitsagentur ihre Ansprüche decken. Es ist dabei unerheblich, ob es sich um den eigenen Mandanten oder die Gegenpartei handelt – das Gericht wird den Verurteilten auch zur Leistung der Gerichtskosten verpflichten.[295] Damit kann auch ein Armer einen Reichen verklagen, ohne Gefahr zu laufen, für den Prozess keine finanziellen Mittel zur Verfügung zu haben. Nun ist allerdings nicht klar, warum das Recht auf Wiedergutmachung entstehen sollte. Es ist vorerst ein behauptetes Ergebnis des libertären Rechtssystems und nicht vorauszusetzen – Marktergebnisse sind a priori nicht bekannt. Dennoch spricht einiges dafür, dass es starke Anreize für ein Recht auf Wiedergutmachung gibt. Die Sicherheitsagenturen können bei einem solchen Recht selbst dann Gewinn machen, wenn sie mittellose Menschen vertreten. Sie werden daher mit Gerichten zusammenarbeiten, in denen diese Regel gilt. Ein weiterer Grund liegt im Interesse der reicheren Individuen begründet, die als Opfer eines mittellosen Täters keinen Schadensersatz erhalten würden, wenn es kein Recht auf Wiedergutmachung gibt. Insofern entsteht eine Interessenkonvergenz – alle Marktteilnehmer haben Anreize, ein Recht auf Wiedergutmachung durch Verträge zu etablieren, und der Prozess der Rechtsprechung bleibt selbst bei ungleich vermögenden Konfliktparteien neutral.

Mafia-ähnliche Agentur für Kriminelle. Könnte es nun sein, dass sich Kriminelle in einer gemeinsamen Agentur zusammenschließen, und damit auch einen Verzicht auf das Recht auf Wiedergutmachung, zumindest hinsichtlich der eigenen Gruppe, durchsetzen? Um eine solche kriminelle Agentur zur Herausgabe von Verbrechern zu bewegen, müßte dann von anderen Agenturen Gewalt eingesetzt werden, oder aber es wird in Kauf genommen, dass die Agentur ihre „Kunden" vor Bestrafung zu schützen in der Lage ist. Das erinnert an eine Mafia-ähnliche Organisation, die sich abschotten kann, da alle anderen Agenturen vor einem Kooperationsproblem stehen. Jede Agentur, welche die Kosten des Konfliktes mit der kriminellen Mafia-Agentur in Kauf nimmt, nützt allen anderen. Diese positive Externalität kann aber von der Agentur nicht internalisiert werden – es kommt eventuell zu keiner, jedoch auf jeden Fall zu einer zu geringen Verfolgung der Straftäter, die sich in den Schutzmantel der kriminellen Mafia-Agentur begeben. Diese Betrachtung halten Libertäre aber für unzureichend.[296] Ein dabei vernachlässigter Aspekt ist die Schädigung von Kunden anderer Agenturen durch die geschützten

---

294 Benson (1990), S. 303.
295 Ebd., S. 307.
296 Das Argument hinsichtlich positiver Externalitäten ist bereits im Kapitel 2 erwähnt worden. Positive Externalitäten werden auch als öffentliche Güter bezeichnet. Auf öffentliche Güter wird in Kapitel 4 näher eingegangen werden. Hier reicht die Bemerkung, dass Libertäre die Theorie öffentlicher Güter unter zwei Gesichtspunkten kritisieren: (i) hinsichtlich der normativen Implikationen und (ii) hinsichtlich der (aus libertärer Sicht nicht) notwendigen Bereitstellung der Güter durch den Staat. Siehe Block (2003), S. 311-324, Benson (1990), S. 274 und Jasay (1989).

Kriminellen, weshalb die Agenturen bemüht sein werden, Schutz und Verfolgung zu optimieren. Die kriminelle Agentur hingegen wird zunehmend isoliert, Verträge mit ihr würden nicht mehr eingegangen, und potentielle Vertragspartner würden darauf achten, das ihr jeweiliger Partner kein Kunde bei der kriminellen Agentur ist, denn eine kriminelle Agentur wäre ein kostspieliger und unsicherer „Partner" im Rechtsprozess.[297] Auch hier, so die libertäre Argumentation, wird der Weg zu einer vernünftigen Konfliktlösung durch das Eigeninteresse der Akteure geleitet, ihre Reputation nicht aufs Spiel zu setzen. Ein spezifischer Aspekt dabei ist, dass das Trittbrettfahrerverhalten zwar nicht ausgeschlossen werden kann, aber unwahrscheinlich ist, da gerade die Bildung von nachbarschaftlichen Gemeinschaften die Kontrolle der möglichen Trittbrettfahrer erlaubt.[298] Im Falle von Sicherheitsagenturen, die mit einer Mafia-Agentur konfrontiert sind, besteht zwar keine territoriale Nähe der Individuen, dafür aber sind die wechselseitigen Verträge funktionale Bindungsmechanismen. Zukünftige Interaktionen sind wahrscheinlich, und da es sich um gewinnorientierte Unternehmen handelt, kann hier wiederum der Reputationsmechanismus funktionieren. Im Falle eines Angriffs der Mafia-Agentur können sich die anderen Agenturen also durchaus zum gemeinsamen Vorgehen zusammenschließen. Aber auch die oben beschriebene Situation einer Abschottung der Kriminellen ist für die Mafia-Agentur teuer und unattraktiv. Während alle anderen Agenturen nur teilweise im Konflikt sind, nämlich vornehmlich mit der Mafia-Agentur, so ist diese selbst immer im Konflikt, nämlich mit allen anderen. Die Mafia-Agentur kann daher nicht genauso gewinnbringend arbeiten wie die anderen Agenturen;[299] sie wird sich deshalb auch nicht durchsetzen können. Schwieriger zu beantworten erscheinen vielmehr die Einwände einer Monopolisierungstendenz im Markt, entweder durch gewalttätige Durchsetzung oder durch kartellähnliche Zusammenschlüsse. Diese Aspekte werden weiter unten behandelt.[300]

3.2.2 Versicherungsunternehmen als Sicherheitsanbieter

Hoppe geht davon aus, dass es vor allem Versicherungsunternehmen sind, die für die Bereitstellung der Sicherheitsdienstleistungen in einer libertären Ordnung geeignet sind.[301] Das Interesse der Versicherungsunternehmen, bei denen die Individuen Rechtsschutzpolicen abgeschlossen haben könnten, wirkt dabei in die Richtung einer gewaltfreien

---

297 Osterfeld (1989), S. 57.
298 Benson (1990), S.
299 Friedman (2003), S. 153-154. Friedman argumentiert, dass die Kunden der normalen Agenturen höhere Zahlungsbereitschaften für Schutzdienste haben als Kriminelle, denn diesen ist das (zu stehlende) Eigentum weniger wert. Damit nimmt Friedman einen bestimmten Nutzen für kriminelle Handlungen an. Aber Kriminelle könnten durchaus höhere Zahlungsbereitschaften haben, jedoch beispielsweise einen Diebstahl als profitmaximierend betrachten (da der Diebstahl unter Umständen weniger kostet). In diesem Falle kann auch die Mafia-Agentur gewinnbringend sein, solange die Prämien gleich hoch oder höher sind als die anderer Agenturen und die individuellen „Kunden" der Mafia-Agentur ebenfalls Gewinn machen.
300 Siehe Abschnitt 3.3.
301 Hoppe (2003a), S. 346.

Konfliktlösung.[302] Denn die Unternehmen wollen ihre Kosten reduzieren und haben von daher ein genuines Interesse an der Prävention von Straftaten.[303] Die Verfolgung von Straftaten ist kostenintensiv. Daher werden die Versicherungsunternehmen auch bemüht sein, mögliche Kosten zu vermeiden, die ihnen durch Verträge ihrer Kunden mit anderen Individuen auferlegt sein könnten. Beispielsweise könnte es Klauseln geben, die Verträge der eigenen Kunden mit Vertragspartnern, die mit einer Sicherheitsagentur mit schlechter Reputation zusammenarbeiten, nicht versichert. Somit haben die Kunden einen Anreiz, sich von tendenziell konfliktträchtigen Geschäften fernzuhalten. Vor allem aber haben die Versicherungsunternehmen ein Interesse, die möglichen Straftäter schnell ausfindig zu machen. Denn bei einer Verurteilung derselben erhalten die Unternehmen Wiedergutmachung für ihre Ausgaben.[304] Eine Implikation dieses Modells ist nun, dass die Opfer anders als im Staat nicht mit Steuern die Gerichts- und Gefängniskosten mitfinanzieren müssen. Außerdem gibt es keine Subventionierung der Regionen, in denen viele Verbrechen geschehen, durch Regionen, denen es besser gelingt, Konflikte zu vermeiden. Und schließlich haben die Unternehmen ein Interesse daran, dass der Wohlstand steigt und das tut er nur in stabilen und sicheren Umgebungen. Mit mehr Wohlstand gibt es auch mehr zu versichern; daher sind die Versicherungsunternehmen im Wettbewerb unter Druck, qualitativ hochwertigen Schutz für ihre Kunden zu liefern.[305] In der Folge werden sich sowohl Sicherheitsunternehmen als auch die zu versichernden Individuen um eine gute Reputation bemühen, um Verträge zur wechselseitigen Besserstellung abschließen zu können.[306]

Eine weitere Folge eines privaten Sicherheitsmarktes ist die Beeinflussung der konkreten Rechtsnormen. Die Versicherungsunternehmen haben einen Anreiz, so genannte „opferlose Verbrechen" gar nicht erst als Straftaten zu akzeptieren. Der Grund liegt in der Erhöhung der Kosten durch die dann notwendigen Verfahren. So könnten die Versicherungen Wert darauf legen, dass Drogenkonsum beispielsweise nicht als eine Straftat begriffen wird, deren Verhinderung oder Bestrafung durch Sicherheitsagenturen durchgesetzt wird. Die Kunden der Versicherungsunternehmen könnten nur durch höhere Prämien eine solche Klausel kaufen, ob diese dann durchgesetzt werden kann, hängt von der Bereitschaft anderer Individuen in derselben Region ab, ähnliche Vertragsklauseln in ihren Verträgen zu integrieren (und zu bezahlen). Letztlich jedoch werden die Urteile der Gerichte über den Inhalt des gültigen Rechts entscheiden, das Richterrecht wird damit zur Grundlage des Rechtscodes in einer libertären Anarchie. Eine offene Frage, die sich daraus zwingend ergibt ist, wie die Durchsetzung des Richterrechts gedeutet werden soll: handelt es sich hierbei dann nicht auch um Fremdherrschaft, also um eine – entgegen der individuellen Zustimmung verlaufende – Durchsetzung der Regeln, die sich spontan

---

302 Versicherungsunternehmen können eigene Sicherheitsagenturen beschäftigen oder aber nur Rechtsschutzpolicen ausgeben, die im Falle des Auftretens einer im Vertrag genannten Straftat gegen den Kunden zur Beauftragung einer Sicherheitsagentur führt. Was genau im Marktprozess einer libertären Anarchie zu erwarten wäre, bleibt allerdings Spekulation, aufgrund der Natur eines Marktes und der Nicht-Vorhersehbarkeit der Marktergebnisse.
303 Hoppe (2003a), S. 361-362.
304 Ebd.
305 Ebd., S. 360.
306 Bekannte Aggressoren würden nicht versichert werden. Siehe Hoppe (2003a), S. 348.

im Rechtsmarkt bilden? Darauf wird zu einem späteren Zeitpunkt in Kapitel 5 und 7 eingegangen werden. Vorerst jedoch bleibt festzuhalten, dass sich im – aus libertärer Sicht erwartbaren – Idealfall, die Rechtsregeln im Marktgeschehen ergeben, und immer auf freiwillige Zustimmung qua Vertrag zurückzuführen sind.

3.2.3 Einheitliches Recht und Rechtsnachfrage

Kann es nun in einer libertären Anarchie einheitliches Recht geben? Da es zuerst einmal Richterrecht ist, ist nicht klar, ob es nicht zu vielfältigen und durchaus widersprüchlichen Urteilen kommen kann, so dass von einem einheitlichen Recht nicht ausgegangen werden sollte. Denn der Richterspruch bindet nur die Konfliktparteien, nicht jedoch gleichsam alle anderen, die in ähnlichen Situationen waren oder sind. In gewisser Hinsicht ist das Richterrecht somit eine Individualisierung des Rechts, bei dem jeder das Recht bekommt, was auf die konkrete Situation und die konkreten Individuen angepasst ist und keine Verallgemeinerung zulässt.[307] Allerdings stehen einer solchen auf den ersten Blick konfus anmutenden Rechtsprechung Anreize entgegen, die auf eine Standardisierung des Rechts und somit auf einen doch in wesentlichen Zügen einheitlichen Rechtscode schließen lassen können.

Ob nun einzelne Richter oder Richter in Gerichtsunternehmen, beide sind darauf angewiesen, „Kunden" zu bekommen. Die Nachfrage wird sich nun danach richten, was ein einzelner Richter anzubieten hat, das heißt, welche Reputation er hat oder wie die Verträge gestaltet sind. Allerdings müssen sich die Konfliktparteien mit ihren Sicherheitsagenturen auf einen Richter einigen und es ist zu vermuten, dass die Richter, die einseitig zugunsten bestimmter Mandanten oder bestimmter Tatbestände urteilen, nicht lange bei Konfliktlösungen aufgesucht werden.[308] Wiederum ist der Lösungsmechanismus das Eigeninteresse – das Eigeninteresse der Richter, die ebenso auf Kunden angewiesen sind. Richter, deren Urteile als vernünftig gelten, werden eher von Gerichtsunternehmen angestellt oder haben als Selbständige eine Chance, im Wettbewerb mitzuhalten. Willkürliche Entscheidungen eines einzelnen Richters können sich für den Richter somit als Problem erweisen, und es ist nicht ausgeschlossen, dass Richter auch selbst für Urteile, die fragwürdig erscheinen, angeklagt werden. Es gibt kein Justizmonopol und auch Richter sehen sich daher jederzeit einer möglichen negativen Sanktionierung durch Verfahren vor anderen Gerichten bedroht, sollten sie Urteile treffen, die als willkürlich gelten können.

---

307 Osterfeld (1989), S. 53. Diese Individualisierung des Rechts erinnert, wenngleich mit Unterschieden behaftet, auch an Marx (1956), S. 20-21, der der liberalen Idee der Gleichheit vor dem Recht ablehnend gegenüber steht, da seiner Auffassung nach das bürgerliche Recht nur die Notwendigkeiten der zugrundeliegenden ökonomischen Bedingungen des Kapitalismus widerspiegelt, der überwunden werden muss (und wird). Er schreibt zum gleichen Recht: „Es ist daher ein Recht der Ungleichheit, seinem Inhalt nach, wie alles Recht. [...] Um all diese Mißstände zu vermeiden, müßte das Recht, statt gleich, vielmehr ungleich sein. [...] [E]rst dann kann der enge bürgerliche Rechtshorizont ganz überschritten werden und die Gesellschaft auf ihre Fahnen schreiben: jeder nach seinen Fähigkeiten, jedem nach seinen Bedürfnissen."
308 Osterfeld (1989), S. 57.

Die Anreize (und d. h. wiederum die individuelle Reputation) und mögliche negative Sanktionen wirken somit in dieselbe Richtung: Richter haben ein Interesse daran, möglichst „kundenfreundliches" Recht zu sprechen. Aber was gilt als „kundenfreundlich"? Urteile können, obwohl sie von den Parteien akzeptiert werden, eventuell von anderen Richtern als nicht sinnvoll erachtet werden, und werden dann auch nicht als Maßstab für weitere Gerichtsurteile dienen. Es setzt sich somit das Recht durch, das von anderen Richtern in anderen Entscheidungen herangezogen wird und mit der Zeit zu einem allgemein akzeptierten Rechtsinhalt reift. Allerdings gilt dabei, dass die Präferenzen der Individuen einfließen – das Recht in einer Großstadt könnte z. B. hinsichtlich des Drogenkonsums wesentlich oder gar vollständig freiheitlich ausfallen, während es in einer ländlichen Region zum Verbot von Drogen führt.[309] Dazu kommt es, weil die Individuen Verträge mit Sicherheitsagenturen abschließen, die bestimmte Norminhalte bereits implizit oder explizit enthalten. Implizit, weil die Sicherheitsagenturen sich an bestehenden Urteilen von Gerichten, mit denen sie wiederum vertraglich verbunden sein können, orientieren, oder explizit, weil sie eigene Gerichte schaffen, die sich an bestimmten Normen orientieren, so dass es für einen potentiellen Kunden erkennbar ist, welches „Recht" er „kauft".[310] Tritt nun ein Konflikt auf zwischen zwei Individuen mit konträren Rechtsvorstellungen (und jeweils entsprechenden Verträgen mit verschiedenen Sicherheitsagenturen), so kommt der zuvor skizzierte Prozess in Gang. Das Eigeninteresse der Akteure wird mit der Zeit zu einem Rechtscode führen, der im Grundsatz standardisiert ist, aber dennoch individuelle Ausnahmen zulässt.

Die Standardisierung ist Libertären zufolge zu erwarten, da die Kosten der Konfliktbewältigung bei vollkommener Diversität der Rechtsregeln prohibitiv hoch sind. Sollten die im Konflikt befindlichen Parteien in jedem Einzelfall neue Verfahrenskompromisse aushandeln müssen, würden die Transaktionskosten enorm steigen.[311] Auf der anderen Seite gibt es unterschiedliche Wünsche, die in einem marktwirtschaftlichen Rechtssystem eine signifikante Rolle spielen, da jeder Anbieter die Kundenwünsche besser als die Wettbewerber erfüllen möchte. Ein Beispiel, das Friedman vorbringt, besteht in unterschiedlichen religiösen Vorstellungen. Einer bestimmten religiösen Gruppe könnte es seitens des Glaubens verboten sein, Eide abzulegen.[312] Neben diesen verfahrensbezogenen Unterschieden sind aber auch fundamentale Normdivergenzen möglich. Die möglichen Regeln, die in einem marktwirtschaftlichen Rechtssystem existieren können, sind daher vielfältig, denn es gibt nur individuelle Verträge zwischen Unternehmen und Individuen bzw. zwischen den Unternehmen selbst. Allerdings wird es für die Unternehmen kostengünstiger sein, sich untereinander paarweise auf gemeinsame Regeln zu einigen, um Verhandlungskosten zu vermeiden und damit den Kunden auch höhere Rechtssicherheit in Konflikten mit Kunden anderer Agenturen zu bieten.[313]

---

309 Vgl. Friedman (2003), S. 160-161.
310 Vgl. Friedman (1996), S. 236 beschreibt den Markt aus Käufersicht: die Individuen kaufen Sicherheitsdienstleistungen bei Agenturen, die ihrerseits wiederum „Recht" bei Gerichten kaufen und somit als Vertriebsorganisationen des Rechts interpretiert werden können.
311 Friedman (1996), S. 237.
312 Ebd., S. 236.
313 Ebd., S. 237.

Eine Standardisierung des Rechts ist also teilweise zu erwarten, da die Unternehmen Transaktionskosten reduzieren wollen. Gleichzeitig bleibt ein gewisses und ex ante nicht bestimmbares Maß an Unterschieden in den Rechtscodes der einzelnen Unternehmen erhalten, da die Transaktionskosten eben nicht null sind, d.h. dass gegenseitig vorteilhafte Verhandlungen zwischen Unternehmen und Kunden bzw. zwischen verschiedenen Unternehmen unterbleiben.[314] In anderen Worten: wenn die Kosten der Standardisierung von Recht höher sind als die Kosten der Diversität, dann wird auf eine weitere Rechtsangleichung verzichtet werden. Für die Nachfrager – die individuellen Kunden, die Recht kaufen wollen – ist entscheidend, dass sie über Informationen über die Reputation ihrer Vertragspartner verfügen; nur so können sie die konkurrierenden Regelangebote bewerten, um sich für das eine oder andere Angebot zu entscheiden, einschließlich der erwartbaren Transaktionskosten, die bei Diversität der Rechtsnormen für die Lösung von Konfliktfällen einzukalkulieren sind.

3.3 Monopolbildung auf dem Sicherheitsmarkt

3.3.1 Stabilität und illegitime Monopolbildung

Damit das libertäre Rechtssystem funktionieren kann, müssen bei Konflikten zwischen privaten Sicherheitsagenturen mit unterschiedlichen Rechtscodizes prozedurale Regeln vorhanden sein, die eine Einigung ohne Rekurs auf Gewalt ermöglichen. Da diese prozeduralen Regeln im Interesse der Akteure sind, sollte eine solche Möglichkeit der Einigung ohne Gewalt plausibel erscheinen. Die Frage war, wie es zu diesen Regeln kommt, und es zeigte sich, dass diese im Rahmen von Verhandlungen zwischen den Agenturen entstehen können. Die Standardisierung der prozeduralen Regeln stellt nun aber eine Art Netzwerk dar, das benötigt wird, um den Kollaps des libertären Systems in den Hobbesschen Naturzustand zu verhindern.[315] Die Stabilität der anarchischen Ordnung hängt also vom Zustandekommen standardisierter Verfahrensregeln ab, was aber zugleich voraussetzt, dass die Sicherheitsfirmen in einem Netzwerk zusammenarbeiten können:

> "The ability to collude successfully is inherent in the nature of the network. The network can internalise the externalities problem behind peaceful adjudication only by suspending quality competition – that is, by offering a uniform set of laws or higher-order adjudication procedures. The ability to engage successfully in quality collusion, however, implies that other kinds of collusion are possible also."[316]

---

314 Ebd., S. 238.
315 Cowen (1992), S. 255. Für den weiteren Verlauf der Diskussion werden Kartelle und Monopole als quasi-identische Marktformen der Angebotsseite angenommen. Die Beschränkung des Wettbewerbs und die Durchsetzung der eigenen Interessen der beteiligten Unternehmen ist beiden Formen gemein und hinsichtlich der Stabilität des libertär-anarchistischen Modells die entscheidende Problematik.
316 Ebd., S. 259.

Wenn die Firmen zusammenarbeiten, um gemeinsame Regeln festzulegen, so können sie ebenso zusammenarbeiten, um potentielle Wettbewerber fernzuhalten oder um Interessen durchzusetzen, die über die Absprache gemeinsamer Verfahrensregeln hinausgehen. Im Ergebnis ähnelt dies dem staatlichen Gewaltmonopol, zumindest im Hinblick auf die sich ergebende Möglichkeit einer Ausbeutung der Individuen wie sie seitens der Libertären beim Staat kritisiert und befürchtet wird.[317] Das Zustandekommen des Kartells, das sich durch das Netzwerk ergibt, ist nun nicht zu verurteilen, da es sich auf dem Weg dorthin nur um Vertragsschließungen handelt. Erst ex post, wenn das Kartell besteht, kann es ggf. zu (aus libertärer Sicht) illegitimer Gewalt greifen, um potentielle Wettbewerber abzuhalten oder abweichendes Verhalten im Netzwerk zu sanktionieren. Aber die Sanktionen gegen nicht-kooperierende Unternehmen können auch gewaltfrei sein, nämlich ökonomischer Art beispielsweise durch das Verwehren von gemeinsamen Verfahrensregeln mit dem Netzwerk, so dass Kunden aus Unsicherheit eher zu einer dem Netzwerk angeschlossenen Firma wechseln, oder durch das Verweigern von Zugängen zu gemeinsamen Informationen.[318] Sobald eine Firma dem Netzwerk angehört, ist eine Abweichung im Gegensatz zu Wettbewerbsmärkten nicht vorteilhaft, denn neben der drohenden Sanktionierung ist es vor allem die notwendige Einigung auf gemeinsame Verfahrensregeln, die der abweichenden Firma verlorengehen können; die Profite, die im Kartell erzielbar sind, können durch Austritt aus dem Netzwerk nicht kompensiert oder gar erhöht werden.[319]

Aus libertärer Sicht lassen sich zwei Kritikpunkte an der Behauptung anführen, der libertäre Sicherheitsmarkt führe entweder zu einem Hobbesschen Konflikt, wenn Standardisierung nicht im Netzwerk zustande kommen kann oder zu einem staatsähnlichen Gebilde, das keinesfalls besser ist als der Staat klassischer Provenienz. Der erste Kritikpunkt bezieht sich auf das Netzwerk von Sicherheitsfirmen, der zweite auf die Art der Standardisierung.

Zunächst zur Kritik am Netzwerk. Friedman kritisiert, dass es ein Netzwerk nur durch multilaterale Absprachen und Zusammenarbeit geben kann. Eine Absprache zwischen jeweils zwei miteinander in Kontakt tretenden Sicherheitsagenturen kann zu einem Netzwerk führen, in dem paarweise zwischen den Sicherheitsagenturen prozedurale Regeln gelten. Konflikte werden vermieden, ohne dass es einen multilateralen Vertrag zwischen allen Agenturen geben muss.[320] Sollten einzelne Agenturen kartellähnliche Verträge schließen, so würden die Wettbewerber davon profitieren, denn sie könnten niedrigere Preise verlangen.[321] Standardisierung kann somit entstehen, ohne dass dies einen Kartellvertrag impliziert. Die Anreizlogik erklärt die Möglichkeit eines Netzwerkes ohne multilaterale Absprache, aber ein weiterer ökonomischer Anreiz für die Sicherheitsagenturen kann nun auch in der Senkung der Transaktionskosten bestehen. Es könnte notwendig und leichter sein, mehrere Sicherheitsagenturen zu einem ge-

---

317 Ebd., S. 265.
318 Ebd., S. 256.
319 Ebd., S. 257.
320 Friedman (1994b), S. 323.
321 Caplan und Stringham (2003), S. 312-313.

meinsamen Vertrag zu bewegen, als mit relativ hohen Transaktionskosten eine Vielzahl von Einzelverträgen abzuschließen. Eine solche Zusammenarbeit könnte daher auch in größeren Gruppen bestehen, z. B. in abgegrenzten Regionen.[322] Das Netzwerk bilateraler Verträge zwischen Sicherheitsagenturen, wie es Friedman vorschwebt, ist eine Möglichkeit, aber nicht die einzige: multilaterale Absprachen können nicht ausgeschlossen werden und bleiben eine plausible Möglichkeit zur Bildung eines Kartells auf dem privaten Sicherheitsmarkt.

Der zweite Kritikpunkt richtet sich nun gegen die Behauptung Cowens, eine Standardisierung der Rechtsnormen könne leicht zu einem Kartell führen. Caplan und Stringham argumentieren, dass die Standardisierung von Produkten – in unserem Falle von Verfahrensregeln bei Konflikten verschiedener Sicherheitsagenturen – im Kern selbstdurchsetzend ist. Es ist im Interesse der Akteure, sich auf gemeinsame Regeln zu einigen, Abweichungen führen nur zu Verlusten, da man seine Produkte nicht mehr so leicht verkaufen kann, wenn sie mit anderen konkurrierenden Produkten nicht kompatibel sind.[323] Für den Markt für Recht und Sicherheit bedeutet dies: Sollte eine Sicherheitsagentur sich nicht auf von anderen geteilte Regeln einlassen, so schädigt sie sich selbst.[324] Dabei geschieht dies wiederum durch den Verlust an Reputation der Sicherheitsagentur – einerseits auf Seite der Kunden, die standardisierte Verfahrensregeln kaufen wollen und von daher eine isoliert agierende Sicherheitsagentur meiden werden, andererseits durch Konflikte mit anderen Sicherheitsagenturen, die die Agentur nicht als Partner akzeptieren.[325]

Zum einen ist also zu beachten, dass die Standardisierung von Verfahrensregeln wiederum vom Funktionieren der Reputation als Durchsetzungsmechanismus abhängig ist. Für einen etablierten Rechtsmarkt sollte dies, unter bestimmten Bedingungen, auf die wir in Abschnitt 3.5 zurückkommen, möglich sein. Allerdings verdeutlichen Caplan und Stringham auch das zugrunde liegende Problem, nämlich die Etablierung eines libertären Rechtsmarktes. Die Anreize zur Standardisierung sind nur dann vorhanden, wenn Standardisierung von den Konsumenten im Rechtsmarkt gewollt wird.[326] Gibt es stark divergierende Rechtswünsche, so ist auch eine Standardisierung nicht einfach zu erwarten. Zum anderen ist keine einfache Wahl von Verfahrensregeln möglich, da

---

322 Cowen (1992), S. 255 in Verbindung mit S. 260.
323 Caplan und Stringham (2003), S. 314.
324 Ebd., S. 313: "If defense firm A reneges on an arbitration bargain with defense firm B, it alienates not just B, but its full array of actual and potential trading partners. By breaking the rules, cheaters ipso facto reduce the profitability of trading with them. Other businesses punish them not out of sympathy with the victim, but from their proverbial regard to their own self-interest."
325 Zum Beispiel eine Agentur für Kriminelle, die nicht akzeptiert wird. Aber auch in anderen Fällen stellt sich das Problem: vielleicht lässt sich eine Agentur A deswegen nicht auf Verfahrensregeln mit einer anderen Agentur B ein, da diese die Regeln in der Vergangenheit nicht eingehalten hat. Es könnte sich bei B auch um eine kriminelle Agentur handeln, die zu isolieren ist – so wie von Libertären erwartet und erwünscht (siehe auch Abschnitt 3.2.1). Es kommt also nicht nur auf die Beobachtung eines Nichtzustandekommens gemeinsamer Regeln an, sondern auch auf die Gründe, die dazu führen. Das heißt nichts anderes, als dass wir wieder auf die Relevanz von Reputation und den Bedingungen, unter denen sie funktionieren kann, verwiesen sind.
326 Caplan / Stringham (2003), S. 314: „As long as consumers want a uniform product, adhering to industry standards is self-enforcing." Hervorhebung hinzugefügt.

sich diese nur in Verhandlungen ergeben können. Es geht im Sicherheitsmarkt um die vertragliche Festlegung – ob bilateral oder multilateral – von Verfahrensregeln, die a priori nicht existent sind. Das bedeutet aber nichts anderes, als dass wie von Cowen erwartet, Absprachen auch über die Wahl gemeinsamer Verfahrensregeln hinaus möglich sind – das Problem der Kartellbildung im Sicherheitsmarkt kann also nach wie vor nicht ausgeschlossen werden.

Dies lässt sich stilisiert anhand von zwei Typen von Sicherheitsmärkten mit wenigen Firmen (Oligopol) und vielen Firmen (Wettbewerb) verdeutlichen.[327] Hoppe geht davon aus, dass es nur wenige Sicherheitsunternehmen in Form von Versicherungsunternehmen geben dürfte, da diese zum einen groß genug sein müssen, um die Risiken tatsächlich versichern und im Streitfalle die Konflikte lösen zu können, und zum anderen, da Versicherungsunternehmen schon heute über weit reichende Vertragsnetzwerke verfügen.[328] Angenommen, diese empirischen Behauptungen treffen zu, so erscheint es im Lichte der oben diskutierten Aspekte eher problematisch, einen Sicherheitsmarkt mit wenigen Firmen gutzuheißen.[329] Eine kleine Gruppe von Unternehmen dürfte es leichter haben, kartellähnliche Verträge zu schließen, da die Transaktionskosten relativ niedrig sind. Im umgekehrten Falle zahlreicher Unternehmen, wie sie Friedman und Benson erwarten, ist die Problematik spiegelverkehrt.[330] Die Transaktionskosten der Standardisierung von Verfahrensregeln und Recht dürften sehr hoch sein, so dass hier der häufige Konflikt zwischen Agenturen wahrscheinlicher ist, wenngleich eine eindeutige Monopolisierungstendenz nicht erwartet werden kann. Sollen sowohl Konflikte vermieden werden als auch die Kartellbildung unterbleiben, müsste dies wiederum durch den Reputationsmechanismus gelöst werden: die Kundenabwanderung ist dann das Druckmittel, dass die Unternehmen zu einem Verhalten „zwingt", das dem Ideal eines libertären Rechtsmarktes entspricht.

3.3.2 Legitime Monopolbildung

Im Unterschied zur Analyse von Cowen, der die Anreize privater Sicherheitsunternehmen untersucht, soll es nun kurz um die normative Frage gehen, ob ein Staat aus einem Naturzustand legitim – also ohne Verletzung der libertären Eigentumsrechte der Individuen – entstehen könnte. Das erscheint zunächst unplausibel, denn die vorangegangene Diskussion hat verdeutlicht, dass die Anreize der Sicherheitsunternehmen zur Einigung auf Verfahrensregeln auch ohne weiteres zu für die Individuen freiheitsberaubenden Übereinkünften führen könnten oder zumindest zu einer Beschränkung des Wettbewerbs, also zur Verdrängung von potentiellen Wettbewerbern aus dem Sicherheitsmarkt.

---

327 Dixit (2004), S. 80 weist in diesem Zusammenhang auf Markteintrittsbarrieren hin, da Reputation teuer ist.

328 Hoppe (2003a), S. 346-347 sowie S. 357.

329 Dixit (2004), S. 80 weist darauf hin, dass die Etablierung einer (guten) Reputation teuer ist und insofern eine Markteintrittsschranke darstellt. Dies könnte ein Grund für die Plausibilität der Annahme eines Oligopols auf dem Markt für Sicherheitsdienstleistungen sein.

330 Friedman (2003), S. 156 und Benson (1990), S. 293.

Nehmen wir aber an, dass sich die Individuen an die libertären Freiheitsrechte halten und somit das Problem von freiheitsberaubenden Absprachen vermieden werden kann, und betrachten wir, ob es legitim ist, den Wettbewerb zu beschränken, d.h. ob eine solche Beschränkung durch libertäre Rechte gedeckt sein könnte. Eine solche These stammt von Robert Nozick, der einen Minimalstaat mit libertären Rechten für legitim erachtet.[331] Ausgehend von einem Naturzustand gibt es gemäß Nozick drei grundsätzliche Möglichkeiten für den Verlauf von Streitigkeiten zwischen konkurrierenden Sicherheitsunternehmen. Einen dauerhaften Gewinner (auf Basis von Gewalt), einen Gewinner in einem bestimmten Zentrum (geographisch, ebenfalls auf Basis von Gewalt) und ein Netzwerk friedlicher Konfliktlösung, eine „Dominant Protection Association".[332] Da nur diese friedliche Konfliktlösung ohne Rechtsverletzungen der Individuen zustande gekommen ist, kann sie die Basis für eine legitime Staatsentstehung sein. Das „Netzwerk" stellt ein einheitliches juristisches Gebilde dar, mit einzelnen Unternehmen, die regional oder funktional bestimmte juristische Aufgaben übernehmen, aber als Gesamtheit doch als ein System begriffen werden können, da sie gemeinsame Verfahrensregeln und mit der Zeit einen gemeinsamen Rechtscode entwickeln.[333] Wenn diese Assoziation insofern auch als eine einheitliche Agentur aufgefasst werden kann, so stellt sich die Frage, ob sie damit nicht einem Staat entspricht.[334] Nozick hält dies für vorläufig noch nicht gegeben, da – trotz aller Schwierigkeiten einer Staatsdefinition – zwei Bedingungen erfüllt sein müssen, um von einem Staat zu sprechen: es muss sich um ein territorial begrenztes Monopol handeln, das außerdem für alle Individuen Sicherheit durchsetzt, also um eine gewisse „Umverteilung" von Ressourcen nicht umhinkommt.[335] Für die dominante Agentur sind beide Bedingungen noch nicht gegeben, denn die Individuen können immer noch – ihre Freiheitsrechte dürfen ja nicht verletzt werden – selbst und eigenständig für ihre Sicherheit und ihre Rechte sorgen. Auch fehlt damit die Bereitstellung von Sicherheit für alle. Wie kommt Nozick nun von der dominanten Agentur zum Staat, ohne dass dabei die Freiheitsrechte der Individuen tangiert werden? Zunächst einmal muss geklärt werden, wie die erste Bedingung für einen Staat – das Monopol – erfüllt werden kann. Nozick hält es für gerechtfertigt, dass die dominante Agentur ihre Klienten in Auseinandersetzungen gegenüber Nichtklienten auch gegen Verfahrensregeln schützt, die von den Individuen nicht gewollt sind, da sie qua Vertrag mit der dominanten Agentur anderen Verfahrensregeln als denen unabhängiger Gruppen oder Einzelpersonen zugestimmt haben. Die dominante Agentur hat also ein Recht – aufgrund der Verträge der Individuen mit ihr – ihre Verfahrensregeln gegenüber Nichtklienten durchzusetzen. Dieses de facto Monopol der dominanten Agentur – der Ultraminimalstaat – ist nun aber moralisch

---

331 Nozick (1974).
332 Ebd., S. 16-17.
333 Ebd. Nozick begründet dies damit, dass es einen Skalenvorteil im Sicherheitsgeschäft gibt: nur das maximale Leistungspaket wird sich durchsetzen, da niemand bereit sein wird, sich für weniger zu entscheiden. Rothbard (2000), S. 234-235, kritisiert dies als eine Vorhersage über Marktergebnisse, die nicht getroffen werden könne.
334 Cowen (1992), S. 258, bezeichnet dies als „a matter of semantics".
335 Nozick (1974), S. 26-27.

dazu verpflichtet, den Nichtklienten Kompensation zu gewähren in dem es sie für die Anwendung der agentureigenen Verfahrensregeln entschädigt.[336]

Der Schritt vom Ultraminimalstaat zum Minimalstaat besteht nun bei Nozick in einer erweiterten Anwendung seines Entschädigungsgrundsatzes. Nicht nur die Anwendung der Verfahrensregeln der dominanten Agentur gegenüber Nichtklienten bedarf der Kompensation, auch der Schutz der Klienten vor risikoreichen Betätigungen von Nichtklienten, die die Klienten der Agentur treffen könnten und unter der Bedingung, dass die Nichtklienten keine finanziellen Mittel zur möglichen Kompensation der Klienten haben, muss durch Kompensation ausgeglichen werden.[337] Gemäß Nozick darf nämlich die dominante Agentur Nichtklienten von bestimmten Handlungen abhalten, die ihren eigenen Klienten Schaden zufügen würde. Damit entsteht aber eine quasi öffentliche Bereitstellung von Mitteln für „Haftpflichtversicherungen", es entsteht eine Art Umverteilung von Mitteln auf Basis libertärer Prinzipien und damit sind die beiden Bedingungen für einen Staat erfüllt. Die dominante Agentur wird über die Monopolisierung ihrer Verfahrensregeln (Ultraminimalstaat) durch die Zahlung von Kompensation für die Verhinderung von risikoreichen Handlungen der Nichtklienten zum Minimalstaat, ohne dass in diesem Prozess die libertären Freiheitsrechte der einzelnen Individuen tangiert würden.

Genau diese Behauptung, dass der Prozess ohne Rechtsverletzungen zum Staat führt, wird von libertären Anarchisten kritisiert. Der Grund, weshalb Nozick keine Rechtsverletzungen durch die dominante Agentur vorliegen sieht, liegt in der Anwendung des Entschädigungsgrundsatzes und der ihm zugrunde liegenden Einschätzung von risikoreichen Handlungen. Wir müssen diesen Entschädigungsgrundsatz näher betrachten, um entweder Nozicks These zu bejahen, oder sie, wie libertäre Anarchisten, zu verwerfen.

Nozicks Entschädigungsgrundsatz erlaubt, dass bestimmte Handlungen verboten werden können, wenn sie möglicherweise anderen Individuen schaden, und dass diese Individuen dafür entschädigt werden müssen, dass sie die Handlungen nicht mehr ausführen können. Dahinter steht die Vorstellung des libertären Selbsteigentums, denn dieses soll gerade durch die Verhinderung von risikoreichen Handlungen anderer geschützt werden (ein bekanntes Beispiel wäre die Notwehr).[338] Aber welche Handlungen gelten als risikoreich, um verboten werden zu können? Handlungen eines Individuums, die ein anderes Individuum schädigen (können), gelten laut Nozick insbesondere dann als problematisch, wenn sie „unproduktiv" sind.[339] Als unproduktiv gelten die Tauschvorgänge, in denen ein Individuum A bei Abwesenheit des Individuums B (und dessen Handlungen) besser gestellt würde. In anderen Worten: wenn man sich das handelnde Individuum „wegdenkt" und die Situation für das verbleibende Individuum damit besser ist als bei

---

336 Ebd., S. 109-110.
337 Ebd., S. 115.
338 Nozick geht so weit, aus dem Selbsteigentum auch einen individuellen Anspruch auf die am wenigsten schädlichen Verfahrensregeln in Konflikten abzuleiten bzw. zu behaupten. Siehe Nozick (1974), S. 96 und S. 101.
339 Ebd., S. 84 ff.

Anwesenheit des ersten, dann kann die Interaktion als „unproduktiv" gelten und folglich verboten werden.[340] Nozick bleibt jedoch ungenau, obwohl er sich des Problems eines unspezifizierten Prinzips bewusst ist; er hält es jedoch für grundsätzlich akzeptabel, einen Entschädigungsgrundsatz anzuwenden, der zumindest grob umrissen ist.[341] Im Wesentlichen geht es ihm nur darum, zu zeigen, dass bestimmte Handlungen auf Basis libertärer Moralvorstellungen verboten werden können, vorausgesetzt, dass dies zur Kompensation der Benachteiligten führt.

Es erscheint offensichtlich, dass sich eine Kritik der Staatsrechtfertigung Nozicks vor allem auf den Entschädigungsgrundsatz bezieht, da dieser die Vereinbarkeit libertärer Normen mit einem Staat begründet. Rothbard kritisiert, dass die Beschreibung des Risikos möglicher individueller Handlungen, die verboten werden können, so offen gehalten ist, dass letztlich alles damit zu rechtfertigen wäre.[342] Niemand, der nicht an einer unmittelbaren Verletzung der Rechte anderer Individuen beteiligt ist, dürfe durch Zwang zum Verzicht auf seine Handlungen genötigt werden. Insbesondere die Verhinderung „unproduktiver" Interaktionen im Sicherheitsmarkt wird von Rothbard kritisiert, da dann die Verwendung des Eigentums willkürlich eingeschränkt werden könnte. Wenn Individuum A sich durch eine beliebige Handlung von Individuum B für beeinträchtigt hält, so könnte sie nach Nozicks Kriterium der Besserstellung verboten werden – aber dies lässt sich immer sagen, wenn jemand sich durch eine Handlung eines anderen gestört fühlt.[343] Nozicks Kriterium erscheint nicht überzeugend. Außerdem ist nicht klar, warum – selbst unter Annahme der Gültigkeit von Nozicks Kriterium – nur die dominante Agentur das Recht auf Verhinderung risikoreicher Betätigungen anderer haben sollte, und unabhängige Individuen nicht ebenso gegenüber der Agentur, denn auch bei Nozick haben alle Individuen die gleichen Rechte.[344] Damit ist der behauptete Monopolisierungsprozess nicht mehr legitim – die dominante Agentur entwickelt sich entweder zu einem Monopol, in dem sie die Rechte anderer Individuen verletzt, oder es bleibt bei einem Wettbewerbsmarkt, in dem gemeinsame Standards für Verfahrensregeln gelten.

Ein zusätzliches Problem für Nozicks Vorstellung legitimer Staatsentstehung ist die Beschränkung des Handlungsraumes der dominanten Agentur auf Konflikte zwischen Klienten untereinander oder zwischen Klienten und Nichtklienten. Sollten Unabhängige miteinander in Konflikt geraten, so hat die dominante Agentur kein Recht, auf die Ver-

---

340 Dies ähnelt dem Prinzip Gauthiers, auf das in Kapitel 2, Abschnitt 2.7.3 eingegangen wurde. Allerdings lässt Gauthier nicht so viel Raum für Interpretationen der Schlechterstellung wie Nozick. Bei Gauthier ist die Veränderung des status quo ante entscheidend, bei Nozick geht es allgemeiner um die Frage, ob ein Individuum A bei Abwesenheit eines anderen Individuums B und dessen Handlungen besser gestellt wäre.
341 Nozick (1974), S. 87.
342 Rothbard (2000), S. 238.
343 Rothbard persifliert Nozicks Kriterium, das er das „tot-umfallen-Prinzip" nennt: „Braun und Grün konkurrieren in einer Auktion um dasselbe Gemälde. Sie sind die beiden letzten Bieter. Stünde Grün nicht besser da, wenn Braun tot umfiele? Übt Braun daher nicht irgendwie einen unberechtigten Zwang gegen Grün aus, und sollte daher nicht Brauns Teilnahme an der Auktion verboten werden?" Ebd., S. 245.
344 Ebd., S. 237.

fahrensregeln einzuwirken oder sonst einzuschreiten. Nozick behauptet nun aber, dass dies für die dominante Agentur nicht bedeutet, dass sie kein Staat werden könne.[345] Aber damit ist die Idee eines Gewaltmonopols aufgegeben, da, wie Rothbard bemerkt, „das vorherrschende Schutzunternehmen unbefugt [ist], solche Rechtsverfahren von Unabhängigen, die seinen eigenen Kunden nicht schaden, zu verbieten, und daher kann es kein Ultra-Minimalstaat werden."[346] Nozicks Theorie einer legitimen Staatsentstehung auf Basis libertärer Rechte ist also nicht aufrechtzuerhalten.

3.4 Äußere Sicherheit

Wenn ein libertäres Rechtssystem ohne Staat grundsätzlich vorstellbar ist – vorausgesetzt der Reputationsmechanismus funktioniert – und Konflikte zwischen Individuen im Rahmen eines privaten Gerichtssystems oder durch Vermittler als lösbar erscheinen, dann garantiert dies noch nicht, dass auch die Verteidigung eines bestimmten Gebietes, in welchem die Individuen in Gruppen zusammenleben, gegen Angriffe von anderen Gruppen geschützt wäre. Allerdings sollte es auch bei Konflikten zwischen verschiedenen Gruppen zu Lösungsmöglichkeiten kommen können, denn die Logik der friedlichen Konfliktlösung mit Sicherheitsagenturen lässt sich auf das Gut „Verteidigung" prinzipiell übertragen.[347] Der Markt für Sicherheitsdienstleistungen mit Sicherheitsagenturen, bei denen die Individuen Recht und Ordnung kaufen, unterliegt keiner Beschränkung, d.h. auch das Gut „Verteidigung" kann gekauft werden. Da nicht ausgeschlossen ist, dass das Gebiet der libertären Ordnung von Staaten umgeben ist, besteht für die libertäre Ordnung gegebenenfalls ein existentielles Risiko. Es gibt nun für kriegerische Auseinandersetzungen im Zusammenhang mit einer libertären Gesellschaftsordnung vier Möglichkeiten – Gruppen innerhalb der Anarchie greifen andere Gruppen an, einzelne Individuen in der libertären Ordnung werden von einem Staat bedroht oder die libertäre Gesellschaft wird von umgebenden Staaten angegriffen; schließlich besteht auch die Möglichkeit, dass sich Individuen in der Anarchie zusammenschließen und einen benachbarten Staat angreifen. Diese Fälle müssen nun im Einzelnen betrachtet werden.

Der Gruppenkonflikt innerhalb der libertären Anarchie entspricht einer gewalttätigen Auseinandersetzung, bei der nicht notwendigerweise das ganze Gebiet und alle Sicherheitsagenturen betroffen sein müssen. Der Konflikt scheint somit analog dem beschriebenen Prozess bei Streitigkeiten zwischen Individuen lösbar.[348] Denn die einzelnen Sicherheitsagenturen haben keine Anreize, einen kostenintensiven Konflikt zu führen, der nicht von den Kunden gewünscht ist.

---

345 Nozick (1974), S. 110.
346 Rothbard (2000), S. 251.
347 Vgl. Hoppe (2003a), S. 359.
348 Ebd., S. 350 und Block (2003), S. 318-319 sowie S. 323.

Ein möglicher Verteidigungsfall liegt dann vor, wenn ein Einzelner – z. B. ein wohlhabender Produzent – von einem Staat angegriffen wird. Zu einer solchen Situation
kann es kommen, wenn der Einzelne am Rand bzw. in räumlicher Nähe zum staatlichen
Territorium ansässig ist (ansonsten wäre ein größeres Gebiet betroffen, und der Angriff
würde auch einen Angriff auf das Eigentum anderer beinhalten). Allerdings muss nun
darauf geachtet werden, was dies ex ante bei Vertragsabschlüssen zwischen Individuen
und Versicherungsunternehmen bedeutet – das Risiko, in der Nähe eines staatlichen
Territoriums einem Angriff ausgesetzt zu sein, dürfte als wahrscheinlich gelten und von
vornherein mit hohen Prämien für die Sicherheitsdienstleistungen belegt sein. Damit ein
Kunde diese hohen Prämien zu zahlen bereit ist, wird die Sicherheitsagentur darlegen
müssen, dass sie überzeugende Vorkehrungen gegen einen möglichen Angriff getroffen
hat.[349] Anderenfalls kommt entweder kein Vertrag zustande, und der Kunde ist damit
ungeschützt, oder das Gebiet wird nicht bewohnt. Sicherheitsdienstleistungen für Verteidigung gegen Angriffe von anderen sind also hinsichtlich der Prämien, die von den
Kunden zu zahlen sind, zu unterscheiden von Prämien für sonstige Sicherheitsdienstleistungen. Für die Verteidigung ist die Örtlichkeit entscheidend, Gebiete an Grenzen zu
Staaten oder Gebiete mit hoher Kriminalitätsrate werden teuer versichert oder, bei zu
hohem Risiko, gegebenenfalls gar nicht.[350] Der Angriff eines Staates auf einen Einzelnen
kann daher als unwahrscheinlich gelten.

In den beiden verbleibenden Fällen sind die Ausgangslagen völlig konträr. Entweder,
die libertäre Ordnung wird von außen durch einen Staat bedroht oder umgekehrt. Zunächst zum ersten Fall. Problematisch erscheint der mögliche Angriff eines Staates auf
das Territorium der libertären Ordnung deswegen, weil keine Organisation existiert,
die sich als solche der Bedrohung entgegenstellen könnte. Es existieren nur Individuen
und die von ihnen beauftragten privaten Unternehmen. Haben sie eine Chance, sich
gegen den Angriff einer staatlichen Armee zu behaupten? Hoppe nennt zwei Gründe,
weshalb ein Angriff unwahrscheinlich ist und zwei weitere, wie im Falle eines Angriffs
die Verteidigung der libertären Ordnung gewahrt werden könnte. Staaten sind laut
Hoppe wesentlich ineffizienter als Märkte, und der Stand der militärischen Technologie
dürfte deshalb in Staaten niedriger sein als bei privaten Sicherheitsunternehmen.[351] Da
Staaten (d.h. die politische Führungselite) dies antizipieren, ist die Wahrscheinlichkeit
eines Angriffes eher minimal. Auch dürfte die Bereitschaft einer Bevölkerung in einem
Staat, gegen Nicht-Aggressoren in den Krieg zu ziehen, gering sein, da es mit enormen
Risiken behaftet ist.[352] Ein staatlicher Angriff auf die libertäre Ordnung ist daher unwahrscheinlich, aber nicht unmöglich. Sollte der Fall tatsächlich eintreten, so haben die
Sicherheitsagenturen Vorkehrungen getroffen und werden sich zur Wehr setzen – und
sie werden, so das zweite Argument – bereits zuvor darauf hingewirkt haben, dass die

---

349 Hoppe (2003a), S. 367.
350 Ebd., S. 359.
351 Ebd., S. 365.
352 Ebd., S. 366. Hoppe trifft hier die implizite Annahme, dass die Individuen risikoavers sind, und
die explizite Annahme, dass eine Aggression von Individuen, die in der libertären Ordnung leben,
gegen Bürger eines Staates auch von den privaten Sicherheitsagenturen verfolgt wird. In diesem Fall
würden die Interessen der Sicherheitsagenturen und des Staates Hand in Hand gehen.

Individuen eigene Waffen besitzen.[353] Der staatliche Aggressor trifft also auf eine bewaffnete Bevölkerung und auf effiziente Sicherheitsagenturen. Und das wird er antizipieren und nicht angreifen.

Gegen den zweiten Fall eines Angriffs auf einen Staat sprechen vor allem zwei Gründe. Es erscheint unwahrscheinlich, dass die Interessen der Individuen einheitlich sind und es zu einem gemeinsamen Angriff auf einen Staat kommt. Gewalt ist teuer und gefährlich, und viele Individuen dürften daher bereits ex ante in ihren Verträgen mit ihren Sicherheitsagenturen vereinbart haben, sich nicht initiativ an aggressiven Handlungen zu beteiligen. Die konkurrierenden Sicherheitsagenturen haben zudem Interessen, die kriegerischen Auseinandersetzungen entgegenstehen. Die Agenturen haben einen Anreiz zur Steigerung des Wertes des Privateigentums, das durch sie versichert ist. Durch Konflikte jedoch sinkt der Wert des Eigentums, denn das Eigentum wird weniger sicher und durch dieses Risiko sinken die Preise für die Vermögensgegenstände der Kunden – im Gegensatz zum Interesse der Versicherung, die wachsende Vermögenswerte über die Zeit versichern will.[354] Die Unternehmen maximieren ihre Erträge, und werden daher versuchen, an der Reduktion aller Risiken mitzuwirken, einschließlich kriegerischer Gefahren. Daraus folgt, dass ein von einer Sicherheitsagentur initiierter gewalttätiger Konflikt einen Verlust an Reputation dieser Agentur bewirkt, mögliche Gegenreaktionen von anderen Agenturen aufgrund der entstehenden Externalitäten provoziert und hohe direkte Kosten des Konfliktes verursacht. Dieses Externalitätenargument ist entscheidend. Es führt zurück zur Frage der Durchsetzung friedlichen Verhaltens mittels der Reputation der Akteure. Vereinfacht lässt sich die Situation darstellen als ein Konflikt zwischen zwei Parteien, dem Aggressor A und dem „Opfer" B, und einer dritten, zunächst unbeteiligten Partei C.[355] Lässt sich keine kooperative Lösung erzielen, dann eskaliert der Konflikt. C hat nun die Möglichkeit, sich zu beteiligen oder nicht. Eine Beteiligung bietet für C dann einen Vorteil, wenn die Kosten des Eingreifens geringer sind als die möglichen Erträge. Unterstützt C niemanden, hat er keine direkten Kosten zu befürchten, allerdings wird der Wert des Privateigentums unsicherer, denn Konflikte sind ein Signal für die relative Instabilität der Eigentumsverhältnisse und unterminieren die Institution „Privateigentum". Der Konflikt zwischen den Parteien A und B führt somit zu einer Externalität[356] – C ist zumindest indirekt betroffen.[357] Unterstützt C den Aggressor A, so hat er ggf. einen direkten Vorteil, aber die Externalität wird er ebenfalls internalisieren müssen.[358] Ob C nun den Aggressor A oder das „Opfer" B unterstützt, hängt von mehreren Faktoren ab, beispielsweise der Anfangsausstattung mit Eigentum und der Bedeutung, die C der Zukunft und damit der Stabilität seines eigenen Eigen-

---

353 Ebd., S. 367-368.
354 Ebd., S. 360.
355 Für dieses Modell siehe Radnitzky (2003), S. 201ff. und Jasay (1997), S. 201-202.
356 Ebd., S. 204.
357 Es handelt sich folglich um eine pekuniäre Externalität, da C keinen direkten Verlust hinnehmen muss, sondern vielmehr eine Abwertung seiner Vermögensgegenstände aufgrund der Erwartungen im Markt hinsichtlich der Sicherheit der Verfügungsrechte.
358 Radnitzky (2003), S. 204.

tums beimisst.[359] Allein durch die Unterstützung des „Opfers" B kann C sich vor der Internalisierung der Externalität schützen.[360] Damit erscheint es aus libertärer Sicht für Sicherheitsagenturen äußerst unattraktiv, sich initiativ an Aggressionen zu beteiligen, und es kann davon ausgegangen werden, dass eine solche Konstellation sehr unwahrscheinlich ist.

Die libertäre Argumentation für private Sicherheitsdienstleistungen behauptet also, dass das staatliche Gewaltmonopol für innere und äußere Sicherheit durch marktwirtschaftliche Unternehmen im Wettbewerb ersetzt werden kann. In den Beziehungen zwischen Unternehmen (Versicherungsunternehmen, Sicherheitsagenturen, Gerichten) und Individuen sowie in der Beziehung zwischen den Unternehmen selbst spielt die Reputation des Unternehmens bzw. des Individuums die entscheidende Rolle.[361] Reputation ist ein Vermögensgegenstand, der nicht leichtfertig aufs Spiel gesetzt wird, da ansonsten die Umsätze schwinden, Mitarbeiter die Unternehmen verlassen, andere Unternehmen ggf. Verträge kündigen, im Falle eines kriminellen Unternehmens dieses selbst zur Rechenschaft gezogen wird, Individuen keine Verträge mehr abschließen können oder dies nur zu höheren Preisen. Es entsteht ein Netz aus Beziehungen, in dem die Reputation die letzte Sanktionsinstanz darstellt – individuelle Vergehen werden geahndet, durch direkte Sanktionen oder durch indirekte Sanktionen wie ökonomischer Verlust. Wird ein Krimineller beispielsweise von seiner Sicherheitsagentur geschützt, so schadet diese sich selbst. Kunden, die bei der Agentur bleiben, schaden wiederum ihrer eigenen Reputation (warum sollte man ihnen als Vertragspartner trauen, wenn sie einer Agentur verbunden bleiben, die wiederum selbst als dubios gilt?), Vertragspartner, die mit Kunden der Agentur Geschäfte machen, werden wiederum kritisch beäugt oder gemieden. Kurz: Reputation sichert Reputation sichert Reputation usw. Diesen Mechanismus wollen wir uns nun genauer anschauen.

3.5 Reputation als Durchsetzungsmechanismus

Beschäftigt man sich nun mit der Durchsetzung der individuellen Freiheitsrechte in einer libertären Anarchie, so kann man nicht davon ausgehen, dass sich die Menschen wie Engel verhalten. Auch Libertäre gehen davon aus, dass es kriminelle Handlungen gibt, Menschen egoistisch und rücksichtslos agieren und Zwangssituationen entstehen können. Das heißt jedoch nicht, dass dies im Hobbesschen Krieg aller gegen alle enden muss. Der Hobbessche Naturzustand fußt auf der Vorstellung (nicht nur) rational egoistischer Individuen, die sich in Dilemmasituationen befinden und unausweichlich in Konflikt miteinander geraten, wenn es keine letzte Instanz wie den Leviathan gibt, der

---

359 Welche einzelnen Faktoren dies sind, ist für die Betrachtung in diesem Kontext nicht ausschlaggebend. Es geht allein um die Frage des Anreizes zur Vermeidung einer Internalisierung der negativen Externalität durch den dritten Akteur.
360 Im nächsten Abschnitt wird auf diese Situationslogik näher eingegangen werden.
361 Reputation ist der Selbstdurchsetzungsmechanismus bei Verträgen. Jede Konvention kann daher durchgesetzt werden, da Verträge zu ihrer Durchsetzung geschlossen werden können. Siehe Jasay (1997), S. 206

den Frieden im Zusammenleben sichert.[362] Libertäre halten nun diese Beschreibung des Naturzustandes für ebenso falsch wie die angebotene Lösung.[363] Anstelle des Leviathans tritt die Durchsetzung (und gewissermaßen gleichzeitig die Festlegung) der individuellen Rechte durch andere Dritte, die im Prozess der Sicherstellung individueller Freiheit eine teilweise offensichtliche, teilweise anonyme, aber dennoch effektive Rolle spielen. Allerdings handelt es sich nicht um einen einzigen bestimmbaren „Dritten", sondern um mehrere, von Problemfall zu Problemfall wechselnde Akteure. Sicherheitsagenturen dienen dem Schutz vor Angriffen, Diebstahl und Vertragsbruch, Gerichte treffen Urteile und schlichten Streit, Kunden stimmen mit ihren Kaufentscheidungen über Qualität und Preise und damit über Erfolg und Nichterfolg der Unternehmen ab, Nachbarn gewähren oder verweigern ihre nachbarschaftlichen Tugenden. Das einzelne Individuum sieht sich also keiner zentralen Letztinstanz gegenüber, es kann frei tun und lassen, was es will, solange es nicht in die „natürlichen" Rechte anderer eingreift, und sollte es dies tun, so wird es sanktioniert, wobei die konkrete Sanktionierung von den Umständen, dem Teilsystem der Gesellschaft, in dem es sich befindet, abhängt.[364] Die erste Vermutung ist, dass sich die libertäre Ordnung also nur geringfügig hinsichtlich der Durchsetzung von Rechten von Staaten unterscheidet, aber die Autonomie des Einzelnen könnte besser geschützt sein, da das Monopol der Rechtsdurchsetzung durch Wettbewerb ersetzt wird.

In alldem spielt die Reputation der einzelnen Individuen und insbesondere der rechts- und sicherheitsrelevanten Unternehmen die entscheidende Rolle. Nach der Beschreibung des theoretisch vorstellbaren libertären Durchsetzungsprozesses im vorigen Abschnitt muss jetzt die Problemsituation der Rechtsdurchsetzung nochmals fundamentaler beschrieben werden. Es geht um den möglichen Konflikt zwischen Individuen im Rahmen von Interaktionen. Da die Reputation als Durchsetzungsmechanismus fungieren soll, ist in einem zweiten Schritt nach den Bedingungen zu fragen, unter denen dies tatsächlich zu erwarten ist. Das ist deswegen von besonderer Bedeutung, da bisher nicht klar ist, warum sich die Individuen an die „natürlichen Rechte", die es aus libertärer Sicht gibt, halten werden, damit der Reputationsmechanismus tatsächlich in der aus libertärer Sicht gewünschten Weise funktionieren kann.

3.5.1 Dilemmasituationen bei Interaktionen

Wenn zwei Individuen A und B freiwillig miteinander in Interaktion treten, kann dies zu Situationen führen, in denen es zum Konflikt zwischen den Beteiligten kommt, obwohl die erwünschte Kooperation zum gegenseitigen Vorteil den Grund für die Interaktion darstellt. Individuen haben individuelle Neigungen und Interessen, deckungsgleiche ge-

---

362 Hobbes (1970/1651), S. 115-116. Seine Beschreibung des Naturzustandes als ein „einsames, kümmerliches, rohes und kurz dauerndes Leben", hängt auch damit zusammen, dass die Individuen aufgrund der Konflikte, die in ihren Leidenschaften angelegt sind, nicht versucht sein werden, ihren Vorteil durch Fleiß zu steigern, da der erzielbare Gewinn unsicher ist. Zum entstehenden sozialen Zwang siehe auch Höffe (1987), S. 328-331 und zur Verallgemeinerung als Dilemmasituationen siehe Homann und Suchanek (2000), S. 405ff.
363 Hoppe (2003a), S. 335-337.
364 Siehe Luhmann (2000), S. 44-45.

meinsame Interessen können allerdings nicht prinzipiell unterstellt werden. Allerdings setzt die auf Kooperation angelegte Interaktion in der Regel zumindest ein gemeinsames Grundinteresse voraus, damit die Interaktion überhaupt stattfinden kann.[365] Es wird angenommen, dass die beiden Individuen teilweise divergierende Interessen haben, jedes Individuum will sich am besten stellen; beide Individuen sind rational und haben über die Situation perfekte Information. Dabei kann es nun passieren, dass sich nicht-kooperatives Verhalten aus individueller Sicht als lohnend herausstellt. Beispielsweise kann es für ein Individuum vorteilhaft sein, im Geschäftsleben Bestellungen aufzugeben, aber nicht zu bezahlen, sofern eine Sanktion unwahrscheinlich ist und man nicht belangt werden kann. Umgekehrt stellt dies aber für die jeweilige Gegenseite ein identisches Problem dar, denn bezahlt zu werden ohne zu liefern ist attraktiv. Dieses Dilemma lässt sich verallgemeinert darstellen:[366]

Spieler A

		Kooperieren	Defektieren
	Kooperieren	K_B, K_A	S_B, W_A
Spieler B	Defektieren	W_B, S_A	D_B, D_A

Für jeden Spieler (jedes Individuum) i, im Beispiel mit i = A, B, gilt für die Auszahlungen im obigen symmetrischen Gefangenendilemma:

$$W_i > K_i > D_i > S_i$$

Es liegt im Interesse aller Individuen i, die ihre Auszahlungen maximieren, bei antizipierter Kooperation und Defektion des Interaktionspartners zu defektieren. Da dies symmetrisch für beide Spieler gilt,[367] entsteht eine Situation, in der beide Spieler die

---

365 Man kann vor allem Tauschgeschäfte als Beispiele betrachten. Es gibt jedoch ebenso häufig Situationen, in denen die Interaktion ungeplant aber aufgrund der Situation unvermeidbar ist.
366 Zum Gefangendilemma ursprünglich: siehe Luce und Raiffa (1957). Das Gefangendilemma ist ein klassisches Beispiel aus der nicht-kooperativen Spieltheorie. Die individuellen Nutzenfunktionen der Spieler sind ebenso wie ihre Präferenzen in den Auszahlungen abgebildet, die Teil der Spielregeln sind. Die Spielregeln geben also alle Variablen wieder, die nicht der Wahl der einzelnen Spieler unterliegen, ihnen aber vollständig bekannt sind. Damit wird systematisch auf die Interaktionslogik abgestellt. Die obige Abbildung stellt die Normalform des Gefangenendilemmas dar, bei dem die Strategien durch die Spieler simultan gewählt werden. Strategien sind Verhaltenspläne, die seitens der Spieler für jede Situation eine Entscheidung vorsehen. Siehe allgemein zur Spieltheorie im Zusammenhang mit Rechtsordnungen Dixit (2004).
367 Die Möglichkeit abweichenden, nicht-kooperativen Verhaltens, ist in diesem Kontext idealisiert. Abweichung kann auch bedeuten, dass nur bestimmten Teilen einer Vereinbarung nicht entsprochen wird, oder das es bei der Einhaltung von Bestimmungen zwar korrekt, in der Art und Weise aber entgegen aller gültigen Konventionen geschieht. Defektion ist nicht identisch mit einer binären

Auszahlung D erhalten. Die Lösung (D, D) ist zwar ineffizient, aber wie es scheint unvermeidbar.[368]

Für den Vertragsabschluß und die Vertragsdurchsetzung gibt es daher in Dilemmasituationen a priori keine endogene Lösung. Bezogen auf den Markt für Sicherheitsdienstleistungen, der als Substitut für den Staat hier besonders interessiert, heißt dies, dass
Konflikte unausweichlich sind, denn eine Einigung ist von rationalen Individuen in
Gefangenendilemmasituationen ja nicht zu erwarten.[369] Der Hobbessche Naturzustand
ist wahrscheinlich. Nun ist ein solcher konfliktreicher Naturzustand zu wenig „realistisch". Weder ist das „Marktspiel" nur einmalig, noch interagieren nur zwei Spieler
miteinander – beide Annahmen sind problematisch verkürzt. Es reicht also nicht, die
Anreize der einzelnen Situation zu betrachten, es geht um die Anreize in einem längeren
Zeitraum und in einem größeren Kontext einschließlich der Beobachtbarkeit durch
Dritte. Libertäre argumentieren, dass die Reputation der wesentliche Mechanismus ist,
der den Wettbewerb zur Geltung bringt. Wie lassen sich also Dilemmasituationen be-
wältigen?

Fall 1: Direkte Reziprozität:

Zunächst einmal sei zur Diskussion das Beispiel eines Arbeitsvertrages aus Sicht des Arbeitnehmers betrachtet. In einem einmaligen Spiel hat der Arbeitnehmer die Möglichkeit, dem Vertragsangebot eines Arbeitgebers zuzustimmen.[370] Er erhält einen Vertrag,
der für einen bestimmten Arbeitseinsatz einen Lohn vorsieht, den er nach Erfüllung
der erwarteten Arbeitsleistung erhält. Der Arbeitnehmer nimmt also das Angebot an,
arbeitet wie es im Vertrag (eventuell sehr allgemein) von ihm erwartet wird und sieht
sich schließlich damit konfrontiert, dass der Arbeitgeber den Lohn nicht bezahlt. Da

---

Entscheidung, sondern enthält auch unbenannte Feinheiten. Die Stilisierung im Modell ermöglicht
allerdings die Betrachtung der systematischen Problematik von Interaktionsbeziehungen. Siehe Dixit
(2004), S. 18.
368 Das sogenannte Nash-Gleichgewicht ist hier deshalb ineffizient, weil eine Pareto-superiore Lösung vorhanden ist: beide Individuen können sich mit (K, K) besserstellen. Als Nash-Gleichgewicht
gilt eine Voraussage über das Ergebnis des Spiels, das stabil ist; dabei sind die Strategien der einzelnen
Spieler beste Antworten auf die Strategie des jeweils anderen.
369 Nida-Rümelin (2000), S. 98, weist auf einen kritischen Punkt hin. Im Gefangenendilemma
ist die Situation vollständig in den Spielregeln erfaßt, die Auszahlungen stellen die möglichen Nut-
zenkalküle unter den gegebenen Bedingungen der Spielregeln dar (damit sind auch die Präferenzen
abgebildet). Da nun jeder Spieler die Situation kennt, und weiß, dass dies dem anderen Spieler
ebenfalls bekannt ist (Symmetrie), führt das Gefangenendilemma angeblich in die kollektive Falle.
Aber warum sollten die Spieler nicht weiterdenken? Wenn jeder weiß, dass der andere in der gleichen
Situation ist, und wenn alle Auszahlungen bekannt sind (aufgrund der Symmetrie), warum sollten
die Spieler nicht doch zur kooperativen Lösung finden, wissend, dass sie sonst in die „Falle" tappen?
Das Argument erscheint plausibel. Allerdings bleibt das Problem des Gefangenendilemmas erhalten,
denn die kooperative Lösung kann ja nicht sichergestellt werden, wenn die Spieler die Überlegungen
erweitern. Vor allem aber ist es nicht klar, ob es sich noch um das Modell des Gefangenendilemmas
handelt, wenn so räsoniert wird. Ebd., S. 102. Defektion als Vorhersage des Modells mag empirisch
gesehen weniger deterministisch ausfallen, aber deswegen kann sie nicht ausgeschlossen werden. In
gewisser Hinsicht stellt das „Weiterdenken" ein Argument dar, das analog ist zu einer Aufgabe der
Annahme eines nur einmaligen Spiels. Dazu mehr im Text.
370 Eine Darstellung dieser Situation findet sich bei Kreps (1990b), S. 67.

der Arbeitnehmer allerdings diese ex post-Ausbeutungsmöglichkeit des Arbeitgebers antizipiert, kommt der Vertrag gar nicht erst zustande.[371] Wie für Dilemmasituationen typisch, kann ein wechselseitig vorteilhaftes Ergebnis nicht erzielt werden, da die Anreize für die rationalen Akteure eine kooperative Lösung nicht ermöglichen. Gibt man nun die Annahme auf, es handele sich um ein einmaliges Spiel, so verändert dies die Situation. Es gibt dafür zwei Möglichkeiten. Die Situation ist entweder endlich oft oder unendlich oft zu wiederholen. Jeder Partner hat die Möglichkeit, in späteren Runden Konsequenzen aus dem Verhalten des anderen Spielers zu ziehen, und ihn zu bestrafen. In endlich oft wiederholten Situationen ist es daher rational, in der letzten Runde abzuweichen und nicht zu kooperieren; für beide Parteien ist dies aber leicht zu antizipieren, und wenn sich die Defektion in der letzten Runde lohnt, so wird auch in der Runde davor defektiert: am Ende bleibt in jeder Runde das Ausbeutungsproblem erhalten.[372] In unendlich wiederholten Runden besteht dieses Problem nicht grundsätzlich, denn die Möglichkeit zur Sanktion in einer Folgerunde bleibt bestehen; die Beteiligten benötigen aber ein ausreichend großes Interesse an zukünftigen Wiederholungen des Spiels, um nicht doch zu defektieren.[373] Der Grund hierfür liegt in der Bedeutung, die der Zukunft beigemessen wird, denn „wechselseitige Kooperation kann stabil sein relativ zur Gegenwart, wenn die Zukunft hinreichend wichtig ist."[374] Je länger die Interaktion andauert, desto eher gilt den Akteuren eine Sanktion durch andere als bedrohend und damit abschreckend. Durch die Wiederholungen, bei denen die Akteure aufeinander treffen, kann also ein selbstdurchsetzender Mechanismus in Kraft treten. Es gibt dabei unendlich viele Strategien, die in unendlich wiederholten Spielen gewählt werden können.[375]

Im Ausgangsbeispiel haben Arbeitnehmer und Arbeitgeber einen Vertrag geschlossen, von dem allerdings nicht erwartet werden kann, dass er alle möglichen zukünftigen Situationen und Zustände genau spezifiziert, denn perfekte Vorhersehbarkeit der Zukunft ist unmöglich. Aber durch die Langfristigkeit der Beziehung können die unbekannten zukünftigen Zustände dennoch reguliert werden, da beide Seiten auf die Anpassung des Verhaltens des anderen (durch Bestrafung) reagieren können. Der unvollständige

---

371 Dieses Gefangenendilemma ist einseitig, da es nur dem Arbeitgeber einen zusätzlichen Vorteil durch Defektion ermöglicht. Siehe Dixit (2004), S. 16. Allerdings besteht auch die umgekehrte Möglichkeit, die für die Gestaltung von Anreizverträgen interessant ist („moral hazard" Risiko). Denn der Arbeitnehmer kann ebenso seine Leistung reduzieren bzw. verschleiern, so dass es für den Arbeitgeber nicht immer ersichtlich ist, ob der Vertrag erfüllt wurde. Für die folgende Diskussion ist es unerheblich, welche Seite die „ausbeutende" ist. Es geht vielmehr nur um die Anreize der Akteure, wenn wiederholte Begegnungen wahrscheinlich sind.
372 Kreps und Wilson (1982) zeigen, dass es auch hier Ausnahmen von der angenommenen Regel gibt.
373 Kreps (1990a), S. 102. Wenn die Zukunft weniger bedeutend ist (d.h. der Diskontsatz groß ist), so hat ein Spieler einen Anreiz, früher zu defektieren. Ein zweiter Parameter ist der Gewinn durch Defektieren. Ist dieser in frühen Perioden hoch, so muss der abdiskontierte zukünftige Gewinn höher sein, damit sich eine Abweichung in früheren Perioden nicht lohnt.
374 Axelrod (1987), S. 113.
375 Das sogenannte Folk theorem besagt nun, dass die Gleichgewichtsstrategien, die von den Spielern durchgehalten werden können, Auszahlungen haben müssen, die über den erwarteten Auszahlungen liegen, die andere durch ihre Reaktionen im schlimmsten Fall auf den betrachteten Spieler abwälzen können. Siehe Kreps (1990a), S. 102.

Vertrag braucht weder eine vollständige Ausformulierung noch einen externen Durchsetzungsmechanismus – die kooperative Lösung kann durch die Wiederholung gewährleistet werden, die Transaktionskosten der Vertragsspezifizierung und insbesondere der Durchsetzung können vollständig vermieden werden.[376] Allerdings ist die kooperative Lösung keine Notwendigkeit, sie ist möglich, aber andere Gleichgewichtsstrategien sind ebenso denkbar. Die Auswahl der Strategie ist entscheidend, wobei die „freundliche" Strategie „Tit for tat" erfolgreich zu sein scheint und sich gegen andere Strategien behaupten kann.[377] Die Spieler reagieren dabei in jeder Folgerunde des Spiels analog der Verhaltensweise ihrer Interaktionspartner. Fälle direkter Reziprozität erscheinen somit als prinzipiell lösbar auch ohne externe Ordnungsinstanz.

Fall 2: Indirekte Reziprozität

Für den Reputationsmechanismus, der für die libertäre Wettbewerbsordnung so bedeutend ist, ist nun entscheidend, dass er auch ohne unendlich oft wiederholte oder zumindest sehr häufige direkte Interaktionen auskommt, sofern die Zukunft für die Beteiligten ausreichend bedeutsam bleibt. Ob es sich um einen Vertrag zwischen Sicherheitsagenturen und ihren Kunden oder um das Verhältnis zwischen Arbeitnehmer und Arbeitgeber handelt, ist per se nicht wichtig. Gibt man die zweite vorher genannte Annahme von nur zwei beteiligten Parteien auf, verändert sich die Situation entscheidend: man hat es mit Situationen indirekter Reziprozität zu tun, in denen das individuelle Verhalten nicht nur für den direkten Tauschpartner, sondern auch für andere Relevanz erlangt. In jedem paarweisen Zusammentreffen besteht die grundsätzliche Gefahr einer unkooperativen Lösung, wie sie durch das Gefangenendilemma beschrieben wird. Aber alle anderen Marktteilnehmer können nun als mögliche zukünftige Vertragspartner die Rolle des Sanktionierenden übernehmen. Die „Dritten" unterstreichen insofern die Rolle des „Schattens der Zukunft", da sie als potentielle Tauschpartner ein Interesse an der Beobachtung anderer Marktteilnehmer haben und eben nicht als unwissendes Substitut dem opportunistischen Defektierer nach unkooperativen Tauschgeschäften dienen können. Ob Arbeitgeber oder Sicherheitsagentur oder individueller Kunde, die Reputation entscheidet über zukünftige Vertragsabschlüsse und damit bei bestehenden Verträgen auch über deren Durchsetzung. Vertrauen kann sich aufgrund vergangenen Verhaltens bilden, wie dies exemplarisch durch Greif für nordafrikanische Händler im 11. Jahrhundert nachgewiesen wurde.[378] Die libertäre Idee, dass Verträge selbstdurchsetzend sind und auf den Staat verzichtet werden kann, erscheint somit äußerst plausibel. Die im Zusammenhang mit dem Ausgangsbeispiel erwähnte kritische Vermutung, dass Verträge aufgrund von Informationsasymmetrien oder mangelnder Spezifizierung

---

376 Kreps (1990a), S. 103.
377 Axelrod (1987), S. 52. Eine Bedingung ist die Höhe des Diskontparameters; je stärker die Zukunft in die Gegenwart hineinwirkt, weil die Handelnden der Zukunft hohe Bedeutung zumessen, desto eher ist die Strategie „Tit for tat" stabil. Axelrod spricht vom „Schatten der Zukunft".
378 Greif (1993), S. 544.

scheitern müssen, hat sich dabei als voreilig erweisen.[379] Damit der Reputationsmechanismus jedoch wirken kann, müssen bestimmte Bedingungen erfüllt sein. Dazu im Folgenden mehr.

3.5.2 Reputationsbedingungen – Beobachtbarkeit und Gruppengröße

Eine Annahme, die bisher stillschweigend gemacht wurde, war, dass die unbeteiligten Dritten eines bilateralen Geschäfts über perfekte Information hinsichtlich des Verhaltens der handelnden Akteure verfügen können. Das ist nicht der Fall – weder verfügen sie automatisch über die Information, noch ist diese immer vollständig. Kann der Reputationsmechanismus daher – wie aus libertärer Sicht behauptet – aufrechterhalten werden, wenn sich die Bedingungen verändern? Die Beobachtbarkeit ist schließlich nicht nur eine Frage, die die betroffenen Vertragspartner angeht; damit der Reputationsmechanismus funktionieren kann, müssen auch die potentiellen Vertragspartner über die Geschehnisse Klarheit haben.[380] Wenn, wie im einfachen Modellansatz in Abschnitt 3.4, das Individuum A Individuum B schädigt, muss Individuum C darüber informiert sein. Nun kann es für die geschädigte Partei lohnend sein, alle anderen zu informieren, um für zukünftige Interaktionen ein Druckmittel zu erhalten. Denn der Defektierer hat dann Schwierigkeiten, mit allen anderen ins Geschäft zu kommen. Da er dies antizipiert, kann der Reputationsmechanismus funktionieren, ohne dass tatsächlich die Information durch den potentiell Geschädigten verbreitet werden muss.[381] Ebenso hat die zunächst unbeteiligte Partei ein Interesse, über zukünftige Interaktionspartner Informationen zu erhalten; dieser Anreiz ist um so größer, je wichtiger ein möglicher Vertrag eingeschätzt wird (Hochkostensituationen), und je niedriger die Transaktionskosten der Informationsbeschaffung sind.[382]

Die Transaktionskosten hängen nun von der Informationstechnologie und den Kontaktmöglichkeiten zwischen den Gruppenmitgliedern ab.[383] Mit Informationstechnologien sinken die Kosten der Informationsbereitstellung ebenso wie die der Informationsbeschaffung. Entscheidender dürfte hingegen vor allem die Gruppengröße sein.

---

379 Das heißt nicht, dass sie nicht doch scheitern können. Siehe Stiglitz (2002), S. 478. Wenn allerdings ein wechselseitig vorteilhaftes Geschäft nicht zustande kommt, bedeutet dies nicht zwangsläufig, dass daraus ein normativer Anspruch abgeleitet werden kann, notwendigerweise auf den Staat zurückzugreifen. Der Zusammenbruch von Märkten aufgrund der Unsicherheit bei Informationsasymmetrien ist ja auch durch einen Staat nicht immer behebbar.
380 Beobachtbarkeit meint in diesem Zusammenhang die Information über die Frage, ob Kooperation erfolgt ist oder nicht. Die Beobachtung der konkreten Handlungen und deren Bewertung wird weiter unten diskutiert.
381 Daraus folgt auch, dass es vor allem um die Verbreitung von Informationen geht, die der Sanktionierung dienen, also tendenziell negativer Informationen. Informationsverbreitung aber kostet. Bei positiv erfolgten Transaktionen wäre diese unnütz; bei einer erfolgten Schädigung jedoch kann sich der Geschädigte eine Reputation erwerben, die zumindest indirekt durch die Verbreitung der Information sanktioniert. Allerdings lässt sich dem entgegenhalten, dass es von der Einschätzung der Glaubwürdigkeit der Information abhängig ist, ob sie verbreitet wird. Der Geschädigte kann bei unzureichender Beweislage auch abgehalten sein, die Information publik zu machen – ansonsten kann er Dritten als unglaubwürdig gelten und verliert Vertrauen.
382 Milgrom, North, und Weingast (1997), S. 265.
383 Dixit (2004), S. 64.

In Dilemmasituationen haben wir es nicht mit wenigen, sondern wie in modernen Massengesellschaften mit äußerst vielen Menschen zu tun, die in Interaktionen (insbesondere in bilateralen) aufeinander treffen können.[384] Eine Aussage zu den erwartbaren Transaktionskosten der Informationsbeschaffung hängt also besonders von der Größe der betrachteten Gruppe ab. Mit steigender Gruppengröße werden die Informationsprobleme größer.[385] Die Kosten der Informationsbeschaffung steigen mit der Anzahl der wechselnden Interaktionspartner ebenso wie die Kosten der „Buchführung" über diese. Ohne eine solche „Buchführung" ist insbesondere die mögliche Durchsetzung der Verträge vor Gerichten nicht möglich. Die Verifizierbarkeit von Verträgen vor (auch libertären) Gerichten und anderen Dritten ist eine eigenständige Problematik, die in diesem Zusammenhang des Reputationsmechanismus keine weitere Rolle spielen soll.[386] Dies liegt daran, dass das Problem – vorläufig – eben durch Reputation gelöst werden kann, solange die betroffenen Parteien auch zukünftig miteinander interagieren. Damit ist die Reputationswirkung aber wieder auf die bilateralen Vertragspartner zurückgeworfen. Es ist folglich zu erwarten, dass größere Gruppen, spieltheoretisch gesprochen, eher anfällig sind für das Eindringen von Strategien, die „unfreundlich" sind.[387] Denn die Gruppengröße bedeutet abnehmende Beobachtbarkeit und damit eine Anfälligkeit für defektierendes Verhalten. Es ist leichter, Tauschpartner zu substituieren, weil die Reputationswirkung zur Vertragsdurchsetzung geschwächt ist.[388] Das impliziert folgendes: eine große Gruppe führt dazu, dass die Durchsetzung von Verträgen mittels Reputation und aufgrund von Transaktionskosten sehr schwierig, aber nicht unmöglich wird. Reziprozitätsnormen können daher in kleineren Gemeinschaften leichter durchgesetzt werden.[389] Es ist nur folgerichtig, dass Libertäre insofern kleinere Gemeinschaften als idealtypisch erachten, so Hoppe, dessen Konzeption von „Hunderttausenden freier Städte" geprägt ist.[390] Dabei können sich auch industriespezifische oder funktional ausgerichtete Gruppen, deren Mitglieder zugleich Regelungsadressaten sind, gegenseitig leichter kontrollieren, selbst wenn sie zahlenmäßig eine recht große Gruppe darstellen sollten.[391]

---

384 Dass es auch in großen Gruppen um bilaterale Konstellationen geht, ist genau der relevante Punkt der Idee der Reputation als Durchsetzungsmechanismus. Alle anderen „Dritten" übernehmen die Rolle der Durchsetzer der geltenden Verhaltensnormen.
385 Das führt dazu, dass die Menge der verfügbaren Information über mögliche Interaktionspartner sehr schnell steigt und damit zu einem Problem der Informationsüberflutung führen könnte. Siehe Dixit (2004), S. 69.
386 Siehe hierzu Dixit (2004) und Kreps (1990a).
387 Bergh und Engseld (2005), S. 12.
388 Die Gruppengröße hat aber auch Vorteile. Jedes Individuum kann seine komparativen Vorteile besser nutzen, wenn es auf Tauschpartner stößt, die andere Fähigkeiten haben. In kleinen Gruppen kann die individuelle Spezialisierung dazu führen, dass hohen Kosten der Spezialisierung keine Gewinne gegenüberstehen; die anderen Tauschpartner versprechen eine bestimmte Verhaltensweise, die sie nicht einhalten, und beuten dann die spezialisierten Tauschpartner aus. Ein Beispiel ist die Bereitstellung spezifischer Produktionskapazitäten seitens eines Lieferanten, der dann von seinem Kunden „im Stich" gelassen wird. Dieses „hold-up"-Problem kann nun einerseits durch vertragliche Regelungen, andererseits aber auch durch die Gruppengröße gelöst werden. In großen Gruppen ist eine individuelle Spezialisierung weniger gefährlich, denn das Ausbeutungsrisiko sinkt mit der steigenden Wahrscheinlichkeit einen passenden Tauschpartner zu finden: Es wird leichter Tauschpartner zu substituieren. Siehe Kliemt (1994), S. 20.
389 Axelrod (1987), S. 54.
390 Hoppe (2003b), S. 440.
391 Friedman (2005), Kapitel: „The Logic of Reputational Enforcement".

Dies ist auch einer der Kritikpunkte von Jasay, der die große Gruppe als Summe von Kleingruppen beschreibt. Gerade weil sich die Interaktionspartner nicht alle in ein und demselben Spiel befinden, könne das Argument einer großen Gruppe nicht aufrechterhalten werden.[392] Dies ist insofern nicht ganz zutreffend, als dass Reputation vor allem durch einen spill-over-Effekt gekennzeichnet ist: zukünftige Vertragspartner wollen über die Verläßlichkeit eines anderen informiert sein, auch wenn dieser bisher in anderen Spielen beteiligt war (man denke beispielsweise an Einwanderer oder an Wohnortwechsler). Allerdings ist das Problem der Gruppengröße bei indirekter Reziprozität in der Tat geringer als die erste Vermutung nahe legen würde, sofern, wie Jasay argumentiert, es sich um homogene Gruppen handelt, in denen der Informationsaustausch leichter möglich ist und es sich um kontinuierliche Beziehungen handelt, die ein Motiv für die kooperative Verhaltensweise enthalten: den „Schatten der Zukunft". Dennoch steigen ceteris paribus die Transaktionskosten der Vertragsanbahnung und ex post der Vertragsdurchsetzung mit der Gruppengröße; und mit steigenden Transaktionskosten wird die Vertragsdurchsetzung durch Reputation schwächer, ohne jedoch dem Mechanismus als solchen notwendigerweise zu gefährden.[393]

Nun könnten private Organisationen und Unternehmen die Aufgabe der Informationsbereitstellung übernehmen, denn schließlich scheint dies ein attraktives Geschäft zu sein (wie beispielsweise bei Ratingagenturen).[394] Wenn die jeweils paarweisen, bilateralen Beziehungen zwischen allen Mitgliedern einer gegebenen Gemeinschaft ersetzt werden könnten durch eine einzige bilaterale Beziehung zwischen einem Informationsintermediär und allen Individuen, dann könnte die Langfristigkeit der Beziehung wieder zu einer Lösung führen, falls die Zukunft ausreichend bedeutsam ist. Allerdings: wir müssen auch in diesen Märkten mit Wettbewerb rechnen. Damit sinkt allerdings die Überlebenswahrscheinlichkeit eines Informationsanbieters, und dies kann unter Umständen genau zum Ausgangsproblem der Abweichung von Verträgen – insbesondere in Situationen mit hohen Gewinnmöglichkeiten – zurückführen.[395] Der springende Punkt hierbei ist der Wettbewerb: auch Unternehmen, die auf den ersten Blick als vermittelnde Dritte auftreten könnten, einschließlich der Sicherheitsagenturen und Gerichte, stehen untereinander im Wettbewerb. Auch für sie ist der Reputationsmechanismus als Durchsetzungsmittel der Kooperationsbereitschaft relevant.

Die Reputation als Durchsetzungsmechanismus bleibt daher der einzige, letzte Durchsetzungsmechanismus in einer libertär-anarchistischen Ordnung. Es geht also um die Fragen nach den Bedingungen, die den Reputationsmechanismus zur Geltung bringen können, sofern die Information der Marktteilnehmer vorhanden ist. Für die Informationsverbreitung und Informationsbeschaffung ist es außerdem notwendig, zu klären, welche Informationen für die Beteiligten relevant sind. Bei der Durchsetzung der Verträge geht es um die Vertragserfüllung. Insofern ist es offensichtlich, dass es vor allem um

---

392 Jasay (1997), S. 207.
393 Vanberg, V. und J.M. Buchanan (1988), S. 152-153.
394 Dixit (2004), S. 98.
395 Ebd., S. 107. Beispielsweise kann dies geschehen durch das Ausnutzen der beiden Interaktionspartner, die dem Informationsdienstleister vertrauen müssen, da sie sich untereinander nicht vertrauen können – der Grund, weshalb sie die Dienstleistung überhaupt erst in Anspruch nehmen.

die beobachtbare Nicht-Erfüllung des Vertrages geht, um dann gegebenenfalls sanktionieren zu können. Vielleicht wissen jedoch weder die direkten Vertragspartner noch die zunächst unbeteiligten Dritten vollständig, was der Vertrag beinhaltet (die Vertragspartner zum Beispiel aufgrund nicht spezifizierter Kontingenzen). Nun kann dies umgangen werden, in dem andere, leicht beobachtbare Variablen als Indikatoren herangezogen werden, auch wenn sie keine perfekte Beobachtbarkeit der Handlungen erlauben.[396] Da diese Variablen aber selbst nicht optimal gestalt- und beobachtbar sind, bleiben Grauzonen erhalten, aber sie führen nicht zu einem systematischen Scheitern des Reputationsmechanismus.

3.6   Bilanz und Folgerungen

Wir können nun einige vorläufige Bemerkungen zur Funktionsfähigkeit einer anarcholiberalen Ordnung machen. Wie diskutiert, setzen Libertäre darauf, das staatliche Gewaltmonopol durch Wettbewerb zu ersetzen. Entgegen ersten skeptischen Vermutungen hat sich herausgestellt, dass ein privatisierter Sicherheitsmarkt nicht völlig unplausibel ist. Unternehmen wollen Kosten in Form gewalttätiger Auseinandersetzungen vermeiden, ihre Anreize wirken darauf hin, friedliche Konfliktlösungen zu bevorzugen, ähnlich dem merkantilen Recht oder aktueller Konfliktlösungsmechanismen bei grenzüberschreitendem Handel von Unternehmen. Der Mechanismus, der zur Stabilität und zum Funktionieren des privaten Sicherheitsmarktes beiträgt, ist die Reputation der Akteure. Dass die Reputation als Durchsetzungsmechanismus funktionieren kann, dass Verträge somit selbstdurchsetzend sein können, hat die Analyse bisher vorläufig bestätigt.

Im Folgenden geht es nun um eine Erweiterung. Sollte sich zeigen, dass Kollektivgüter grundsätzlich problemlos privat „produziert" werden können, so gäbe es ein weiteres – ansonsten für die Wünschbarkeit des Staates in Anspruch genommenes – Argument für die Funktionsfähigkeit der geordneten Anarchie.

---

396 Kreps (1990a), S. 115.

4 Die libertäre Kritik: Kollektivgüter und der Staat

4.1 Vorbemerkung

Zu Beginn des letzten Kapitels haben wir die Wünschbarkeit libertärer Eigentumsnormen unterstellt und gefragt, ob eine Durchsetzung dieser Normen im Rahmen eines
privaten Sicherheitsmarktes plausibel und möglich erscheint. Wir wenden uns daher
der Frage zu, ob die Individuen in der geordneten Anarchie auch in der Lage sind,
Kollektivgüter bereitzustellen. Ist dies nicht der Fall, so könnte die Bereitstellung von
Kollektivgütern auch ein Argument für die Notwendigkeit des Staates darstellen.[397] In
der folgenden Diskussion geht es dabei zunächst einmal um eine grundlegende Betrachtung der Kollektivgutproblematik an sich. Wir beginnen mit der Analyse der Kriterien,
nach denen ein Gut als Kollektivgut gelten kann und wenden uns dann als nächstes der
kritischen Diskussion der Marktversagenstheorie seitens libertärer Theoretiker zu.

Dem folgt eine Verallgemeinerung der libertären Kritik am Staat. Diese wird jedoch am
Ende des Kapitels selbst hinterfragt. Wenn die Individuen – so die These – dem Staat
und seinen Institutionen grundsätzlich ihre Zustimmung erteilt haben, wäre die legitimationstheoretische Kritik der Libertären am Staat hinfällig.

4.2 Kollektivgüter als ein Aspekt des Marktversagens

Während Güter im Allgemeinen privat produziert, gehandelt und konsumiert werden,
scheint es Kollektivgüter zu geben, bei denen der Zusammenhang zwischen individuellen Kosten und individuellem Nutzen aufgehoben ist, dann nämlich, wenn man in
den Genuss eines Gutes kommen kann, ohne dafür bezahlen zu müssen. Auf welche
Güter sich dies erstreckt, oder welche genaueren Spezifikationen nötig sind, um diese
Güter von privaten Gütern zu unterscheiden, ist für die momentane Problemexposition
sekundär. Wir können zu Beginn vor allem konstatieren, dass sich dieses Problem als
das bereits diskutierte Gefangenendilemma (auch in Form wiederholter Spiele mit n
Spielern) darstellen lässt.[398] Unter der Annahme eines gemeinsamen Interesses der Individuen an einer Bereitstellung eines Kollektivgutes X können wir vermuten, dass es
für jedes einzelne Individuum rational ist, sich den Kosten zur Bereitstellung des Gutes
zu entziehen, wenn andere zur Finanzierung beitragen. Solange die Individuen in den
Genuss des Gutes kommen, haben sie einen Anreiz, sich als Trittbrettfahrer der eigenen
Kostenbeteiligung zu entziehen. Die Vorhersage des Gefangenendilemmas ist nun, dass
alle Individuen, die rational handeln, auf die Erbringung von Beiträgen verzichten, und

---

397 Kollektivgüter werden in der ökonomischen Literatur auch als „Öffentliche Güter" bezeichnet. Siehe Blankart (1998), Kapitel 4 sowie Samuelson (1954) und Bator (1958) und Blümel u.a.
(1986). Wir verwenden den Begriff der Kollektivgüter, da bei „öffentlichen Gütern" der Eindruck
einer notwendigerweise staatlichen Bereitstellung mitschwingt: Was ein öffentliches Gut sein soll,
wird öffentlich entschieden. Dieser Aspekt wird zwar noch eine Rolle spielen, aber die Idee der
Kollektivgüter (und allgemein des kollektiven Handelns) ist zunächst einmal eine in der Rationalität
eigeninteressierter Akteure begründete Problematik fernab des Staates.
398 So zum Beispiel auch Sugden (1986), S. 132 ff. oder Hardin (1985).

das Kollektivgut, obwohl gewünscht, nicht erbracht werden kann. Ein Beispiel ist ein küstennahes Dorf, das durch einen Deich vor Überflutungen geschützt werden könnte. Der Deich könnte für einen Einzelnen zu teuer sein, so dass er die Kosten der Bereitstellung nicht tragen kann (und wenn er könnte, ggf. nicht will), solange nicht die anderen Dorfbewohner sich ebenfalls an der Finanzierung beteiligen, da sie auch von der Errichtung des Deiches profitieren.[399]

Kontrastieren wir dies mit dem Fall normaler „privater" Güter. Hier gilt unter gegebenen Annahmen: auf perfekten Wettbewerbsmärkten ist im Gleichgewicht der Marktpreis identisch mit den Grenzkosten des Produzenten und dem Grenznutzen des Konsumenten.[400] Je nach Nutzenfunktion der Individuen stellen sich die individuellen Unterschiede als Mengenunterschiede im Konsum dar. Während die Produzenten einen Preis oberhalb ihrer Grenzkosten erzielen wollen, haben die Konsumenten ein Interesse an einem Preis unterhalb ihres jeweiligen Grenznutzens. Der Wettbewerb um knappe Güter führt nun zum Entstehen eines Gleichgewichtspreises, da jeder Produzent seine Wettbewerber unterbieten kann, um seine gesamte produzierte Menge abzusetzen, während umgekehrt jeder Konsument versuchen sein wird, andere Konsumenten maximal bis zum Erreichen seines Grenznutzens zu überbieten.[401] Bei Kollektivgütern hingegen konsumieren die Individuen die gleiche Menge, während ihr marginaler Nutzen aus diesem Konsum nicht identisch ist (sie haben unterschiedliche Nutzenfunktionen) und die Ausgaben, die nötig sind, um das Gut bereitzustellen, der Summe aller Grenznutzen entsprechen müssen.[402] Während also auf Märkten für private Güter die „unsichtbare Hand" des Eigeninteresses von Konsumenten und Produzenten dazu führt, dass das ökonomische Optimum erreicht wird, scheitert der Markt bei der Bereitstellung von Kollektivgütern.[403] Das Kollektivgut ist für alle nützlich, aber jedes Individuum betrachtet nur seine individuelle Zahlungsbereitschaft für den individuellen Nutzen aus dem Kollektivgut. Gemessen am Preis führt dies zur Unterausstattung mit dem

---

399 Die Idee geht auf Hume (1967/1740), S. 538 zurück, der als Beispiel für das Trittbrettfahren die Trockenlegung einer Weide betrachtet, was bei einer Vielzahl von Betroffenen zu keinem Ergebnis führt.

400 Vgl. allgemein einschließlich der Annahmen und erforderlichen Bedingungen: Varian (1993).

401 Die Idee des hier beschriebenen partiellen Gleichgewichts der Neoklassik verzichtet eigentlich auf eine Beschreibung des Prozesses: da jedes rationale Individuum die Situation durchschaut, sind für Konsumenten nur Gebote in Höhe ihrer marginalen Zahlungsbereitschaft zu erwarten, das Gleichgewicht stellt sich sozusagen automatisch ein.

402 Dies gilt unter der Bedingung einer effizienten Bereitstellung des Kollektivgutes, siehe Blümel u.a. (1986), S. 260. Siehe auch Ballard und Fullerton (1992), S. 117 sowie allgemein Samuelson (1954).

403 Zur Frage der Optimalität siehe die Diskussion bei Blaug (1996), S. 573-574. Vereinfacht gesprochen gilt eine Situation dann als optimal, wenn niemand besser gestellt werden kann ohne jemand anderes schlechter zu stellen. Dies wird als Pareto-Effizienz oder Pareto-Optimum bezeichnet. Damit ist allerdings nichts über die Legitimität der Ausgangssituation gesagt. Auch lässt sich nicht ausschließen, dass Verbesserungen möglich sind, selbst wenn nach Veränderungen einzelne Individuen schlechter gestellt würden. Dies ist gemäß Hicks und Kaldor dann als Wohlfahrtsverbesserung zu betrachten, wenn die Schlechtergestellten kompensiert werden können, sofern insgesamt eine Steigerung der gesamten Wohlfahrt möglich ist. Für manche Situationen ermöglicht das Pareto-Kriterium auf jeden Fall eine klare Aussage über Wohlfahrtsverbesserungen – dann, wenn jeder zustimmen kann (weil die Schlechterstellung eines Einzelnen ja nicht „erlaubt" ist). Für Rothbard und andere Libertäre ist dies bei Markttransaktionen immer gegeben.

Gut, wenn nicht alle Individuen in Höhe ihrer Zahlungsbereitschaften beitragen – was angesichts der Anreize (Trittbrettfahrerverhalten) nicht erwartet werden kann.[404] Bei Kollektivgütern gibt es, so beschreibt es Bator, „failure 'by existence'".[405] Wenn wir nun annehmen, dass es solche Kollektivgüter gibt, so stellt sich die Frage, welche Güter als solche zu qualifizieren sind. Es könnte sich dabei einerseits um Eigenschaften der Güter oder um bestimmte Bedingungen ihres Konsums handeln, so dass sich das Problem kollektiver Bereitstellung bei individuellem Trittbrettfahren ergibt. Die ökonomischen Kriterien, die sich je auf einen der beiden Aspekte beziehen, betrachten die Eigenschaften hinsichtlich des Konsums der Güter als auch die Frage nach dem Zugang, den die Individuen zu diesen Gütern haben.

Zu den Eigenschaften: wenn der Konsum einer Einheit eines Gutes bedeutet, dass andere dieselbe Einheit des Gutes ebenfalls konsumieren können, dann liegt im Gegensatz zu privaten Gütern keine Rivalität im Konsum vor.[406] Die Betrachtung einer Statue wird beispielsweise nicht dadurch geschmälert, dass auch andere die Statue betrachten können – das Gut „Statue" hat also den intrinsischen Charakter nicht durch den Konsum eines Individuums abgenutzt zu werden. Es liegt quasi keine Knappheit vor, denn die Nicht-Rivalität im Konsum muss nicht bedeuten, dass der Konsum verschiedener Individuen tatsächlich gleichzeitig stattfindet, es kann sich auch um zeitversetzten, oder allgemeiner gesprochen, um möglichen nicht-rivalisierenden Konsum handeln.

Zu den Bedingungen des Konsums: Sollte es möglich sein, Individuen vom Konsum eines Gutes nicht ausschließen zu können, so wird von Nicht-Ausschließbarkeit gesprochen. Im Unterschied zur Nicht-Rivalität ist dies aber kein intrinsischer Aspekt des Gutes, sondern eine exogen beeinflusste und beeinflussbare Variable. Sowohl die technologische Möglichkeiten als auch die geltenden Regeln in einer Rechtsordnung können den Grad des möglichen Ausschlusses determinieren. Insofern liegt ein Kontinuum vor, das bei gegebenen technischen Bedingungen zu de facto prohibitiv hohen Kosten der Ausschließung führen kann. Eine andere Art darüber zu räsonieren, ist die Vorstellung von zwei Gruppen bestehend aus Zahlern und Nutznießern, die nicht identisch sein müssen wie im Falle eines privaten Gutes.[407] Wenn die Nutznießer in den Genuss des Konsums kommen, ohne dafür zu bezahlen, d.h. wenn sie nur zu prohibitiv hohen Kosten vom Konsum ausgeschlossen werden könnten, so ist das Kriterium der Nicht-Ausschließbarkeit erfüllt.

Marktversagen in Form von Kollektivgütern liegt also dann vor, wenn mindestens eines der beiden Kriterien erfüllt ist. Sind beide gleichzeitig erfüllt, spricht man von einem

---

404 Bei "Nichtteilbarkeit" des Gutes, z.B. im Falle einer Brücke, kommt das Gut in einer solchen Situation gar nicht erst zustande. Dieser Aspekt wird in der späteren Diskussion nochmals kritisch überprüft. Zur Nichtteilbarkeit siehe Blümel u.a. (1986), S. 245ff. sowie Bouillon (1997), S. 144-145.
405 Bator (1958), S. 371.
406 Blümel u.a. (1986), S. 245. Das Kriterium der Nicht-Rivalität im Konsum wird in der Literatur auch als „joint consumption" bezeichnet.
407 Jasay (1989), S. 62-63.

reinen Kollektivgut.[408] Die Kriterien könnten nun allerdings suggerieren, dass es sich im Falle von Kollektivgütern um eine technische Angelegenheit handelt, dass also die Einordnung eines Gutes in die Kategorien „privat" bzw. „Kollektivgut" anhand von den beschriebenen Eigenschaften problemlos durchgeführt werden kann. Dagegen sprechen zwei Gründe. Erstens ist die Erfüllung der beiden Kriterien bei einem konkreten Gut nicht immer eindeutig bestimmbar, da wir es im Falle der Konsumentenrivalität nicht mit einer notwendigerweise „endlosen" Nicht-Rivalität zu tun haben müssen (zum Beispiel da die Nicht-Rivalität wie oben erwähnt keine „Gleichzeitigkeit" des Konsums präjudiziert, dies aber auch nicht ausschließt, und insofern bei Erreichen einer kritischen Masse von Konsumenten auch die Nicht-Rivalität in Rivalität umschlagen kann), und da es sich im Falle der Nicht-Ausschließbarkeit um ein beeinflussbares Kontinuum handelt. Die beiden Kriterien dienen eher der grundsätzlichen Unterscheidung von Gütern; sie verdeutlichen, dass es Kollektivgüter gibt, ohne dass einem spezifischen Gut generell der Charakter eines Kollektivgutes zugeschrieben werden kann.[409] In anderen Worten: ob ein Kollektivgut vorliegt, ist situationsabhängig.

Die zweite Einschränkung ist grundsätzlicher. Da die Individuen selbst entscheiden, welchen Gütern sie welchen Nutzen zuschreiben und da ein und dasselbe Gut bei verschiedenen Individuen in die jeweils individuelle Nutzenfunktion eingehen kann, sind es eben nicht die Eigenschaften von oder der Zugang zu Gütern, die entscheidbar machen, was als Kollektivgut betrachtet werden muss. Kollektivgüter sind vielmehr in den Präferenzen der Individuen begründet – der Gestalt nämlich, ob ein Gut in ihrer Nutzenfunktion auftaucht oder nicht.[410] Dies kann nun prinzipiell jedes Gut sein, da nicht von vornherein ausgeschlossen werden kann, dass dieselben Güter (in gleicher Menge) in den Nutzenfunktionen verschiedener Individuen enthalten sind oder nicht. In anderen Worten: ob ein Kollektivgut vorliegt, hängt aus dieser Perspektive auch davon ab, ob die Individuen ein Gut als Kollektivgut betrachten wollen.[411] Dies schließt auch ein, dass Normen als Kollektivgüter betrachtet werden können, insbesondere, wenn bei mehreren Individuen die Normeinhaltung seitens anderer Individuen positiv in die Nutzenfunktion eingeht.[412]

---

408 Im Falle fehlender Ausschließbarkeit bei Konsumentenrivalität spricht man von Allmendegütern, im Falle von Nicht-Rivalität im Konsum bei möglicher Ausschließbarkeit von Mautgütern. Siehe Blankart (1998), S. 58ff. und S. 61ff. Für die weitere Betrachtung verzichten wir auf die explizite Unterscheidung von reinen Kollektivgütern und den erwähnten „Sonderfällen", obwohl diese in der Realität wohl die tatsächlich am häufigsten vorzufindenden Fälle sind.
409 Dies gilt selbst für das typischerweise als Kollektivgut betrachtete Gut „Luft", da es zum Beispiel unter Wasser (in U-Booten) zur Rivalität um Luft kommen kann.
410 Samuelson (1954), S. 387.
411 Während nach der bisher beschriebenen Logik Güter dann als Kollektivgüter betrachtet werden, wenn sie situationsabhängig die Kriterien der Nicht-Rivalität und der Nicht-Ausschließbarkeit erfüllen, so geht dieser Aspekt darüber hinaus. Zintl (1983), S. 81 weist darauf hin, das aus Sicht der Individuen beispielsweise nicht nur physische, sondern auch psychische Externalitäten vorliegen können, die z. B. mit einem Gut assoziiert werden und zu dessen Einordnung als Kollektivgut führen können.
412 Genau genommen handelt es sich dann um Solidaritätsnormen, auf die in Kapitel 5 eingegangen wird.

4.3   Libertäre Kritik an der Theorie der Kollektivgüter

Gehen wir nochmals einen Schritt zurück und fragen, ob die beiden Kriterien Nicht-Rivalität im Konsum und Nicht-Ausschließbarkeit ungeachtet erster Einwände dazu dienen können, ein Gut als Kollektivgut zu betrachten, weil es in privaten Wettbewerbsmärkten nicht ausreichend bereitgestellt werden kann. Bouillon argumentiert, dass beide Eigenschaften per Beschluss einführbar sind, das heißt, dass es möglich ist, ein Gut nicht exklusiv und nicht rivalisierend zu machen[413]. Beispielsweise macht erst die Bereitstellung eines öffentlichen Schwimmbades durch eine Kommune dasselbe zu einem Gut, das durch Nicht-Rivalität gekennzeichnet ist, eben weil die Kommune es als Kollektivgut haben will.[414] Ebenso kann Ausschließbarkeit erzeugt oder eben aufgehoben werden, beispielsweise bei einem Park, dessen Zugang kostenpflichtig gemacht wird oder nicht – wiederum abhängig davon, welche Option politisch bevorzugt wird. In beiden Fällen gibt die Rechtsordnung den Ausschlag, ob das jeweilige Kriterium für Kollektivgüter erfüllt ist. Folgerichtig lässt sich also nicht vom Vorliegen bzw. von der Erfüllung der Bedingungen allein auf Marktversagen schließen, da es künstlich erzeugt werden kann, und damit „versagt die Theorie des Marktversagens" in diesem Fall.[415] Allerdings konzediert Bouillon, dass die Theorie des Marktversagens erhalten bleibt, wenn die Erfüllung der beiden Kriterien nicht normativ erzeugt wird.

Diese Kritik halten andere Libertäre zwar für richtig aber auch für nicht weitgehend genug.[416] Es wird argumentiert, dass alle Güter private Güter sein können, und dass die Theorie des Marktversagens einen Rückfall im ökonomischen Denken bedeutet, da die subjektivistische Theorie die Annahme, es gebe objektive Kriterien zur Kategorisierung von Gütern, widerlegt habe.[417] Selbst wenn die Kriterienerfüllung nicht künstlich erzeugt werde, so könne doch nicht vom Vorliegen derselben darauf geschlossen werden, dass es so etwas wie Marktversagen gibt. Viele Güter, vom Park bis hin zum Gut „Sicherheit" könnten eben immer privat bereitgestellt werden, da andere vom Konsum ausgeschlossen werden können. Damit knüpft die libertäre Argumentation an das an, was im letzten Abschnitt als Einwände gegen eine rein „technische" Betrachtung von Kollektivgütern – und dem damit verbundenem Marktversagen – vorgebracht wurde. Eine klare Unterscheidung von privaten Gütern und Kollektivgütern erscheint Libertären aufgrund des Kontinuums der Kriterienerfüllung von Nicht-Rivalität und Nicht-Exklusivität als unhaltbar.[418] Zudem wird vorgebracht, dass alle möglichen Verbesserungen des Eigentums einer Person auch zu einem höheren Nutzen anderer Personen führen können, von der Nutzung eines Deodorants zugunsten der Mitmenschen bis hin zum Straßenmusiker; daraus auf die Notwendigkeit einer kollektiven Bereitstellung dieser Güter zu schließen,

---

413   Bouillon (1997), S. 151.
414   Ebd., S. 152-153.
415   Ebd., S. 153.
416   Dies bezieht sich auf die Vertreter der naturrechtlichen Position. Friedman und Jasay anerkennen die Problematik von Kollektivgütern sind aber der Überzeugung, dass die Produktion derselben ohne Staat auskommen kann und soll. Dazu mehr im Abschnitt 4.4.
417   Hoppe (1989), S. 29 und Endnote 12, S. 42.
418   Ebd., S. 30.

da diese sonst nur suboptimal verfügbar wären, erscheint als absurd.[419] Hier taucht der zweite Einwand aus dem letzten Abschnitt wieder auf, als argumentiert wurde, dass prinzipiell jedes Gut, das die Nutzenfunktion mehrerer Individuen gleichzeitig betrifft, als Kollektivgut betrachtet werden kann. Libertäre ändern hier die Betrachtungsweise und behaupten, dass jedes Gut ein privates Gut ist, selbst wenn es in die Nutzenfunktion verschiedener Individuen eingeht. Ihre Kritik ist also grundsätzlich und sie fußt auf einer methodologischen Differenz zum zuvor zugrunde gelegten Ansatz der neoklassischen Ökonomik, die wir nun genauer betrachten müssen. Dabei geht es nicht um die grundsätzlichen epistemologischen Fragen, die in Kapitel 2 im Zusammenhang mit der naturrechtsbezogenen Position diskutiert wurden, sondern um die relevanten ökonomischen Ableitungen, die sich daraus ergeben.

Rothbard vertritt die These, dass nur Handlungen zeigen können, welche Präferenzen ein Individuum hat. Im Gegensatz zur neoklassischen Theorie ist für ihn Indifferenz zwischen verschiedenen Handlungsmöglichkeiten nicht möglich, da sich ein Individuum immer entscheidet – einschließlich der Option „Nichtstun".[420] Anders ausgedrückt: nur aus dem konkreten Handeln einer Person lässt sich ex post auf ihre Präferenzen schließen. Dies nennt Rothbard „demonstrated preference".[421] Damit sind zwei fundamentale Unterschiede zu den Annahmen der vorher diskutierten Theorie des Marktversagens angedeutet: Individuen ändern laut Rothbard ihre Präferenzen permanent, es kann nur im Moment der Realisierung einer Handlung auf eine Präferenz geschlossen werden. Zum anderen gibt es keine „latenten" Präferenzen, da nur durch Handeln Präferenzen zum Ausdruck gebracht werden. Das Bedeutsame daran ist, dass es so etwas wie Marktversagen nicht mehr geben kann – was individuell gewollt ist, wird getan, und was nicht getan wird, ist auch nicht gewollt. Selbst wenn ein Gut in die Nutzenfunktion verschiedener Individuen eingeht, so ist dies nicht weiter relevant: es kann ohnehin nur durch Handeln offenbart werden. Das schließt nicht aus, dass Individuen gemeinsam handeln können, also dass sie sich beispielsweise freiwillig zur Produktion von Gütern zusammenschließen. Aber jeder Versuch, von außen zu bestimmen, ob ein Gut als Kollektivgut zu betrachten ist oder nicht, muss daran scheitern, dass nur die Individuen durch ihr Handeln zum Ausdruck bringen können, was von ihnen gewünscht ist. Daraus folgt für Rothbard umgekehrt auch, dass jede Markttransaktion die gesellschaftliche Wohlfahrt erhöht, denn die Tauschpartner haben das Geschäft ja freiwillig vereinbart und haben dies nur getan, weil sie im Moment der Entscheidung vom Nutzen des Geschäftes überzeugt waren.[422]

---

419 Ebd., S. 29.

420 Rothbard (1997a), S. 225-227. Der Essay, auf den sich die Seitenangaben hier beziehen, ist ein Wiederabdruck eines bereits im Jahre 1956 erschienenen Beitrages. Siehe hierzu Rothbards Angaben auf S. 211 des zitierten Werkes.

421 Ebd., S. 212.

422 Rothbard (1997a), S. 240-241. Sollte ein Vertrag hingegen gegen das Eigentum anderer verstoßen, so würde diese Externalität die Wohlfahrt negativ beeinflussen. Hierbei handelt es sich aber um eine Eigentumsverletzung, die zwar unintendiert sein mag, aber dennoch das Eigentumsrecht einer Person berührt. Zur Lösung bei auftretenden negativen Externalitäten schlägt Mises, in dessen Tradition Rothbard steht, die Änderung der Eigentumsrechte vor. Vgl. Mises (1949), S. 658. Eine weitere Reduzierung des Nutzens aus einem Geschäft könnte dann entstehen, wenn andere Externalitäten wie z.B. Neid den Nutzen Nichtbeteiligter beeinflussen. Da aber Behauptungen gelogen sein können,

Wie geht Rothbard nun mit dem beschriebenen Trittbrettfahrerverhalten (basierend auf dem Modell des Gefangenendilemmas kommt aus strategischer Überlegung der Individuen überhaupt kein Kollektivgut zustande) um, das in der Theorie des Marktversagens bei Kollektivgütern eine so zentrale Rolle spielt? Wie wir gesehen haben, gibt es für Rothbard keine Begründung, nicht zustande gekommene (Kollektiv-)Verträge als Marktversagen zu begreifen. Im Gegenteil: ein Vertrag, der nicht zustande kommt, zeigt nur, dass der mögliche Tausch für mindestens eines der betroffenen Individuen nicht vorteilhaft ist. Trittbrettfahren ist daher auch nichts Problematisches, sofern das Eigentum von niemandem dabei verletzt wird – ein normatives Argument. Jeder ist zudem – laut Rothbard – zu jeder Zeit Trittbrettfahrer anderer Individuen.[423] Das kann man so interpretieren, dass Rothbard der Spezialisierung der Individuen und der Entwicklung neuer Produkte, also dem Marktgeschehen allgemein, einen Vorteilscharakter für alle zuspricht. Entscheidend ist für diese Betrachtung, dass alle Individuen freiwillig Verträge schließen und Übereinkünfte zum gemeinsamen Handeln treffen können. Ist dies der Fall, ist jeder Zustand, der ohne Zwang auskommt, Pareto-optimal.[424]

Die libertäre Kritik dieser Art also lässt sich vor allem auf die Frage reduzieren, ob es latente Präferenzen gibt und ob daher die Produktion von Kollektivgütern im Markt scheitern kann, obwohl sie von allen betroffenen Individuen erwünscht ist. Die Gründe der Ablehnung latenter Präferenzen liegen bei Rothbard vor allem in seiner Konzeption der „demonstrierten" Präferenzen, die sich nur im Handeln zeigen. Selbst wenn ein Gut in die Nutzenfunktion verschiedener Individuen eingeht, so ist es in der libertären Vorstellung kein Kollektivgut, da erst das individuelle Handeln die Präferenz erkennen lässt. Ist das Gut Bestandteil der Nutzenfunktionen verschiedener Individuen, so werden diese freiwillig kooperieren, um das Gut zu produzieren. Produzieren sie es nicht, so ist es gemäß dem Theorem der „demonstrierten" Präferenz nicht in den jeweiligen Nutzenfunktionen enthalten oder nicht so hoch bewertet wie die tatsächlich gewählte Handlungsoption.[425] Hoppe drückt dies hinsichtlich der möglichen staatlichen Bereitstellung von Kollektivgütern so aus:

„In terms of consumer evaluation [...] the value of the public goods is relatively lower than that of the competing private goods because if one had left the choice

kann Neid keine Reduktion der Wohlfahrt bedeuten, es sei denn, es zeigt sich im Handeln. Siehe hierzu Rothbard (1997a), S. 241. In einer späteren Schrift gibt Rothbard (1997a), S. 255-257 diese These auf (er verwirft aber Neid als akzeptablen ethischen Grund zur Verhinderung von Verträgen im Namen des allgemeinen Wohlfahrt).

423 Rothbard (1962), S. 1038.

424 Rothbard (1997a), S. 240 ff. akzeptiert das Konzept der Pareto-Optimalität: niemand darf durch politische Maßnahmen schlechter gestellt werden. Dies ist für ihn gleichbedeutend mit einer Einstimmigkeitsregel, die bei freiwilligen Verträgen per definitionem eingehalten wird.

425 Hierzu eine kurze Bemerkung. In Rothbards Theorie (1997a), S. 220 ff. gibt es zwar ordinale Ranglisten von Präferenzen, aber keine Nutzenfunktion. Nutzen ist nicht quantifizierbar und meßbar – das menschliche Handeln orientiert sich nicht an unendlich kleinen Einheiten. Caplan (1999), S. 827, weist dagegen darauf hin, dass auch die Nutzenfunktion in der neoklassischen Ökonomik nur zur Aussage über den ordinalen, nicht den kardinalen Nutzen eines Individuums verwendet wird. Nutzeneinheiten dienen der Präferenzordnung, nicht der Berechnung des Nutzen selbst, was als unmöglich angesehen wird. Rothbard scheint also den Charakter der Nutzenfunktion hier zu verwechseln und zu unterstellen, es gehe um die Messung des Nutzens zum Zwecke des Vergleichs.

to the consumer [...], they evidently would have preferred spending their money differently [...]."[426]

Hoppes Kritik zeigt klar, dass sich die Logik des Gefangenendilemmas als Rationalitätsfalle nicht mit der praxeologischen Sichtweise verknüpfen lässt, denn diese hält an der Nichtexistenz latenter Präferenzen fest. Betrachten wir ein Beispiel. Um eine freiwillige Übereinkunft zur gemeinsamen Produktion eines Gutes treffen zu können, müssen die Individuen kommunizieren – ohne Aussagen über ihre Präferenzen oder Interessen werden sie dabei kaum erfolgreich sein. Bevor sich beispielsweise die Bewohner eines Dorfes zum gemeinsamen Bau eines Deiches entschließen können, muss jemand seiner Präferenz zur Errichtung eines solchen Deiches durch einen ersten Vorschlag Ausdruck geben. Aus praxeologischer Sicht ist der Deich noch nicht gebaut: folglich haben die Individuen keine solche Präferenz für den Deichbau.

Diese Position ist offensichtlich mit Schwächen behaftet und dementsprechend auch bereits kritisiert worden. Die Möglichkeit, dass Individuen Präferenzen haben, die sie gleich bewerten, sie also indifferent sind, oder dass sie eine Präferenz haben, die im gegebenen Augenblick nicht zu erfüllen ist (die Möglichkeit des individuellen Handelns in einer gegebenen Situation könnte auf bestimmte Präferenzen beschränkt sein), lässt sich nicht ausschließen. Bryan Caplan etwa verteidigt insofern den neoklassischen Ansatz mit dem Argument, dass Introspektion durchaus erkennen lässt, ob wir Präferenzen haben, die nicht durch Handeln offenbart werden bzw. werden können.[427] Und in der Tat scheint dies offensichtlich zu sein: ein individuell präferiertes Produkt ist vielleicht nicht in der präferierten Farbe erhältlich, oder es ist nicht zu dem Zeitpunkt erhältlich, zu dem das Individuum das Gut gerne hätte. Die grundlegende, in der Methodik der österreichischen Schule verankerte Behauptung, dass es keine Kollektivgüter geben könne, da alle Güter, die gewünscht sind, private Güter sind, ist daher voreilig.

Daher wird der praxeologischen Schlussfolgerung einer Ablehnung der Theorie der Kollektivgüter hier nicht gefolgt. Die Tatsache, dass über den Deichbau vor dem tatsächlichen Baubeginn nur kommuniziert wird, und dass nicht gewusst werden kann, ob es sich dabei um eine tatsächliche Absicht oder nur um „Gerede" handelt, erlaubt nicht die Folgerung, dass es keine latenten Präferenzen geben kann, oder das die kommunizierten Präferenzen unglaubwürdig sind. Libertäre praxeologischer Provenienz denken von der beobachteten Handlung her, da sie skeptisch sind, dass durch andere Verfahren als durch den Vertrag – und damit konkret beobachtbare Handlungen – Präferenzen erkennbar gemacht werden können.[428] So wird die Möglichkeit ausgeschlossen, die von vornherein das Problem kollektiven Handelns kennzeichnet, nämlich die Existenz von Gütern, die im Interesse aller sind, aber aufgrund der Anreize der Individuen nicht bereitgestellt wer-

---

426 Hoppe (1989), S. 32.
427 Caplan (1999), S. 826.
428 Das führt für diese Libertäre zu dem Problem, dass es auch bei Vertragsabschluß keine Sicherheit gibt, ob die Vertragsunterzeichnung aufgrund der Präferenz für den Vertragsinhalt erfolgt ist oder aus anderen Gründen, so z. B. weil die Unterzeichner sich gerne im Unterschreiben üben. Die bloße Beobachtung der Handlung „Unterzeichnen" ist ja auch bei Vertragsabschluß kein Beweis für die Existenz einer Präferenz zugunsten des eigentlichen Geschäftes. Vgl. Caplan (1999), S. 833.

den können. Die libertäre Theorie, die in der Tradition der österreichischen Schule steht, entledigt sich des Problems, in dem es gar nicht erst als Problem anerkennt wird.

4.4 Zur Produktion von Kollektivgütern aus libertärer Sicht

4.4.1 Private Produktion von Kollektivgütern

Wenn wir nun die Vorstellung, dass es keine Kollektivgüter gibt, aufgeben und die Gegenposition, dass dies sehr wohl der Fall ist, akzeptieren, weil Individuen Präferenzen haben können, die über rein beobachtetes Handeln hinausgehen, so erfordert dies die Suche nach den Lösungsmöglichkeiten für dieses Problem. Falls wir private Lösungsansätze finden, ist insoweit die Theorie des Marktversagens in Frage gestellt: Die Akteure sind dann selbst imstande, das Gefangenendilemma zu verlassen. Genau genommen geht es darum, zu klären, wann ein Kollektivgutproblem tatsächlich die Eigenschaften eines Gefangenendilemmas aufweist und wann dies nicht oder nicht vollständig der Fall ist.

Betrachten wir nochmals das Humesche Beispiel eines Deiches, der alle Dorfbewohner vor Überschwemmungen eines in der Nähe befindlichen Flusses schützen soll. Gemäß dem Gefangenendilemma ist es individuell rational, die notwendigen Beiträge zur Herstellung des Deiches nicht zu bezahlen und auf die Beitragszahlungen anderer zu warten, um als Trittbrettfahrer Nutzen aus dem Deich zu ziehen. Da jedes Individuum identisch kalkuliert, kommt der Deich nicht zustande, da niemand bereit ist, zu zahlen, um am Ende entweder leer auszugehen oder zumindest für andere Individuen mitzubezahlen, die ihrerseits Nutzen aus dem Deich ziehen. Im Modell des Gefangenendilemmas führt also individuelle Rationalität zu kollektiver Schlechterstellung.

Eine Lösung für dieses Problem könnte, laut Friedman, ein Unternehmer leisten, der versucht, den Nutzen für die einzelnen Individuen abzuschätzen und ihnen dann jeweils einen Vertrag anbietet, der nur zustande kommt, wenn alle anderen auch unterschreiben.[429] Allerdings: Auch nur eine fehlerhafte Abschätzung des Unternehmers bei den Vertragsangeboten führt wieder zum Ausgangsproblem zurück. Der Deich kommt dann eben nicht zustande, wenn einem Individuum ein zu hoher Preis „angeboten" wird und er infolgedessen nicht unterschreibt.

Eine Alternative dazu ist eine Integration: der Unternehmer könnte das Land aufkaufen, um den Deich zu bauen und später zu einem höheren Preis das Land wieder zu verkaufen. Aus dem Kollektivgut wird so zwischenzeitlich ein privates Gut.[430] Dies scheitert nun aber an den möglicherweise prohibitiv hohen Kosten, insbesondere den Transaktionskosten, die mit der Anzahl der vom Kollektivgut profitierenden Individuen steigen. Geht man nun über die Betrachtung dieses Falles mit einem Unternehmer, der das Kollektivgut in ein privates Gut verwandeln könnte, hinaus, so lässt sich allgemein

---

429 Friedman (2003/1973), S. 169.
430 Ebd., S. 170-171.

erkennen: je größer die betroffene Gruppe, desto schwieriger die Bereitstellung des Kollektivgutes durch freiwillige Übereinkünfte (Verträge).[431]

Dieses Argument, dass die Kollektivgutproblematik vor allem von der Gruppengröße abhängig ist, geht einher mit der Vermutung, dass es vielleicht Kleingruppen möglich sein könnte, sich zur Bereitstellung eines Kollektivgutes zu organisieren. Allerdings ist unser Ausgangsmodell das Gefangenendilemma, das eine kollektive Irrationalität aufgrund individuell rationalen Verhaltens vorhersagt, und zwar ungeachtet der Gruppengröße. Wie passt dies zusammen? Der Grund für die mögliche Kooperation in Kleingruppen besteht gemäß Olson in der Selbstdurchsetzung von Abkommen unter wenigen Akteuren.[432] In kleinen Gruppen ist die Beobachtbarkeit der individuellen Handlungen leichter, so dass eine Selbstdurchsetzung von Verträgen und Vereinbarungen leicht möglich erscheint. Dies gilt umso mehr, wenn die Akteure kommunizieren können und die nötigen Beiträge simultan erbracht werden.[433] Dies haben wir bereits in Kapitel 3 im Fall direkter Reziprozität gesehen – und es von Fällen, in denen eine größere und anonymere Gruppe betroffen ist, unterschieden. Da die Sanktionierung abweichenden Verhaltens unter den Bedingungen direkter Reziprozität nicht durch Dritte erbracht wird, kann die Kollektivgutbereitstellung häufig gelingen.[434] Allerdings können wir auf Basis des Modells des Gefangenendilemmas die Möglichkeit eines Marktversagens und einer scheiternden Kooperation der Individuen zur Bereitstellung von Kollektivgütern nach wie vor nicht ausschließen, vor allem, wenn es sich um große Gruppen handelt. In gewisser Hinsicht bildet das Gefangenendilemma das Hintergrundproblem, das jedoch von der konkreten Konstellation – Gruppengröße, Möglichkeit der Kommunikation, Möglichkeit der Abschätzung der individuellen Kosten und Erträge, Möglichkeit der Sanktion – abhängig ist. Je reiner das Gefangenendilemma vorliegt, desto schlechter wird es durch die freiwillige Kooperation der Betroffenen bewältigt werden können.

Insofern ist das Gefangenendilemma eine Problembeschreibung, die nur unter Umständen zutreffend ist, je nach vorliegender Konstellation. Jasay hingegen argumentiert, dass das Gefangenendilemma nur ein seltener Grenzfall ist, sein Anwendungsbereich allzu nahezu gegen null tendiert.[435] Wie im Modell des Gefangenendilemmas, nimmt auch Jasay an, dass Individuen rational und eigeninteressiert sind. Es geht ihm allerdings darum, zu zeigen, dass spontane Lösungen zur Kollektivgutbereitstellung nicht nur möglich, sondern sogar regelmäßig erwartbar sind, ohne dass dies mit altruistischen Motiven der Individuen erklärt wird.[436]

Jasay fragt zunächst, ob das Gefangenendilemma eine sinnvolle Beschreibung des individuellen Kalküls ist. Denn nicht nur die Gefahr, als potentieller Financier eines Kollektivgutes durch andere „ausgebeutet" zu werden, stellt für ein rationales Individuum

---

431 Olson (1968), Kapitel 2.
432 Olson (2002), S. 82.
433 Ebd., S.
434 Zu Reziprozitätsnormen und zu den Problemen freiwilliger Lösungen kollektiven Handelns siehe Ostrom (2000), S. 149 und S. 153 respektive.
435 Jasay (1989).
436 Ebd., S. 126.

ein Risiko dar, sondern ebenso die Möglichkeit, auf ein eigentlich gewünschtes Gut verzichten zu müssen.[437] Das individuelle Kalkül zur finanziellen Beteiligung am Kollektivgut hängt also davon ab, ob eine bestimmte Verhaltensweise – beitragen oder nicht beitragen – vorteilhaft ist. Anstelle des Gefangenendilemmas tritt ein Spiel, in dem es keine dominanten Strategien mehr gibt.[438] Es geht Jasay darum, zu identifizieren, unter welchen Bedingungen die spontane Bereitstellung eines Kollektivgutes erwartet werden kann, selbst wenn es für die finanzierenden Individuen einer Teilgruppe bedeutet, Trittbrettfahrer nicht vom Konsum des Gutes ausschließen zu können.

Damit ein Kollektivgut als vorzugswürdig zu einem Arrangement ohne Kollektivgut, also einem reinen Tauschmarkt, angesehen werden kann, muss sich für die Teilgruppe von Beitragszahlern ein die Kosten übersteigender Gesamtnutzen ergeben. Die notwendige Bedingung hierzu ist erfüllt, wenn der kollektive Nutzen einer Kollektivguteinheit für die Teilgruppe im Vergleich zum Nutzen einer Einheit eines Bündels privater Güter positiv ist (Jasay bezeichnet dies als die „productivity of publicness") und wenn der anteilige Nutzen der Finanziers ausreicht, um die Bereitstellung aus Sicht der Teilgruppe für wünschbar zu erachten („dilution factor").[439] Hinreichend erfüllt ist die Vorzugswürdigkeit, wenn auch die Akteure individuell eine positive Kosten-Nutzen-Relation erwarten. Da die Gesamtgruppe aus einer Untergruppe von Trittbrettfahrern und einer Untergruppe aus Beitragszahlern besteht, hängt dies davon ab, zu welcher Gruppe sich ein Individuum zählt. Da ein Individuum nicht a priori wissen kann, zu welcher Gruppe es gehört, sind die notwendigen Bedingungen zugleich hinreichend.[440] Jasay folgert, dass selbst wenige Individuen zur Bereitstellung eines Kollektivgutes beitragen werden, je höher die positive Differenz aus Nutzen und Kosten desselben ist.[441] Umgekehrt gilt: je mehr Trittbrettfahrer es gibt, desto unwahrscheinlicher wird die Bereitstellung, sofern

---

437 Das individuelle „Risiko" ist bei Jasay nicht exogen gegeben, sondern das Ergebnis verschiedener Konstellationen: der individuelle Nutzen unterschiedlicher Strategien hängt von der Wahrscheinlichkeit ihres Eintretens ab. Ebd., S. 179. Dabei nimmt Jasay an, dass es für die Bereitstellung eines gegebenen Kollektivgutes eine Mindestanzahl von Individuen k aus einer vom Kollektivgut betroffenen Anzahl Individuen N geben muss, die mit gleichen Beiträgen zur Finanzierung des Kollektivgutes beitragen, damit dieses zustande kommen kann. Ebd., S. 136.
438 Sugden (1991) hält dies für das in der Spieltheorie bekannte Koordinationsspiel „Chicken". Jasay hingegen spricht von „Straddle", da es seiner Ansicht nach unterschiedliche Aspekte gibt, zum Beispiel die der Betrachtung des Risikos. Vor allem aber ist Jasays Modell kein Modell strategischer Interaktion. Vielmehr fragt er nach dem individuellen Kalkül gegeben das wahrscheinliche Verhalten von anderen. Vgl. Jasay (1989), S. 176 ff.
439 Ebd., S. 145-146. Es gilt vereinfacht folgende Ungleichheit, damit die Bereitstellung eines Kollektivgutes aus Sicht eines Indiviuums in der Teilgruppe der Beitragszahler vorteilhaft ist:

$$\left(U_m - U_e\right)\frac{k}{N} > C - cx \Rightarrow \frac{U_m - U_c}{C - cx}\frac{k}{N} > 1,$$ wobei U_m der Nutzen aus einem Arrangement mit Kollektivgut und U_e ohne Kollektivgut ist. C stellt die Kosten eines Arrangements mit privaten Gütern und Kollektivgütern dar, cx die Kosten der privaten Güter. Die Subgruppe an Beitragszahlern, die mit gleich hohen Beiträgen zur Bereitstellung des Gutes erforderlich sind, wird durch k abgebildet. N ist die gesamte Gruppe der vom Kollektivgut nicht-ausschließbaren Individuen.
440 Jedes Individuum der Gesamtgruppe N kann entweder der Gruppe der Trittbrettfahrer (N-k) oder der Gruppe der Financiers k angehören. Da sich die Wahrscheinlichkeiten der Zugehörigkeit zu den Gruppen auf eins summieren, entsprechen die Bedingungen kollektiver Vorzugswürdigkeit eines Kollektivgutes dem individuellen Kalkül.
441 Siehe hierzu auch Friedman (2003/1973), S. 171.

die kollektive Kosten-Nutzen-Differenz relativ klein ist, denn die Finanziers tragen die vollen Kosten aber erhalten nicht den vollen Nutzen.

In anderen Worten: Kollektivgüter zeichnen sich eben nicht notwendigerweise durch die Problematik des Gefangenendilemmas aus. Vielmehr ist das Gefangenendilemma nur eine Möglichkeit unter vielen, nämlich die spezielle Situation, in der ein zusätzlicher Beitrag eines Individuums zum Kollektivgut dieses inkrementell erweitert. In Gefangenendilemmasituationen ist laut Jasay das Grenzprodukt eines zusätzlichen individuellen Beitrags nicht höher als das Durchschnittsprodukt pro Beitragendem.[442] Jeder individuelle Kostenbeitrag würde die verfügbare Menge eines Kollektivgutes erhöhen – eine „kritische Masse" gibt es nicht.

Darin ist eine Annahme enthalten, die Jasay für falsch hält: die kontinuierliche Teilbarkeit von Kollektivgütern. Seiner Ansicht nach sind diese eben nicht vollständig teilbar und inkrementell erweiterbar, vielmehr sind sie häufig unteilbar aufgrund technischer Notwendigkeiten, wie sein Beispiel: „[...] half a bridge is no bridge" verdeutlicht.[443] Entscheidend ist also, dass Jasay Kollektivgütern in aller Regel abspricht, tatsächlich teilbar zu sein:

> „In the probably more general socio-economic sense [...] it is publicness that causes indivisibility. This is a logical consequence of the form of the problem: the size of the non-excluded public and its standards of expected provision being exogenous constants [...], the supply dimension of the good [...] is by implication fixed."[444]

In anderen Worten: bei einer geringen Menge eines Kollektivgutes kann Rivalität im Konsum als eine Form der Ausschließbarkeit aufgefasst werden. Um die Nicht-Ausschließbarkeit zu wahren, muss die Skalierung eines Kollektivgutes an den Vorstellungen der betroffenen Individuen von der „richtigen" Menge ausgerichtet sein, und somit ist das Kollektivgut de facto unteilbar, auch wenn die technischen Bedingungen eine Teilbarkeit zulassen würden. Wird hingegen zuviel des Kollektivgutes produziert, so ist der zusätzliche Nutzen davon gering, wenn nicht gar Verschwendung.[445] Daher ist auch das Gefangenendilemma für Jasay eine zu enge Beschreibung des Problems kollektiven Handelns. Wenn es keine kritische Masse eines Kollektivgutes gibt, ist ein individueller Beitrag dazu selten rational, da der Nutzen über alle nicht-ausschließbaren Individuen verteilt wird. Der Nutzen müsste sehr hoch sein, um den Beitrag eines Einzelnen rational erscheinen zu lassen. Im Falle einer kritischen Masse des Kollektivgutes hingegen muss der Einzelne aber die Risiken des Trittbrettfahrerverhaltens anderer und den Verzicht auf das Kollektivgut insgesamt – es kommt durch den Verzicht auf Beiträge gar nicht mehr zustande, da es unteilbar ist – abwägen. Folglich sieht Jasay das Gefangenendilemma als

---

442 Jasay (1989), S. 150.
443 Ebd., S. 161-162.
444 Ebd., S. 159-160. Hervorhebungen im Original.
445 Ebd., S. 145.

einen Sonderfall einer allgemeineren Analyse an. Kollektivgüter können durch private Arrangements bereitgestellt werden, ohne dass dies staatliche Eingriffe nötig macht.[446]

Die fundamentale Kritik von Jasay an der zugrunde gelegten Logik des Gefangenendilemmas hängt also im Wesentlichen an der Behauptung, Kollektivgüter seien unteilbar. In der Tat erscheint es als plausibel, dass die Individuen einer bestimmten Gemeinschaft, die in den Genuss eines Kollektivgutes kommen (wollen), ein bestimmtes Niveau der Güterbereitstellung als notwendig und angemessen erachten. Insofern determinieren die Individuen in der Tat selbst, was sie als Kollektivgut betrachten und wie viel sie davon bereitgestellt haben wollen. Jasay nimmt jedoch an, dass die Individuen darüber hinreichend informiert sind, was von ihren Mitmenschen als die „richtige" Menge eines Kollektivgutes eingeschätzt wird – und dass sie keine „extremen" Erwartungen über deren Beteiligung bzw. Nichtbeteiligung an der Finanzierung des Kollektivgutes haben.[447] Damit verändert sich die Entscheidungssituation: der individuelle Beitrag ist entscheidend dafür, ob das Kollektivgut bereitgestellt wird oder nicht. Wenn aber keine Klarheit über die „richtige" Menge gegeben ist, da die Individuen sehr unterschiedliche Vorstellungen über das Maß der Bereitstellung eines Kollektivgutes angesichts variierender individueller Präferenzen haben können, bleibt ihnen zur Entscheidungsfindung nur die individuelle strategische Rationalität, wie sie durch das Gefangenendilemma abgebildet wird. Jasays Modell ist also nur relevant, wenn eine „kritische" Masse des Kollektivgutes ex ante feststeht.[448] Darüber könnten sich die Individuen natürlich in einem politischen Prozess verständigen – aber dieser Ausweg ist für Libertäre versperrt.

Das Problem, dass in strategischen Interaktionen individuelle Beiträge zum Kollektivgut unterbleiben können, löst sich nicht in Wohlgefallen auf. Kollektivgüter können zwar unter günstigen Bedingungen (direkte Reziprozität in der Kleingruppe mit wiederholten Interaktionen und Beobachtbarkeit) auch privat bereitgestellt werden, doch bleibt eine systematische Lösung ohne formale, d.h. politische, Entscheidungsmechanismen ausgeschlossen.[449] Damit wird auch das Kollektivgut „Sanktionierung bei Vertragsbrüchen" nicht automatisch privat bereitgestellt werden können, um im Falle indirekter Reziprozität zum Funktionieren des Reputationsmechanismus beizutragen.[450]

---

446 Ein konkreter Vorschlag Jasays beinhaltet eine „Geld-zurück-Garantie": zur Bereitstellung des Kollektivgutes werden Beiträge gesammelt. Reichen die Beiträge nicht aus, um das Kollektivgut zu finanzieren, so sollen die Individuen diese zurückerhalten. Vgl. Jasay (1989), S. 179.

447 Zum letzten Aspekt der erwarteten Wahrscheinlichkeiten siehe Jasay (1989), S. 174.

448 Jasay (1989), S. 163, meint, dass auch die Determinierung der „kritischen Masse" indirekt einer Wahrscheinlichkeitsverteilung folgt. Jedes Individuum braucht dafür eine Vermutung über die Frage, was die kritische Menge des Kollektivgutes ist, so dass es als Kollektivgut bezeichnet werden kann. Sugden (1991) diskutiert in diesem Zusammenhang die Einrichtung öffentlicher Parkanlagen. Selbst wenn diese kleiner sind als von allen gewünscht und damit die Möglichkeit der Rivalität im Konsum auftreten könnte, so lohnt es sich für ein gegebenes Individuum nicht, einen Beitrag zur Erweiterung zu leisten, da der Nutzen über alle anderen Individuen verteilt wird. Genau das ist aber die Aussage des Gefangenendilemmas.

449 Das wird verschärft, wenn die Individuen nicht nur einen gegebenen Beitrag gleichermaßen erbringen müssen, wie dies Jasay (1989), S. 136, annimmt, sondern wenn sie auch über die Kostenaufteilung keine gemeinsamen Interessen bzw. Vorstellungen haben.

450 Sanktionierung ist auch deswegen nicht zu erwarten, da das „richtige" Niveau, also die für Jasays Argument tragende „kritische Masse" des Kollektivgutes Sanktionierung, aus der individuellen Sicht eines potenziellen Sanktionierers nicht einschätzbar ist. Nur das zu sanktionierende Individu-

4.4.2 Staatliche Produktion von Kollektivgütern

Wenn Wettbewerbsmärkte und andere Formen des privaten Handelns Kollektivgüter nur unter günstigen Bedingungen hervorbringen können, dann mag die alternative Lösung mit Staat, also mit Zwangsgewalt, plausibel erscheinen, um Kollektivgüter in Art und Umfang zu bestimmen und bereitzustellen. Nur durch die zwangsweise Durchsetzung der Beitragszahlungen der Einzelnen kann – konzeptionell gesprochen – das Dilemma der Kollektivgutproblematik aufgrund des Trittbrettfahrerverhaltens eindeutig gelöst und nur so kann der unterstellten Präferenz der Individuen hinsichtlich der Wünschbarkeit eines Kollektivgutes entsprochen werden. Libertäre kritisieren dies, da sie den Staat nicht für fähig halten, die Kollektivgutentscheidung tatsächlich problemfrei herbeizuführen. Es handelt sich dabei um Argumente, die auf das vorhandene Wissen und auf die Anreize der Individuen bei Staatshandeln abzielen.[451]

Eine Form der Kritik finden wir bei Mises, der zwar die negativen Externalitäten als Problem anerkennt, aber bei positiven Externalitäten keine Handlungsbefugnis des Staates sieht.[452] Mit jedem vom Staat begonnenem Projekt muss ein anderes von den Konsumenten erwünschtes Anliegen zurückstehen, da der Staat den Individuen durch Steuern Kaufkraft entzieht. Da Mises dem Staat überdies verschwenderisches Handeln zuschreibt, sinkt der Nutzen der Individuen bei staatlichen Eingriffen in die Wirtschaft. Rothbard geht hier einen anderen Weg. Der Markt ist für ihn zwar ebenso effizient (die Behauptung, dass der Staat ineffizient sei, kann Rothbard seiner eigenen Theorie gemäß nicht aufstellen), aber wie Mises lehnt er die staatliche Bereitstellung von Kollektivgütern zum Nutzen ab:

„How can we say that they ‚benefit‘? A standard reply is that the recipients ‚could not‘ have obtained the benefit even if they had wanted to buy it voluntarily. The [...] problem here is by what mysterious process the critics know that the recipients would have liked to purchase the ‚benefit‘."[453]

---

um weiß, welche Sanktionen von welchen potenziellen Tauschpartnern relevant für eine Verhaltensänderung sind (denn nur das betroffene Individuum kennt seine eigenen Präferenzen).
451 Ein anderes Argument behauptet, dass der Staat eine besonders teure Institution zur Bereitstellung von Kollektivgütern darstellt. Die Möglichkeit, dass eine staatliche Lösung „teurer" sein könnte als Formen privater Bereitstellung, deutet jedoch einen Vergleich an, der in einer individualistischen Theorie, die von subjektiven Wertvorstellungen ausgeht, nicht von außen entschieden werden kann. Diesem Problem muss sich auch Rothbards Theorie stellen. Da Kostenvergleiche (und damit Nutzenvergleiche) auch in dessen Nutzentheorie ausgeschlossen sind, kann er nicht behaupten, dass staatliche Eingriffe ineffizient sind. Ob Markt oder Staat: was effizienter ist, kann per se nicht entschieden werden. Rothbards Position ist insofern unentschieden hinsichtlich der Bewertung von Markt und Staat unter Effizienzgesichtspunkten. Siehe Caplan (1999), S. 833-834. Das schließt jedoch nicht aus, dass die Individuen im Staat Anreizen unterliegen, die Nebenwirkungen für die Produktion von Kollektivgütern im Besonderen und für die Entwicklung des Wohlstandes im Allgemeinen haben.
452 Mises (1949), S. 658-659. Sein Schüler Rothbard ist selbst bei negativen Externalitäten skeptisch. Sollte allerdings ein Beweis der konkreten Schädigung des Eigentums eines Individuums durch von anderen nachweisbar verursachte Externalitäten möglich sein, so müssen die Schadensverursacher individuell (!) zur Verantwortung gezogen werden. Das gilt laut Rothbard z. B. auch für Emissionen durch den Automobilverkehr. Vgl. Rothbard (1997b), S. 161.
453 Rothbard (1962), S. 1040. Ein weiterer Einwand Rothbards gegen die staatliche Bereitstellung von Kollektivgütern bezieht sich auf seine Vorstellung, dass es nur private Güter gibt. Jedes Gut, das

Entscheidend ist nun, dass Rothbard eine kollektiv-staatliche Entscheidungsfindung für anmaßend hält. Da nur die Individuen ihre Präferenzen in konkreten Wahlhandlungen offenbaren können, ist jeder Eingriff von „oben" oder „außen", der sich über die individuellen Präferenzen hinwegsetzt, offenkundig falsch, eine Anmaßung von Wissen über die Präferenzen der Individuen. Der Staat hat ein „Wissensproblem". Selbst wenn angenommen wird, dass alle Individuen zeitgleich dieselben Präferenzen hinsichtlich der Wünschbarkeit und der Bedeutung von Kollektivgütern haben, gibt es Probleme. Woher sollen die Akteure des Staates wissen, wie viel von einem Gut bereitgestellt werden soll, wenn sie den marginalen Nutzen der Individuen nicht kennen (können)?[454] Wie viel soll infolgedessen von jedem Individuum als Beitrag zur Finanzierung der Kollektivgüter verlangt werden? Da auch noch die notwendige Besteuerung der Individuen durch den Staat den Marktmechanismus verzerrt, weil es keine Trennung zwischen der Allokationswirkung des Marktes und den distributiven Folgen geben kann, so führt die Idee der staatlichen Bereitstellung von Kollektivgütern unweigerlich zu einem System, das mit der individuellen Entscheidungsfreiheit nicht in Einklang zu bringen ist.[455]

Zudem: obwohl der Staat aus libertärer Sicht schon genug Probleme hat, die „richtigen" Kollektivgutentscheidungen zu treffen, so führt dies auch noch zu Fehlanreizen, die die Finanzierung der Kollektivgüter brüchig werden lässt. Sobald der Staat Kollektivgüter bereitstellt, erscheint das Trittbrettfahrerverhalten aus libertärer Sicht in neuer Gestalt. Da der Staat die Individuen zur Finanzierung von Gütern zwingt, die sie selbst möglicherweise gar nicht wollen, haben sie einen beständigen Anreiz, sich der Steuerzahlung zu entziehen. Der Grund liegt für Rothbard in der Trennung des Konsums der Kollektivgüter, der individuell meist kostenlos möglich ist, da der Staat die Güter zugänglich machen will, und der generellen Pflicht, Steuern zu zahlen.[456] Anders als im Markt sind Zahlung und Gegenleistung nicht direkt erkennbar. Im Folgenden geht es nun um die Verallgemeinerung der libertären Kritik am Staat.

4.5 Der Staat: Verallgemeinerung der libertären Kritik

4.5.1 Custodes-Problem

Abstrahiert man zunächst von der Frage der prinzipiellen Legitimation des Staates, so kann das zuvor erwähnte Problem des Staates, bei Kollektivgutentscheidungen zu viel oder das Falsche zu tun, dahingehend untersucht werden, ob es prozedurale Begrenzungen der staatlichen Macht geben kann und ob diese sich als belastbar erweisen und somit einen Schutz individueller Freiheitsrechte ermöglichen. Es geht also erstens um eine Grenzziehung, um die Reichweite staatlicher Entscheidungskompetenz und zweitens um die Entscheidungsmechanismen an sich und ihre erwartbaren Wirkungen. Die staatliche

---

von Individuen positiv bewertet wird, kann Rothbard zufolge auf Märkten verkauft werden, wenn die Bewertung höher ist als bei alternativen Wahlmöglichkeiten.
454 Ebd.
455 Jasay (1998/1985), S. 115.
456 Rothbard (1997a), S. 249.

Bereitstellung von Kollektivgütern hat sich trotz der libertären Kritik als denkbare Möglichkeit dargestellt, Kollektivgutprobleme, die nicht auf Basis autonomer individueller Entscheidungen überwunden werden können, zu lösen. In diesem Spannungsfeld des Wünschbaren hinsichtlich der Lösung von Kollektivgutproblemen und des Gefährlichen hinsichtlich einer „Ausbeutung" der Individuen im Rahmen der Bereitstellung von Kollektivgütern durch die Institution Staat liegt die Diskussion um Methoden und Grenzen der Kollektiventscheidungsmechanismen begründet.

Zunächst zu den kollektiven Entscheidungsverfahren. Für libertäre Autoren stellen politische Entscheidungen immer einen „Sündenfall" dar, ein grundsätzliches moralisches Problem staatlichen Handelns und der Politik als solcher.[457] Das moralische Problem besteht in der Anwendung von Zwang (Steuern, Regulierung etc.), dem nicht zuvor freiwillig zugestimmt wurde. Jede Kollektiventscheidung bedeutet demnach eine Einschränkung der individuellen Handlungsoptionen, da zumindest diejenigen, die die Entscheidung für falsch halten, sich ihrer nicht entziehen können. Einstimmige Kollektiventscheidungen sind von dieser Kritik zwar nicht betroffen, aber sofern gemeinsame Interessen aller Individuen vorliegen, auch nicht notwendig.[458] Greift der Staat ohne Zustimmung ein, so wird er selbst zum „Verbrecher" oder „Dieb". Nun muss dies bei Kollektivgütern nicht unbedingt der Fall sein. Denn der Staat könnte auch als Dienstleister auftreten, der zwar für die Bereitstellung von Kollektivgütern sorgt, aber nur dergestalt, dass die Individuen jeweils der Bereitstellung freiwillig zustimmen.[459] Tun sie dies nicht, kommt das Gut nicht zustande. Solange der Staat hier nur als „Serviceagentur" auftritt, liegt kein Zwang vor.[460] Erst wenn der Staat die Entscheidungssituation seiner Bürger verändert, also wenn er, wie von Mises und Rothbard unterstellt und wie es gemäß der angenommenen Gefangenendilemmasituation notwendig erscheint, Zwang anwendet, um Steuern zu erheben und für die Bereitstellung der Kollektivgüter zu sorgen, dann entsteht ein Konflikt zwischen individueller Freiheit und Staat. Dieser Konflikt bleibt erhalten, selbst wenn man argumentieren könnte, dass sich die Zwänge über die Bündel von Kollektivgütern hinweg aufheben könnten. Ein Individuum mag ein bestimmtes Kollektivgut bevorzugen (z. B. Autobahnen) und ein anderes ablehnen (z. B. ein Pazifist die Landesverteidigung). Es könnte aber andere Individuen geben, für die dies genau umgekehrt gilt. Ein solches „Sich-Aufheben" der wechselseitigen Zwänge durch die Steuerzahlung ist aber nur dann nicht als Zwang zu charakterisieren, solange die Individuen dieses Wechselspiel freiwillig vereinbart haben. Ansonsten werden sie aus libertärer Sicht gezwungen: je nach individuellen Präferenzen für die jeweiligen Kollektivgüter in unterschiedlichem Maße. Rothbard bemerkt dazu, dass eben ein „von allen gegen alle ausgeübter Zwang [...] nichts von diesem Zwang ‚freiwillig' [macht]."[461] Genau darin besteht nun für Libertäre das Grundproblem: Zwang ist bei staatlich organisierten Kollektivgütern unvermeidbar, weil es dazu führen kann, dass Individuen für Dinge „bezahlen" müssen, die von ihnen nicht gewünscht werden. Dies wird umso schlimmer, wenn

---

457 Radnitzky (2002a), S. 345.
458 Ebd., S. 352.
459 Bouillon (1997), S. 167.
460 Ebd.
461 Rothbard (2000), S. 169.

wir uns zurückbesinnen, dass Kollektivgüter auch normativ begründet werden können: sie sind keine technische, sondern eine politische Angelegenheit. Somit gibt es aus libertärer Sicht keine logische Grenze für die mögliche staatliche Bereitstellung eines jeden Gutes als Kollektivgut.[462] Die Grenze zwischen privaten Gütern und Kollektivgütern ist demzufolge eine Fiktion, da die Bestimmung von Kollektivgütern anhand der Kriterien Nicht-Rivalität im Konsum und Nicht-Ausschließbarkeit nicht auf diese beschränkt werden kann. Die Kriterien können nur als Argumente im Kontext einer verfahrensmäßigen Bestimmung von Kollektivgütern dienen, und da sie selbst situationsabhängig sind, gibt es große Interpretationsspielräume, die aus libertärer Sicht insbesondere in der Demokratie zu einer weiten Auslegung der Idee von Kollektivgütern führen.

Demokratische Kollektiventscheidungen, die von libertären Theoretikern kritisiert werden, sind Entscheidungen mittels eines Mehrheitsmechanismus, dessen hinreichende Schwelle (um immer in der Alternativenwahl zu „gewinnen") im Kontinuum von 50% plus einer Stimme und 100% minus einer Stimme liegt, also in dem Feld, in dem weder einer Untergruppe als Minderheit die Entscheidungsbefugnis über die Mehrheit zusteht noch Einstimmigkeit herrscht.[463] Während individuelle Entscheidungen darauf abzielen, die bestmögliche Option aus individueller Sicht realisieren zu können, bedeuten Kollektiventscheidungen zunächst einmal das Gegenteil. Einem gegebenem Individuum werden in einem politisch-hierarchischen System bestimmte Entscheidungen abgenommen, und damit auch die Möglichkeit, seinen Präferenzen gemäß optimal zu handeln.[464] Damit ist zugleich der charakteristische Aspekt des Prinzips individueller Wahlhandlungen angedeutet: es benötigt kein Werturteil, da die individuelle Entscheidung sich mit allen Konsequenzen auch nur auf das eine Entscheidung treffende Individuum erstreckt.[465] Wenn aber zur Bereitstellung von Kollektivgütern Kollektiventscheidungen zweckmäßig sind, dann besteht ein Dilemma: es gibt, sofern der Staat nicht legitim ist, immer ein moralisches Problem bei politischen Entscheidungen. Möglicherweise jedoch könnten unterschiedliche Verfahren und Begrenzungen eben dieses moralische Problem minimieren, gar beseitigen, so dass Politik auch aus libertärer Perspektive wieder erträglicher erscheint. Aus libertärer Sicht ist dies nicht der Fall, da die Dynamik politischer Entscheidungsprozesse Beschränkungen instabil macht, insbesondere in der Demokratie, auf die sich die Diskussion vor allem bezieht.

Müssen Kollektiventscheidungen getroffen werden, so gibt es laut Jasay zwei mögliche Methoden:[466] eine „natürliche" und eine „artifizielle". Die „natürliche" Methode ist dadurch gekennzeichnet, dass sie ohne formale Institutionen auskommt, da die Individuen und ihre jeweiligen Gruppen nach dem „Recht des Stärkeren" agieren. Das hat den

---

462 Ebd., S. 170.
463 Kollektiventscheidungen in autokratischen Systemen sind derselben grundsätzlichen Kritik zugänglich, werden hier aber nicht gesondert behandelt. Für eine bestimmte Facette der Bewertung von autokratischen und demokratischen Systemen durch libertäre Theoretiker siehe den nachfolgenden Abschnitt.
464 Jasay (1991), S. 109.
465 Ebd., S. 110. Dabei abstrahiert Jasay von möglichen Externalitäten der individuellen Entscheidung. Vgl. hierzu auch Kapitel 2, Abschnitt 2.4.2.
466 Jasay (1995), S. 31ff. Siehe auch Radnitzky (2002a), S. 352 ff. und Radnitzky (1995b), S. 198 ff.

Vorteil, das Konflikte klar zu erkennen sind, dass also das moralische Problem der Politik wenigstens offensichtlich ist, und dass Kollektiventscheidungen deswegen auf Dauer nur sparsam, falls überhaupt verwendet werden.[467] Die „natürliche" Methode löst zwar das moralische Problem nicht, aber aufgrund der erzielten Transparenz der moralischen Fragwürdigkeit und den Anreizen der Individuen, Kosten zu sparen, ist sie keine stabile und damit dauerhaft verwendete Methode. Dieser Gedanke hinsichtlich der möglichen Instabilität der Ordnung dank einer Verwendung der „natürlichen" Methode erinnert an Hobbes: da auch der Starke vom Schwachen erschlagen werden kann, gibt es eine Ratio für den Verzicht auf Gewalt als Mittel zur Durchsetzung individueller Präferenzen.[468] In anderen Worten: die Ausbeutungsgefahr durch die „natürliche" Methode ist zwar verwerflich aber eben auch nicht allzu wahrscheinlich.[469] Da sich nun das moralische Problem auch in der Verwendung der „artifiziellen" Methode zeigt, gibt es außerdem keinen systematischen Grund, diese der brutal anmutenden „natürlichen" Methode vorzuziehen. Dies ist aus libertärer Sicht umso mehr plausibel, als die „artifizielle" Methode eine eigene Logik aufweist, die im Hinblick auf ihre Verwendung im Staat zu einer ungewollten, die individuelle Freiheit immer mehr aushöhlenden Dynamik führt. Woran liegt das?

Zunächst einmal besteht die „artifizielle" Methode darin, dass einer bestimmten Prozedur zur Entscheidungsfindung gefolgt wird.[470] Die Prozedur ist zwar nicht festgelegt, aber im demokratischen Kontext entspricht sie in aller Regel – empirisch gesehen – einer Abzählmethode von Stimmen. Wie oben erwähnt, folgt diese Abzählmethode nun vor allem einer Mehrheitslogik, die zudem meist auf der Vorstellung eines bestimmten Gleichheitsaxioms basiert, nämlich der Gleichgewichtung der Stimmen aller Individuen in einer gegebenen Gemeinschaft.[471] Erste unerwünschte Folgen der Anwendung einer Methode aus der Untergruppe der demokratischen „artifiziellen" Methoden liegen gemäß der libertären Argumentation in ihrer (i) Suggestion geringer Kosten in der Anwendung und (ii) im Legitimitätsglauben, der durch die Methode leicht herbeizuführen ist,[472] weil sich mit ihr die Möglichkeit der Revision einer getroffenen Entscheidung ebenso unproblematisch durchsetzen lässt, sofern die notwendigen Mehrheiten organi-

---

467 Radnitzky (1995b), S. 199.
468 Hobbes (1970/1651), S. 113.
469 Die „natürliche" Methode stellt somit eine Beschreibung eines Naturzustandes ohne Staat dar, in dem die Individuen eben genau das lernen können, was Libertäre ihnen zutrauen: durch wiederholte Interaktionen zwischen Individuen kann es zur Ausprägung von (libertären) Reziprozitätsnormen kommen, so dass auch der Einsatz der eigentlich moralisch verwerflichen „natürlichen" Methode auf Dauer nicht zu erwarten ist, es mithin eine Selbstregulation gibt, die ohne systematischen Rekurs auf Kollektiventscheidungen auskommt. Jasay (1998/1985), Kapitel 4 („Addictive Redistribution") argumentiert das auch die Gruppen, die durch Individuen gebildet werden, Kollektivgutprobleme überwinden können. Der erste Aspekt war Teil der Diskussion in Kapitel 3; der zweite in Kapitel 4.
470 Radnitzky (2002a), S. 352.
471 Radnitzky (1995b), S. 200, kritisiert das Gleichheitsaxiom „Zugehörigkeit zur Species Mensch", auch wenn er darin gewisse Vorteile sieht; zu diesen gehören seiner Einschätzung nach die Verdeutlichung der Unmöglichkeit interpersoneller Nutzenvergleiche ebenso wie die Einfachheit der Anwendbarkeit bei Abstimmungen.
472 Radnitzky (2002a), S. 352-353. Siehe auch Jasay (1993), S. 91, der auf die aus individueller Sicht in der Regel vernachlässigbaren Kosten von Kollektivgutproblemen hinweist, ein Grund, der für die Wahrnehmung eines annähernd kostenlosen Verfahrens mitverantwortlich sein kann.

sierbar sind. Die Anwendung der „artifiziellen" Methode hat daher zwei Implikationen, die von Libertären als besonders problematisch erachtet werden. Zum einen suggerieren „artifizielle" Methoden Problemlösungen, die gar nicht mit der Methode erreichbar sind. Zum anderen entwickelt sich ein Entscheidungsprozess, der das Ausbeutungsproblem durch nichteinstimmige Kollektiventscheidungen unbeherrschbar macht. Diese beiden Implikationen sind genauer zu betrachten.

Kollektiventscheidungen, die nur mit Mehrheit entschieden werden können, sind immer dann notwendig, wenn es sich um Problemstellungen handelt, die weder individuell noch einstimmig gelöst werden können. Damit liegen solchen Kollektiventscheidungen konfligierende Interessen zugrunde, über die entschieden wird, ohne diese lösen zu können. Vielmehr führt eine Entscheidung immer nur zu einer Bevorzugung eines Lösungsansatzes pro tempore, aber eine Lösung des zugrunde liegenden Konfliktes ist mit Kollektiventscheiden nicht möglich. Anders ausgedrückt: das Problem liegt laut libertärer Ansicht darin, „dass eine prozedurale Methode inhaltliche Probleme prinzipiell nicht lösen kann."[473] Somit gibt es immer ein moralisches Problem der Politik, die die individuelle Freiheit zwangsläufig untergräbt. Nur Verfahren, denen zuvor prinzipiell freiwillig von allen durch die Entscheidung später Gebundenen zugestimmt wurde, sind von dieser Kritik nicht betroffen.[474] Nun drängt sich die Frage auf, was denn die relevante Alternative zu Kollektiventscheidungen ist, denn die „natürliche" Methode scheidet für Libertäre aus moralischen Gründen ebenso aus. Wie eingangs dargestellt wurde sind Kollektiventscheidungen nur dann relevant, wenn es ein Kollektivgutproblem gibt, das auf Basis individueller Kalküle nicht gelöst werden kann. Dennoch ist dies genau das, was, entgegen libertärer Ansätze, nicht auszuschließen ist. Die libertäre Alternative lautet allerdings, dass durch individuelle Verträge fast alles gelöst werden kann, was gemeinhin als Aufgabe des Staates wahrgenommen wird. Individuelle Verträge können nun aber auch zu einem kollektiv unerwünschten Ergebnis führen, und selbst eine einstimmig präferierte Alternative könnte unrealisierbar bleiben, sofern es Konflikt über das Zustandekommen, nicht aber über die Wünschbarkeit einer bestimmten Alternative gibt. Ein Beispiel ist die einstimmig gewünschte Bereitstellung eines Kollektivgutes, während über die individuellen Finanzierungsanteile ein Konflikt besteht. Banalerweise steht dahinter die Problematik divergierender individueller Präferenzen, so dass auch Ergebnisse marktwirtschaftlichen Verhaltens derselben Kritik unterzogen werden können: auch hier ist nicht gewährleistet, dass das substantielle Problem durch das Verfahren marktwirtschaftlichen Tauschens gelöst wird.[475] Die Kritik reduziert sich also auf den moralischen Aspekt kollektiver Entscheidungsfindung. Weder die „natürliche" noch die „artifizielle" Methode können dieser Kritik entgehen.

Wie steht es aber mit Verfahren, also Methoden für Kollektiventscheidungen, die selbst bestimmten Bedingungen unterworfen sind damit ihr Ergebnis aus Sicht der Individuen

473 Radnitzky (2002a), S. 353. Hervorhebungen im Original.
474 Hülsmann (2002), S. 382.
475 Vgl. hierzu beispielsweise Zintl (1983), S. 78.

als legitim erachtet werden könnte?[476] Diese auf den oben genannten zweiten Aspekt einer Grenzziehung abstellende Variante wäre eine Alternative zur „natürlichen" und zur „artifiziellen" Methode und könte dem moralischen Problem der Politik dann entgehen, wenn sich die Individuen auf Kriterien einigen können, denen ein Verfahren genügen muss.[477] Eine solche Methode für Kollektiventscheidungen müsste die Bedingung erfüllen, dass die Beschränkungen, denen das Entscheidungsverfahren unterworfen ist, stabil sind. In anderen Worten: eigennutzorientierte Individuen dürfen keine Anreize zur Überwindung oder Nichtbeachtung eben dieser prozeduralen Regeln der Begrenzung und Gestaltung der Entscheidungsmethode haben.

Aus libertärer Sicht ist genau dies nicht einzuhalten. Selbst wenn angenommen wird, dass es verfassungsmäßige Beschränkungen der Mehrheitsregel gibt, so sei zu befürchten, dass sich eben diese Beschränkungen im Laufe der Zeit selbst verändern lassen, dass mithin die Basis der unterstellten individuellen Zustimmung ex post erodiert. Dies lässt sich anhand eines Beispiels verdeutlichen. Wird angenommen, dass eine Mehrheitsregel A gilt, die größere Mehrheiten für eine Entscheidung verlangt als eine alternative Regel B, die mit einfacher Mehrheit Beschlussfassungen erlaubt, so gibt es über die Zeit hinweg nur ein einziges Gleichgewicht: Regel B. Der Grund dafür liegt in der Möglichkeit der Mehrheit A, die Regeln selbst zu ändern, so dass es keine Stabilität ihrer Geltung gibt.[478] Inwiefern eine Änderung der Regel einfach oder kompliziert zu bewerkstelligen ist, ist für die logische Möglichkeit einer solchen Veränderung in Richtung einfacher Mehrheitsregeln nicht von Bedeutung. Vielmehr gibt es immer den Anreiz, Regeln vom Typ A in eine Entscheidungsregel des Typ B zu verwandeln, da mit einfacheren Mehrheiten ein größeres Potenzial an ausbeutbaren Individuen, eben eine größere Minderheit besteht.

Warum sollten aber Individuen, die durch eine Regel des Typs A in gewisser Hinsicht geschützt sind, einer Regeländerung zustimmen? Wie Jasay argumentiert, besteht immer die Möglichkeit, nutzenmaximierende Individuen vorausgesetzt, die für die Mehrheit nötigen Stimmen zu erhalten.[479] Beispielsweise kann bei einer angenommen vorgeschriebenen Mehrheit von drei Viertel der Stimmen für eine Änderung der grundsätzlichen Mehrheitsregel die interessierte einfache Mehrheit die bisherigen „Verlierer" der Drei Viertel-Regel zur Koalition bewegen, nicht nur, um im Gegenzug andere Individuen „auszubeuten", sondern auch, um die Regeln selbst zu ändern, so dass die Ausbeutung jeweils anderer Minderheiten in Zukunft leichter wird. Man kann also nicht nur leichter dem „Ausbeutungsrisiko" erliegen, sondern ebenfalls leichter eigene Interessen durchset-

---

476 Siehe hierzu Buchanan / Tullock (1962). Konzeptionell gehen die Autoren von Einstimmigkeit als Regel aus. Die Kosten, die durch ein solches Verfahren entstehen – die Entscheidungskosten bzw. die Kosten für Verhandlungen zu Kompensationszahlungen – könnten unter Umständen höher sein als die Kosten, die ein Individuum zu tragen hat, wenn es nicht-einstimmige Entscheidungen gibt, die zu seinen Ungunsten ausfallen. Insofern kann es aus individueller Sicht lohnend sein, konstitutionelle Regeln anzustreben, die nicht-einstimmige Kollektiventscheidungen zwar zulassen aber Beschränkungen unterwerfen.
477 Zintl (2002), S. 421-422.
478 Hier wird von weiteren Beschränkungen abstrahiert; wie gleich zu sehen ist, gilt diese Problematik jedoch allgemein.
479 Jasay (1991), S. 116 ff. und Jasay (1993), S. 90-91.

zen.[480] Insofern ist die mögliche Senkung der Transaktionskosten ein Motiv für einfache Mehrheiten. Das einzige Gleichgewicht für die Kollektiventscheidungsregel ist demzufolge die einfache Mehrheit: mit einer solchen ist die maximale „Ausbeutbarkeit" gewährleistet, denn sie ist nun so „demokratisch" wie möglich.[481]

Damit ist auch zugleich das Motiv für eine Veränderung aller anderen konstitutionellen Beschränkungen angedeutet. Ob es sich dabei um den föderalen Aufbau des Staates, um die Gewaltenteilung oder Beschränkungen (konstitutionelle Regeln) der Anwendung der Kollektiventscheidungsregel auf bestimmte Bereiche handelt, einen wirklichen Schutz gibt es nicht, da jede Beschränkung verändert werden kann,[482] wenn Erträge durch Regeländerungen zu erwarten sind. So schreibt Jasay:

> „The constitution may well be ‚sluggish', so that a larger decisive subset (e. g. a two-thirds majority) is needed to change it than to apply it. If this is the case, constitutional change can be obtained if there is a potential coalition of the required size; the incentive available for forming it is the potential gain released by a loosening of the restrictive constitution. The prospective losers can never profitably overcompensate the potential members of the coalition, to persuade them not to coalesce. The bribe that would amount to an effective defence against a redistributive coalition is equal to the value that is being defended and that the coalition is out to get, making the defence pointless; for the losers either lose what they have, or spend it on the defence against its being taken from them."[483]

Folgt man Jasay hier, so gibt es immer ein Motiv rationaler Nutzenmaximierer, sich Regeln zu geben, die ihren eigenen Interessen dienen, so dass die Wahl von Regeln und die Wahl von Handlungen innerhalb von Regeln konzeptionell keinen Unterschied mehr darstellen.[484] Eine Beschränkung staatlicher Macht und kollektiver Entscheidungsprozeduren sei also unmöglich, da es immer gegenläufige Anreize gibt, die zu einer Ausweitung der Handlungsmacht des Staates führen und damit eben genau dem ähneln, was nicht nur Libertäre fürchten: eine sich ausdehnende Zwangsinstitution, der Leviathan, der sich nicht beschränken lässt aber selbst die individuelle Freiheit immer mehr beschränkt. Infolgedessen sind alle Bemühungen zur Beschränkung staatlicher Macht, zur Schaffung eines Minimalstaates nur von vorübergehender Bedeutung: sie erhöhen die Kosten einer Regeländerung, werden diese aber nicht auf Dauer verhindern können.

Jasay nennt diese Kritik selbst „trivial", da sie grundlegend auf die Mehrheitsverhältnisse und den zugrunde liegenden Präferenzen der Individuen rekurriert, also auf die situativen Anreize, die sich über die Zeit hinweg verändern können.[485] Trivial ist dies des-

---

480 Diesen wechselseitigen "Ausbeutungsprozess" bezeichnet Jasay (1998/1985), S. 225 und S. 259 als „churning".
481 Jasay (1991), S. 118.
482 Siehe auch Rothbard (2000), S. 182.
483 Jasay (1991), S. 116-117.
484 Ebd., S. 117, Fußnote 2.
485 Jasay (1998/1985), S. 214. Da Jasay an der Möglichkeit der Gruppenbildung trotz des Trittbrettfahrerproblems festhält, sind bei ihm Begriffe, die holistische Akteure suggerieren, nur als ein

wegen, weil es sich auf jede staatliche Ordnung bezieht: das Problem liegt demzufolge letztlich immer in der Macht des Souveräns, in seinen Interessen, nicht nur in den Repräsentanten.[486] Da die Individuen also ihre faktische Macht, wenn es ihrem Kosten-Nutzen-Kalkül entspricht, nutzen werden, so gibt es im Staat einen weiteren Umstand, der eine Durchsetzung von Freiheitsrechten erschwert, und die Zeitverzögerung einer Regeländerung aufgrund konstitutioneller Hürden reduziert. Die staatliche Sanktionsmacht ist als Gewaltmonopolist mit ungleich mehr Ressourcen ausgestattet als jede individuelle Gruppe, so dass die Lockesche Idee des Widerstandes gegen Veränderungen der konstitutionellen Regeln, insbesondere wenn eine Veränderung verfahrensmäßig als nicht regelkonform gelten kann, unwahrscheinlich und unplausibel ist. Nicht trivial an der Kritik ist hingegen die Behauptung, dass eine Sicherung individueller Freiheit durch konstitutionelle Beschränkungen nicht gegeben sei, weil diese als nicht selbstdurchsetzend zu qualifizieren seien, anders als die Vertragskonvention, die für die Konzeption einer libertären Anarchie die conditio sine qua non darstellt. Eine temporäre Sicherung individueller Freiheit im Rahmen eines Minimalstaates gibt es folglich für Jasay nur, wenn die meisten Individuen anderen Motiven als der individuellen Nutzenmaximierung folgen, sich also selbst bestimmten Regeln unterwerfen und diese nicht zum Objekt rationalen Kalküls machen. Da aber die menschliche Vernunft auf Dauer keine Beschränkungen duldet, so Jasay, sind dies nur Vermutungen und Hoffnungen ohne systematische Bedeutung.[487]

Alles in allem wird die so charakterisierte demokratische Ordnung aus libertärer Sicht eine umverteilende Ordnung sein, eine Ordnung, die neben der Beschneidung individueller Freiheit auch den Wohlstand und ggf. den Zivilisationsprozess gefährdet. Wie diese These der inhärenten Wohlstandsfeindlichkeit einer staatlichen Ordnung begründet wird und ob die potentielle Reduktion des Wohlstandes nicht sogar ein Motiv für eine Beschränkung der staatlichen Eingriffe darstellt, wird nun beleuchtet.

4.5.2 Staatliche Umverteilung

Kollektiventscheidungen über Kollektivgüter, über die Art ihrer Bereitstellung und die Form ihrer Finanzierung sind in einer staatlichen Ordnung ständig zu erwarten, da sich die Mehrheitskoalitionen, wie soeben diskutiert, wiederholt ändern können.[488] In diesem Prozess werden alle Individuen und Gruppen ihre Wünsche einbringen und versucht sein, die eigene Steuerlast zu reduzieren und gleichzeitig die Subventionen, die sie erhalten, zu maximieren. Wenn die privaten Akteure davon ausgehen, dass sie nicht

---

Synonym für Individuen zu verstehen, die sich für einen bestimmten Zweck zusammengeschlossen haben und das Problem kollektiven Handelns überwinden konnten.
486 Ebd., S. 209.
487 Jasay (1993), S. 95. Damit geht Jasay auch einer möglichen Kritik, dass die Individuen in seiner eigenen Argumentation ja zur Regeländerung durchaus Verfahrensregeln folgen können, also nicht sofort ihre Interessen durchsetzen und er somit mit seiner Argumentation in einen Widerspruch gerät. Über die Zeit hinweg setzen sich Interessen durch, temporär ist regelorientiertes Verhalten allerdings denkbar.
488 Siehe auch Becker (2002), S. 126.

nur durch ihre Markttätigkeit sondern auch durch Transferzahlungen (direkte Subventionen und indirekte Transfers durch eine Veränderung der Preise) ihre eigene Situation verbessern können, so werden sie den Weg der Suche nach „politischen Renten" (engl. „Rent-seeking") wählen oder zumindest im Vergleich zu ihren Markttätigkeiten (engl. „profit-seeking") ausweiten. Im Laufe der Zeit steht somit zu erwarten, dass neben diversen Subventionen auch eine Vielzahl von Regulierungen, die die Preise verändern, durchgesetzt werden.[489] Dass die Beteiligung an diesem Prozess auch für die Individuen in solch einer gegebenen Situation vorteilhaft ist und damit Anreize zu entsprechendem Verhalten im politischen „Markt" liefert, lässt sich mit einem Beispiel Friedmans verdeutlichen. Angenommen, ein Individuum A will seinen monetären Nutzen um einen bestimmten Betrag x erhöhen.[490] Es hat dazu zwei Möglichkeiten: entweder, es versucht, an der Abschaffung oder Reduzierung vieler einzelner Regulierungen und Subventionen mitzuwirken, die es selbst durch Steuern oder höhere Preise mitfinanziert, oder aber es wird einen Vorschlag für eine Subvention (bzw. Regulierung) einbringen, denn die Kosten verteilen sich auf die Gesamtheit der Bevölkerung, der Nutzen hingegen ist individuell. In anderen Worten: das Kalkül wird darauf basieren, den eigenen Anteil am gesellschaftlichen Wohlstand zu erhöhen, entweder durch eine Vergrößerung des eigenen Anteils an gegebenen Ressourcen oder durch die Vergrößerung des gesamten Wohlstandes bei gleichem gruppenspezifischem Anteil.[491] Die Erhöhung des gesamten Wohlstandes würde dem Individuum oder der Gruppe, die das Problem kollektiven Handelns überwinden kann, hohe Kosten auferlegen, und dazu führen, dass der auf sie anfallende Nutzen gering ist, da sich der Gesamtnutzen auch gesamtgesellschaftlich verteilt. Die Gruppe würde also zu einem Kollektivgut beitragen, von der sie nur einen geringen Anteil erhält. Insofern kann die Kosten-Nutzen-Rechnung günstiger ausfallen, wenn die Gruppe versucht, ihren Anteil am bestehenden Wohlstand zu erhöhen, und nicht, den Wohlstand insgesamt zu vergrößern.[492] Damit ist der individuelle Anreiz für rentensuchendes Verhalten im politischen Prozess beschrieben.[493] Dieses rentensuchende Verhalten ist allerdings nicht per se verwerflich. Dennoch gibt es gute Gründe, das entsprechende Verhalten ungeachtet der libertären Kritik am moralischen Problem der Politik zu problematisieren. Dabei geht es vor allem um die Wirkungen, die durch Rentensuche und Rentengewährung im politischen Prozess entstehen, und zwar inso-

---

489 Der englische Begriff „Rent-seeking" geht auf Krueger (1974) zurück. Unter Rente versteht man im Allgemeinen die Zahlung an den Eigentümer einer Ressource, die über dessen Opportunitätskosten liegt: er erhält mehr, als er mindestens wollte. Vgl. hierzu auch Buchanan (1980), S. 5. In bilateralen Verhandlungen kommt es beispielsweise häufig zur Aufteilung einer Rente zwischen Käufer und Verkäufer: der Käufer erhält ein Gut für einen geringeren Preis, als er maximal zu zahlen bereit wäre, und der Verkäufer erzielt mit demselben Preis einen Ertrag, der über sein Mindestgebot hinausgeht. Im politischen Prozess bezeichnet Rente einen Ertrag zu Lasten Dritter, die für die Rente in Form von Steuern oder aufgrund gestiegener Preise aufkommen müssen, ohne dies, wie beim freiwilligen Tausch, vermeiden zu können.
490 Friedman (2003/1973), S. 193.
491 Olson (1985), S. 53.
492 Eine Bedingung ist, dass die Gruppe relativ klein im Vergleich zur gesamten Gesellschaft ist; vgl. Olson (1985), S. 56. Für sehr große Gruppen mit einem „umfassenden" Interesse, die Gesellschaft wohlhabender zu machen, siehe ebd., S. 62ff.
493 Unter der Annahme, dass der gleiche private Nutzen nicht durch Markttätigkeit kostengünstiger erzielt werden kann.

fern, als dass diese Wirkungen nicht einmal aus Sicht der Individuen, die sich im Prozess der Rentensuche beteiligen, gewünscht sein könnten. Der politische Prozess stellt dann selbst ein Gefangenendilemma dar. Individuell rationale Handlungen führen so zu einem kollektiv unerwünschten Ergebnis: der Wohlstand sinkt. Hier überschneidet sich die Kritik aus der Ökonomik mit der Kritik von Libertären, die allerdings noch darüber hinausgeht. Welches sind nun die Wirkungen, die im Mittelpunkt dieser Kritik am Staat stehen?

Es kann zunächst unterschieden werden zwischen direkten und indirekten Kosten des Prozesses der Rentensuche. Unter direkten Kosten wird hier verstanden, dass Kosten im Prozess der Gewinnung von Mehrheiten anfallen, also politische Transaktionskosten. Indirekte Kosten sind noch näher zu spezifizieren, aber es geht dabei im Kern um Rückwirkungen von staatlichen Eingriffen in den Markt, also insbesondere um allokative Verzerrungen, die Ineffizienzen zur Folge haben. Zuerst zu den direkten Kosten. Aus libertärer Sicht fallen gemäß Friedman insbesondere deswegen Kosten an, weil die Individuen, die sich an der Rentensuche beteiligen, Zeit und finanzielle Ressourcen aufwenden müssen, um politische Unterstützung für ihr Begehren zu erhalten. Dabei dürfte im Normalfall eine Regierung von verschiedenen Interessengruppen umworben werden, so dass unter der Annahme eines monetären Nutzens aller Beteiligten die Aufwendungen für eine Beeinflussung der Regierung annähernd dem Nutzen der Gruppe aus einer vorteilhaften Gesetzgebung entsprechen.[494] Die Logik folgt der eines Verhandlungsspiels mit einer Regierung und untereinander im Wettbewerb befindlichen Gruppen. In Grenzfall entspricht der „Preis", den die Regierung für bevorzugende Gesetzgebung verlangen kann, dem Nutzen für die Lobbygruppe. Die Folge ist Verschwendung aus gesamtgesellschaftlicher Sicht in Höhe des vollen „Preises" der Gesetzgebung (allokative Wirkungen bleiben unberücksichtigt). Insofern könnte der Verzicht auf umverteilende Politik auch für diejenigen einleuchtend sein, so Friedman, die mit Bezug auf den Status quo andere Wertvorstellungen und damit andere distributive Wünsche haben. Wenn sich Lobbying nicht lohnt, entfällt das ursprüngliche Motiv für die jeweilige rentensuchende Gruppe. Allerdings scheint dies nicht wirklich plausibel. Jasay hält den Umverteilungsprozess aufgrund von permanenten Kollektiventscheidungen deswegen für gefährlich, weil es im Hinblick auf die direkten Kosten ein scheinbar kostenloser Prozess ist, so dass sich diverse Gruppen nicht einmal signifikant um Einflussnahme bemühen brauchen.[495] Unter Umständen genügt die Existenz einer Interessengruppe, um Unterstützung durch die Politik zu erhalten. Lobbying gilt als ausgesprochen „günstig". Dieser scheinbare Widerspruch zwischen den Betrachtungen zweier libertärer Theoretiker löst sich auf, wenn auf die Annahmen rekurriert wird. Friedmans monetäre Nutzenannahme ist zu eng, um

---

494 Friedman (1980), S. 227-228. Friedman betrachtet zwei weitere Fälle: besteht harter Wettbewerb um die Regierungsmacht, so erhält eine Interessengruppe einen höheren Anteil aus ihren Redistributionsbemühungen, da sie weniger für die politische Einflussnahme aufwenden muss. Im Extremfall einer einzigen Interessengruppe wäre der Betrag am höchsten und die sozialen Kosten wären am geringsten, da es sich um eine fast vollständige Umverteilung ohne hohe direkte Kosten im Prozess handeln würde. Ein weiterer Fall wäre ein bilaterales Monopol mit einer Regierung und einer Interessengruppe: Umverteilung würde stattfinden und der Betrag zwischen den beiden Akteuren aufgeteilt.
495 Jasay (1998/1985), S. 244.

die nutzenmaximierenden Individuen in der Politik sinnvoll zu beschreiben, da es in der Politik – so lässt sich vermuten – ebenso um Macht, Anerkennung und Prestige gehen kann. Gemeinsam bleibt der libertären Kritik aber, dass es direkte Kosten des politischen Prozesses geben wird, die als „Verschwendung" zu qualifizieren sind: ohne Lobbying wäre die Gesellschaft demzufolge reicher.

Die zweite Kostenkategorie sind die indirekten Kosten, die mit staatlichen Umverteilungsmaßnahmen einhergehen. Staatliche Interventionen führen aus wohlfahrtstheoretischer Perspektive zu einem Verlust, da die interventionslose Markträumung gestört wird und der Marktpreis sich durch die Intervention verändert, in aller Regel erhöht. Es wird dadurch künstlich Verknappung erzeugt.[496] Da der Marktpreis gestört wird, kommt es immer zu Verzerrungen, die zu Ineffizienz (da Pareto-Verbesserungen denkbar sind) führen.[497] Umverteilung ist insofern ein Negativsummenspiel, das die Gesellschaft ärmer macht. Zugleich schwächen Interventionen, die auf die Rentensuche im politischen Prozess zurückzuführen sind, die Innovationskraft und damit das volkswirtschaftliche Wachstum.[498] Marktkonforme Interventionen, die die Allokation unberührt lassen und nur die Distribution durch Steuer-/Transfermechanismen verändern, sind aus dieser Perspektive ebenfalls nicht zu erwarten. Eine Neutralität des Staates kann es nicht geben, da auch Steuern immer verzerrende Wirkung haben.[499] Allerdings: wenn den Individuen bekannt ist, dass ihr individuell rationales Verhalten im rentensuchenden Prozess zu allokativen Verzerrungen führt, dann könnte dies ein Motiv für eine selbst auferlegte Beschränkung entsprechenden Verhaltens darstellen. Dies wird allerdings erst dann der Fall sein, wenn die sozialen Kosten des „Rent-seeking", die die Gruppe oder das Individuum betreffen, größer sind als der entsprechende Anteil aus der „Rent-seeking" Aktivität.[500] Daher kann nur von einem finitem Maximum des Verlustes ausgegangen werden, nicht jedoch von einer Überwindung des zugrunde liegenden Dilemmas durch rationale Akteure.[501]

Ein besonderes Problem, das zu den indirekten Kosten gerechnet werden kann, ist aus libertärer Sicht die Auswirkung auf den gesamten Zivilisationsprozess. Hoppe behauptet, dass staatliche Umverteilung und staatliche Interventionspolitik nicht nur auf die ökonomische Wohlfahrt bezogen negative Konsequenzen aufweist, sondern generell zu einer

---

496 Krueger (1974), S. 302.
497 Radnitzky (1995b), S. 194ff.
498 Murphy et al. (1993), S. 413. Innovative Firmen gelten als tendenziell schwach vertreten im politischen Prozess, da sie noch nicht etabliert sind; zudem sind sie besonderen Risiken ausgesetzt, benötigen länger zur Kapitalakkumulation und haben noch nicht die finanziellen Ressourcen, um sich im politischen Wettbewerb Gehör zu verschaffen. Besteht die Gefahr einer ex post Ausbeutung durch politisches „Rent-seeking", so werden Firmen auf Innovation tendenziell verzichten. Damit fällt das volkswirtschaftliche Wachstum geringer aus. Die Autoren betrachten aber nicht nur politisches „Rent-seeking". Diverse private „Rent-seeking"-Methoden wie beispielsweise Kriminalität schwächen die Ökonomie ebenfalls, aber gemäß der Analyse vor allem hinsichtlich der bestehenden Produktion; ebd., S. 412. Es bleibt in der Analyse der Autoren allerdings unklar, weshalb Kriminalität nicht ein ebenso relevanter Faktor für die Schwächung der Innovationskraft sein kann, selbst wenn diese nicht systematisch auftritt.
499 Jasay (1998/1985), S. 247; Rothbard (2000), S. 181.
500 Olson (1985), S. 56.
501 Jasay (1995), S. 38, Endnote 13.

Verschlechterung des gesamten gesellschaftlichen Lebens, zu einem negativen Effekt auf die gesamte zivilisatorische Entwicklung führt.[502] Es gilt zunächst, seine Argumentation nachzuvollziehen. Kern der Überlegungen Hoppes ist die Zeitpräferenz: da die (Lebens-) Zeit für ein Individuum knapp bemessen ist, wird der Konsum von gegenwärtigen Gütern im Vergleich zu zukünftigen Gütern seitens der Individuen in aller Regel höher bewertet.[503] Daraus folgt, dass ein Mensch „ein gegenwärtiges Gut nur dann gegen ein zukünftiges tauschen [wird], wenn er annimmt, dadurch seine Menge an zukünftigen Gütern zu vergrößern."[504] Die individuelle Zeitpräferenzrate stellt damit ein Maß für die Gegenwartsorientierung dar, da sie den Verzicht auf gegenwärtigen Konsum zugunsten zukünftigen Konsums verlangt. Sparen und Investieren lohnt sich nur dann, wenn der damit verbundene zukünftige Konsum höher bewertet wird als der Konsum in der Gegenwart.[505] Diese individuelle Zeitpräferenzrate ist dabei abhängig von verschiedenen Faktoren, einschließlich biologischer Merkmale oder institutioneller Bedingungen. Sinkt die Zeitpräferenzrate durch vermehrte Kapitalbildung und verwandelt das sparende und investierende Individuum gegenwärtige Konsumgüter in Kapitalgüter, dann wird ein „Prozess der Zivilisation" eingeleitet.[506] Individuelles Lernen und die Genese von Wissen bewirken dabei positive Externalitäten, denn sie führen auch zur Nachahmung durch andere, deren individuelle Zeitpräferenzraten damit ebenfalls beeinflusst werden.[507] Der „Sparer-Investor" bewirkt damit (selbst im Naturzustand) eine positive Entwicklung, die im Gegensatz zum Hobbesschen Mythos des Krieges aller gegen alle steht. Hoppe schreibt:

„Insofern wird durch die Ersparnisse des Sparers selbst die gegenwartsorientierteste Person allmählich von einem Barbaren in einen zivilisierten Menschen verwandelt. Ihr Leben hört auf, kurz, brutal und widerlich zu sein. Es wird länger, zunehmend verfeinert und komfortabel."[508]

So weit, so gut. Doch dieses individuell vorteilhafte Verhalten kann gestört werden, in dem ungünstige Bedingungen zu einem Ansteigen der individuellen Zeitpräferenzraten führen, und damit der Prozess der Zivilisation gebremst wird. Durch Kriminalität werden die Eigentumsrechte unsicher, und damit wird bewirkt, dass die Prämie für zukünftigen Konsum um eine Risikokomponente erweitert werden muss, so dass die Zeitpräferenzraten steigen. Ist Kriminalität ein aus Sicht der Individuen unsystematisches Phänomen, dann dürfte dies für die gesamte Ordnung nicht grundsätzlich problematisch sein.

---

502 Hoppe (2003b), insbesondere Kapitel 1, S. 45ff. Ähnlich, wenngleich weniger grundsätzlich, argumentiert Jasay (1998/1995), Kapitel 4 insbesondere S. 229ff., der einen unkontrollierbaren Prozess der Umverteilung ausmacht, da die Individuen durch einmal getroffenen Umverteilungsmaßnahme „abhängig" werden, sich also auf zukünftige Hilfe anderer verlassen („habit of reliance").
503 Hoppe (2003b), S. 45.
504 Ebd., S. 46.
505 Die Zeitpräferenzrate ist definiert als der Grenznutzen eines Gutes in der Gegenwart im Verhältnis zum Grenznutzen eines Gutes in der Zukunft.
506 Ebd., S. 54.
507 Durch Bildung verändert sich laut Hoppe auch die Persönlichkeit, so dass ein Individuum bei gleichem monetären Einkommen eine niedrigere Zeitpräferenzkurve erlangt. Ebd., S. 56.
508 Ebd.

Hoppes Kernargument bezieht sich nun aber auf den Staat, den er als Gewaltmonopolisten für einen systematischen „Räuber" hält, da dieser permanent Eigentumsrechtsverletzungen begehe.[509] Mit systematischen Eigentumseingriffen ist aber eine dauerhafte Erhöhung der Zeitpräferenzraten verbunden, so dass die Entwicklung der Zivilisation ins Stocken gerät oder gar umgekehrt werden kann.[510] Der Staat ist insofern nicht nur deswegen von Übel, weil es zu Fehlallokationen kommen kann, die Wirkungen staatlicher Interventionen sind vielmehr – obwohl unintendiert – generell schädlich für die gesamte Entwicklung der Gesellschaft, was sich, laut Hoppe, an zunehmender Aggressivität, Banalisierung des Lebens usw. ablesen lässt.[511]

Eine pikante Note erhält die Argumentation dadurch, dass sie zu einer ansonsten auch für Libertäre ungewöhnlichen weiteren Schlussfolgerung führt. Obwohl die Anarchie dem Staat überlegen ist, so wäre eine Monarchie der Demokratie als Staatsform auf jeden Fall vorzuziehen.[512] Hoppe begründet dies wiederum mit der Zeitpräferenzrate. Ein Monarch hat ein Besitzmonopol und damit ein persönliches Interesse an der Maximierung seines Eigentums, seine Zeitpräferenzrate ist demzufolge relativ gering im Vergleich zu demokratischen Volksvertretern, deren Entscheidungen keine direkten Rückwirkungen auf ihr eigenes Eigentum haben.[513]

Alles in allem lautet die These Hoppes also: der demokratische Staat ist die denkbar schlechteste politische Ordnungsform. Wie für libertäre Theoretiker im Allgemeinen so ist für Hoppe die geordnete libertäre Anarchie die relevante und zugleich vorzugswürdige Alternative. Doch diese steht vor eigenen Schwierigkeiten, denn die Funktionsfähigkeit einer solchen Ordnung ist im Hinblick auf die Produktion von Kollektivgütern und eines stabilen Rechtsrahmens nicht automatisch gegeben (erste Probleme haben wir ja bereits im Falle indirekter Reziprozität festgestellt; siehe 4.4.1). Interessant an der Argumentation Hoppes ist hier jedoch vor allem die implizierte Präferenz für eine Monarchie im Vergleich zur Demokratie. In gewisser Hinsicht nimmt sich die Hoppesche Analyse aus wie ein spezifischer Unterfall einer Staatskritik anhand des Prinzipal-Agenten-Problems.[514] Hoppe scheint aber, ähnlich wie zuvor Friedman bei dessen Diskussion der direkten Verfahrenskosten in politischen Märkten, und trotz implizit gegenteiliger eigener Aussagen an anderer Stelle,[515] vor allem eine monetäre Nutzenorientierung der politischen Akteure zu unterstellen. Nimmt man hingegen eine weniger enge Perspektive im Hinblick auf den individuellen Nutzen der Akteure in der Staatsführung ein, so ist nicht

---

509 Ebd., S. 119. Siehe auch Meyer (2005), S. 308-309.
510 Ebd., S. 67-68.
511 Ein analoges, wenngleich weniger dramatisch vorgebrachtes Argument findet sich bei Brennan / Buchanan (1993), insbesondere Kapitel 5. Aufgrund des begrenzten Zeithorizontes bei Kollektiventscheidungen werden tendenziell, so die Autoren, S. 105, ‚konsumorientierte' Entscheidungsalternativen „investitionsähnlichen" Alternativen vorgezogen. Konstitutionelle Restriktionen könnten dies aber wiederum abschwächen.
512 Vgl. beispielsweise mit Jasay (1998/1985), S. 209.
513 Hoppe (2003b), S. 71 und S. 83.
514 Richter / Furubotn (2003), S. 511ff. Für eine ältere Version dieser Kritik aus Sicht der Österreichischen Schule der Nationalökonomie siehe Mises (2004/1944), beispielsweise S. 84.
515 Siehe hier zum Beispiel Hoppe (2003b), S. 52.

mehr klar, weshalb die Demokratie notwendigerweise schlechter ist als die Monarchie.[516] Ein despotischer Monarch ist ebenso denkbar wie demokratische Politiker, die sich an die Grundsätze des Rechts und der Verfassung halten.[517]

Neben den Kosten, die in demokratisch verfassten Gesellschaften durch „Rent-seeking" entstehen können, muss abschließend nun auch noch die Frage nach positiven Effekten des „Rent-seeking" gestellt werden. Im Wesentlichen lässt sich ein positiver Effekt identifizieren, der mit der Thematik der Kollektivgüter zusammenhängt. In diesem Kontext weist Becker darauf hin, dass der politische Wettbewerb von Interessengruppen auch dazu führt, dass Kenntnisse über Marktversagen in den politischen Prozess eingespeist werden und dass damit die entsprechenden Kollektivgüter produziert werden können.[518] Es kann als wahrscheinlich gelten, dass sich Vorschläge, die die Effizienz erhöhen, im politischen Wettbewerb durchsetzen werden.[519] Das weist auf den kritischen Punkt hin, den Hoppe vollständig vernachlässigt hat: die Produktion von Kollektivgütern durch den Staat als mögliche Pareto-Verbesserungen, die wiederum positive Auswirkungen auf den „Prozess der Zivilisation" haben dürften. Damit wird das grundlegende Dilemma wiederholt verdeutlicht: die Produktion von erwünschten Kollektivgütern bringt die Gefahr des allokationsverzerrenden „Rent-seeking" mit sich; auf der anderen Seite jedoch lässt sich „Rent-seeking" nur vermeiden, wenn dabei auch der Verzicht auf potenziell vorteilhafte Kollektivgüter in kauf genommen wird.[520] Sofern sich jedoch die politischen Akteure an Regeln halten können, könnte diese skeptische Betrachtung etwas aufgehellt werden.

4.6   Staatslegitimation und Legitimation der Anarchie

4.6.1   Die Idee des Gesellschaftsvertrages zur Staatslegitimation

Die libertäre Kritik am Staat, die bisher diskutiert wurde, war nicht nur darauf fokussiert, dem Staat mangelnde Effizienz zu bescheinigen oder ein mögliches Alternativmodell – die herrschaftsfreie libertär-anarchistische Ordnung – zu beschreiben, sondern hat darauf verwiesen, dass der Staat immer ein moralisches Problem für die

---

516 Abgesehen von weiteren möglichen Vorzügen der Demokratie aus normativer Sicht.
517 Zudem lässt sich hier kritisch einwenden: auch in einer Ordnung ohne Staat, die hingegen durch (empirisch gesehen) „viel" Kriminalität gekennzeichnet ist, kann derselbe Effekt eintreten, den Hoppe dem Staat zuschreibt. Da rationale Akteure mit einer gewissen Wahrscheinlichkeit von der Möglichkeit, Opfer zu sein, ausgehen, kann ihre Zeitpräferenzrate in einem von Kriminalität geprägten gesellschaftlichen Umfeld steigen. Die „Zwangsinstitution" Staat trifft mit ihren Interventionsmaßnahmen ja in aller Regel nicht immer die gleichen Individuen. Allein die Möglichkeit der Eigentumseingriffe ist systematisch gegeben. In einer instabilen Gesellschaft wird dies kaum anders sein, wenn mit der Instabilität die Wahrscheinlichkeit von Eigentumsverletzungen steigt.
518 Becker (1983), S. 396.
519 Ebd., S. 384ff.
520 Vgl. hierzu auch Gradstein (1993), S. 1236 sowie Tullock (1971), S. 918. Die Aussage im Text gilt jedoch nur, sofern nicht alle Kollektivgüter privat bereitgestellt werden können. Außerdem blendet die Argumentation aus, ob es nicht Verfahren zu einer Verhinderung der möglichen Ausbeutungsrisiken durch „Rent-seeking" gibt. Im Kern wird dies jedoch wieder auf die Frage nach der dauerhaften Geltung der notwendigen Spielregeln hinauslaufen.

individuelle Freiheit darstelle. In der Auseinandersetzung muss es also auch darum gehen, zu fragen, inwiefern diese Kritik an der Legitimation des Staates berechtigt ist und ob die angebotene Alternativkonzeption einen Ausweg bietet.[521] Dabei ist die Idee des Gesellschaftsvertrages hinsichtlich der Staatsrechtfertigung die traditionelle legitimationstheoretische Figur in der politischen Philosophie.[522] Es geht um den Nachweis, dass der Staat, gegenüber Anarchisten beispielsweise, eine Rechtfertigung erhält, dem auch diese potenziell zustimmen könnten. In der Diskussion mit libertären Theoretikern wäre insofern zu zeigen, dass es im Interesse der Individuen liegen kann, sich in der Abwägung zwischen einer Anarchie ohne Kollektivgüterproduktion auf der einen Seite und einer staatlichen Ordnung mit Kollektivgüterproduktion auf der anderen Seite für letztere zu entscheiden. Da gerade Libertäre die Individuen und deren freie Wahl hoch schätzen, muss für ihr Urteil ausschlaggebend sein, was freie Individuen wollen könnten – und nicht die Präferenzen der Philosophen. Da es sich um einen legitimationstheoretischen Diskurs handelt, kann gleich zu Beginn die explanatorische Vorstellung, der Staat sei durch einen Gesellschaftsvertrag entstanden, ausgeschlossen werden. Ebenso ist auch die Vorstellung eines ursprünglichen Vertrages, der gleichsam alle folgenden Generationen binden soll, hinfällig. Humes bekannte Kritik, dass der Staat in aller Regel weder durch Verträge entstanden sei, noch dass ein ursprünglicher Vertrag nachfolgende Generationen tatsächlich zu binden vermag, bleibt plausibel, zumal es genau diese Argumente sind, die Libertäre den traditionellen vertragtheoretischen Rechtfertigungsansätzen entgegen halten.[523]

Zunächst ist bei den Vertragstheorien zu unterscheiden zwischen echten und unechten Vertragstheorien.[524] Echte Vertragstheorien zeichnen sich dadurch aus, dass sie die Ausgangssituation, die dem Gedankengang zugrunde liegt, nicht beschränken, dass also die Individuen, auf die rekurriert wird, weder hinsichtlich ihrer Werturteile noch hinsichtlich ihrer Lage bzw. der Information ihrer Lage vorab in bestimmter Weise charakterisiert werden. Unechte Vertragstheorien beschränken hingegen die Ausgangssituation – die Individuen haben beispielsweise gemeinsame, geteilte Präferenzen (z. B. Normvorstellungen) oder sind nur im Besitz beschränkter Informationen. Für die Diskussion mit libertären Theoretikern können daher nur Vertragstheorien dienlich sein, die als „echt" zu qualifizieren sind. Eine Beschränkung der Individuenpräferenzen oder eine Zuschreibung bestimmter Informationsmengen können als willkürliche Behauptungen gewertet werden, die für die Legitimation einer Ordnung auf Basis freiwilliger Zustimmung nicht als allgemein anerkennungsfähig gelten können. Auch deshalb scheint die vertragstheoretische Konzeption von Buchanan hier als Skizze eines solchen Arguments

---

521 Unter Legitimation wird hier verstanden, dass etwas – z. B. die Institution Staat – „rechtens" ist. Sie ist das Ergebnis eines Begründungsdiskurses, in dem normative Gültigkeit zu zeigen versucht wird. Siehe hierzu Homann (1999), S. 54.
522 Vertragstheorien stellen jedoch nicht nur auf die Staatsrechtfertigung ab. Verstanden als Konsensethik kann die Figur des Vertrages auch dem Nachweis moralischer Pflichten dienen. Dabei werden Pflichten als selbst auferlegte Pflichten verstanden.
523 Hume (1988/1742), S. 305-306. Für die libertäre Argumentation beispielsweise Rothbard (2000), S. 169ff.
524 Zintl (1983), S. 29ff.

interessant,[525] da sie von libertären Theoretikern aufgrund der gemeinsamen Basis eines methodologischen Individualismus ernst genommen werden kann.[526]

Buchanan modelliert zunächst einen Naturzustand, in dem den Individuen Wissen über sich selbst gegeben ist, jedoch gleichwohl anders als bei Hobbes die Ungleichheit der Individuen bezüglich ihrer Fähigkeiten und natürlichen Ausstattungen sowie ihrer Präferenzen bestehen bleibt.[527] Zunächst einmal stellt sich Buchanan eine Situation mit zwei Individuen vor, die in einer Anarchie leben und in Konflikt über den Gebrauch eines knappen Gutes x geraten.[528] Je nach den Auswirkungen der als unterschiedlich angenommenen Stärkeverhältnissen resultiert eine „natürliche Verteilung", die sich als prekäres Gleichgewicht einstellt, und das zugleich Basis jeder weiteren Verbesserung ist. Den Individuen wird klar, dass sich die Schutzvorkehrungen, die sie zur Sicherstellung des Gleichgewichts der natürlichen Verteilung vornehmen im Wesentlichen unnötig, d. h., verschwenderisch sind. Daher gibt es für alle Beteiligten einen rationalen Grund durch Übereinkunft, wenn diese möglich ist, sich wechselseitig besser zu stellen. Diese Übereinkunft, der konstitutionelle Kontrakt, also ein Gesellschaftsvertrag, bietet nun den Beteiligten die Möglichkeit, wechselseitige Tauschvorteile, sei es durch privaten Tausch oder den „Tausch" von Kollektivgütern, zu erzielen.[529] Obwohl also ein konstitutionelles Interesse der Individuen vorhanden ist, bestehen weiterhin Anreize, durch Nichtbefolgung der Regeln des Gesellschaftsvertrages individuelle Vorteile zu erhalten. Deshalb bedarf es eines Staates, der in Analogie zum Schiedsrichter eines Spiels, die Regeleinhaltung überwacht und durchsetzt.[530] Buchanan geht also davon aus, dass sich rationale Individuen auf einen Vertrag einigen können, der in ihrem je individuellen Interesse liegt, aber zu gemeinsamen Regeln, Spielregeln des Zusammenlebens, führt. Damit liefert er eine „Als ob"-Begründung für das historische Entstehen des (demokratischen) Staates, obwohl der Staat in der empirischen Realität so nicht entstanden ist.[531] Die legitimationstheoretische Aussage ist demnach darin enthalten, dass der Staat aus einem Vertrag zwischen den Individuen hätte entstanden sein können. Es handelt sich also um einen hypothetischen Vertrag. Zugleich ermöglicht es dieser anhand der gewonnenen Kriterien, so meint Buchanan, Vorschläge für Reformen unterbreiten zu können.[532]

Was ist nun von den Argumenten aus libertärer Sicht zu halten? Jasay kritisiert nicht die Inhalte oder die Gründe für den Gesellschaftsvertrag bei Buchanan (und anderen), sondern den Gesellschaftsvertragsgedanken als solchen. Die Idee des Gesellschaftsvertrages zur Etablierung eines Staates geht Jasay zufolge auf die Begründung zurück, dass rationale Akteure keine stabilen Verträge im Naturzustand eingehen können, dass mithin ein

---

525 Buchanan (1975); siehe auch Brennan/Buchanan (1993).
526 Allerdings bedeutet dies nicht, dass diese der Konzeption Buchanans zustimmen. Siehe beispielsweise Radnitzky (2002a), S. 350-351. und Jasay (1997), Kapitel 1.
527 Buchanan (1975), S. 11.
528 Ebd., S. 23ff.
529 Dabei ist der „Tausch" von Kollektivgütern erst in einem nachgelagerten, postkonstitutionellen Kontrakt zu erwarten, der jedoch ebenfalls die Sicherstellung einer Besserstellung aller gewährleisten muss, so dass es sich auch hier um einen „Sozialkontrakt" handelt. Ebd., S. 33.
530 Ebd., S. 64ff.
531 Brennan/Buchanan (1993), S. 29.
532 Buchanan (1975), S. 166 ff. (Kapitel 10).

„third-party enforcer" benötigt wird, der die Durchsetzung von Verträgen ermöglicht. Es ist offensichtlich, dass dies nun eben nicht wiederum durch einen Vertrag geschehen kann. Wenn der Staat notwendig ist, um Verträge durchzusetzen, so gibt es keine Möglichkeit für einen Gesellschaftsvertrag.[533] Diese Kritik Jasays ist insofern plausibel, als sie auf die Befolgung, die Durchsetzung des hypothetischen Gesellschaftsvertrages abstellt. Das legitimations-theoretische Element im Gesellschaftsvertragsgedanken ist von Jasays Kritik aber nicht betroffen, denn hier geht es um den Nachweis eines von allen geteilten Regelgeltungsinteresses, das eben vom Regelbefolgungsinteresse unterschieden werden kann.[534] Dieser Aspekt der libertären Kritik am Gesellschaftsvertrag ist insofern unzureichend.

Ein mit Jasays Argumentation verwandter Kritikpunkt an dem dem Vertragsgedanken zugrunde liegenden Einstimmigkeitserfordernis wird aus – ebenfalls libertärer Perspektive – in der Unnötigkeit eines Staates gesehen, der auf Einstimmigkeit beruht: wenn alle ein gemeinsames Interesse haben, bedarf es keiner Institution mehr, die dieses Interesse schützt, da es ohnehin von allen geteilt wird.[535] Mit der getroffenen Unterscheidung zwischen Regelgeltungs- und Regelbefolgungsinteresse wird klar, dass dieses Argument nicht stichhaltig ist. Die Durchsetzung des geteilten Interesses ist keine Selbstverständlichkeit für rationale Individuen ebenso wenig wie es zuvor selbstverständlich war, dass bei einer Etablierung der „Zwangsmacht" Staat eine Bindung desselben – bzw. ihrer individuellen Akteure – an die Einhaltung des Gesellschaftsvertrages gelingt.[536]

Angesichts dieser Einwände gilt es, nochmals darauf hinzuweisen, was das Vertragsargument besagt und was nicht. Schon Hume hatte im Hinblick auf die Staatsrechtfertigung das individuelle Interesse an einer Ordnung als Rechtfertigungsgrund hervorgehoben, ohne den Umweg über den auch seiner Ansicht nach hehren Gedanken einer faktischen Zustimmung zum Gesellschaftsvertrag zu gehen.[537] Damit zeigt sich die eigentlich nur metaphorische Bedeutung des Vertragsgedanken, da man direkt auf die – für alle Individuen! – wechselseitig vorteilhaften Effekte einer Regel bzw. eines Staates verweisen

---

533 Jasay (1997), S. 22, schreibt: „There is, then, no contractual exit from the state of nature: if the state is to be created by contract, it cannot be created, since it is its own antecedent condition."
534 Zum Unterschied von Regelgeltungs- und Regelbefolgungsinteresse siehe beispielsweise Vanberg (1999), S. 48ff. Siehe auch Vanberg/Buchanan (1988), S. 139ff. Interessant an der Argumentation Jasays ist, dass es einen bedeutenden Unterschied zu anderen libertären Theoretikern markiert, die dem Gesellschaftsvertragsgedanken nämlich nur dann Legitimationswirkung zusprechen, wenn es sich um einen tatsächlichen Vertrag handelt. Für Jasay (1997), S. 15, ist hingegen klar, dass ein Staat begründet ist, wenn der Nachweis einer hypothetischen Zustimmung rationaler Individuen gelingen sollte: „If this argument stands up, it is of course immaterial that it has not in fact been chosen, but by courtesy of exogenous events has helpfully arisen in time, without having to be chosen in the first place."
535 Block/DiLorenzo (2000), S. 568.
536 Es wäre nicht einmal dann eine Selbstverständlichkeit, wenn man vom skeptischen Modell ausschließlich situativer Nutzenmaximierer zum Modell mit dispositionellen Nutzenmaximierern wechselt (wie wir dies später tun werden), die in einer gegebenen Population neben den situativen Nutzenmaximierern auftreten können. Siehe hierzu das Kapitel 6 im Hinblick auf eine entsprechende Situation ohne Staat bzw. im Hinblick auf die Möglichkeit, aber eben nicht Selbstverständlichkeit einer Bindung des Staates an das Recht, d.h. im vorliegenden Falle, an den Gesellschaftsvertrag.
537 Hume (1988/1742), S. 317-318.

könnte.[538] Der vertragstheoretische Ansatz eines hypothetischen Gesellschaftsvertrages reduziert sich somit auf ein lediglich „gedankenexperimentelles Testverfahren",[539] auf ein Testverfahren, in dem die Legitimation des Ergebnisses als „Selbstverpflichtung" eines jeden einzelnen gedacht werden kann.[540] Eine normative Rechtfertigung für Zwang ist damit noch nicht geliefert, es soll nur geprüft werden, ob eine solche Rechtfertigung möglich ist. Und diese Möglichkeit ist nur dann gegeben, wenn die Individuen einen Staat aus eigenem Interesse als sinnvoll erachten können.

Gibt es daher neben den ersten libertären Gegenargumenten, Aspekte, die die Idee eines gemeinsamen Interesses der Individuen am Staat grundsätzlich bezweifeln lassen? Wenn die Individuenpräferenzen nicht vorprogrammiert sind, wie es für „echte" Vertragstheorien auch nicht möglich ist, kommt man schnell zu einem Ergebnis: Individuen mit genuiner Ablehnung jedweder Staatlichkeit, also überzeugten Anarchisten, wird man auch mit einem Vertragsargument keine zwingenden Gründe liefern können, warum es insgesamt im Interesse dieses Individuums sei, einen Staat zu befürworten. Für Buchanans Entwurf gilt daher: Da im Naturzustand alles erlaubt ist,[541] kann auch nicht mehr von einer „freiwilligen" Übereinkunft durch Vertrag gesprochen werden. Es könnte sogar sein, dass der Vertrag überhaupt nicht zustande kommt, eben weil es kein von allen Individuen geteiltes Interesse am Staat gibt.[542]

Wie sich bisher gezeigt hat, kann ein hypothetischer Gesellschaftsvertrag, selbst wenn es sich um einen Vertrag im Rahmen einer „echten" Vertragstheorie handelt, die Legitimation des Staates im Hinblick auf die Diskussion mit libertären Theoretikern nicht überzeugend begründen.[543] Ein zwingendes Argument für den Staat gibt es durch einen hypothetischen Gesellschaftsvertrag, begründet auf Basis des Nachweises individuellen Interesses, nicht. Auch ist nicht sichergestellt, dass es sich – selbst bei einem unterstellten gemeinsamen Interesse der Individuen – um eine auf freiwilliger Zustimmung basierenden Vertrag handelt, genau dem Aspekt, der gerade auch für ausschlaggebend ist. Wie sieht es nun aber aus mit der Behauptung, dass ein bestehender Staat aufgrund des Verweilens der Individuen gerechtfertigt ist, dass mithin freiwillige individuelle Zustimmung zum Status quo vorliegt (und damit implizit auch individuelles Interesse), weil die Individuen in Staaten leben und eben nicht auswandern?

Diese Idee einer impliziten oder – besser: – stillschweigenden Zustimmung zum Gesellschaftsvertrag geht auf Platons Kriton zurück. In Platons Beschreibung weigert sich Sokrates dem gegen ihn verhängten Todesurteil zu entfliehen, weil er sich dem politischen Gemeinwesen verpflichtet fühlt, weil er den Gesetzen Athens, denen er zuvor gehorchte, nun auch gehorchen muss, wenn sie sich gegen ihn (und seine philosophischen Überzeugungen) wenden.[544] Hinter der Idee der stillschweigenden Zustimmung steht daher

---

538 Hardin (1990), S. 41.
539 Kersting (1996), S. 352.
540 Höffe (1987), S. 448.
541 Koller (1987), S. 223.
542 Zintl (1983), S. 90 ff.
543 Zur Kritik am Gesellschaftsvertrag aufgrund seines fiktiven Charakters siehe auch Kliemt (2003).
544 Platon (1987), S. 52 und S. 54.

die Vorstellung „konkludenten Verhaltens", also beispielsweise der Zustimmung durch Schweigen solange man der Situation, der man entgehen kann, nicht entgeht.[545] Folglich könnte man dem Staat deswegen Legitimation zusprechen, weil die Staatsbürger von den Regeln und den öffentlichen Gütern insgesamt Gebrauch machen und somit auch ihre je individuelle, freiwillige Zustimmung erteilt haben. Da sich die Individuen ständig entziehen können, ließe sich außerdem argumentieren, dass es sich um eine fortdauernde und eben faktisch bestehende Zustimmung handelt.[546] Auch hier wieder kann auf Humes klassische Kritik des Vertragsgedankens zurückgegangen werden. Hume schreibt zur Idee der stillschweigenden Zustimmung:

> „Wir könnten ebenso gut behaupten, dass ein Mann durch seinen Aufenthalt auf einem Schiff die Herrschaft des Kapitäns freiwillig anerkennt, obwohl er im Schlaf an Bord getragen wurde und ins Meer springen und untergehen müsste, wenn er das Schiff verlassen wollte."[547]

Humes Kritik mag nun insbesondere darauf abzielen, dass die Begründung von Herrschaft auf Basis stillschweigender Zustimmung den Regierungen mehr „Ehre" zukommen lässt, als diese verdienen.[548] Dennoch ist die Argumentation hier von eigenständiger Bedeutung. So kann von jemand, der von sich aus „an Bord" kommt, durchaus Zustimmung erwartet werden: er weiß, worauf er sich einlässt. Folglich müssen die Individuen, die sich ohne Dissens um Integration bemühen, selbst wenn sie in dem entsprechenden Land geboren sind, auch den geltenden Regeln unterwerfen, und können nicht plausibel geltend machen, dass es nicht ihre Absicht gewesen sei, sich an die Regeln zu halten.[549]

Nun ist genau dieser Aspekt problematisch: Humes Schiffsanalogie hat den nur scheinbaren Charakter der Freiwilligkeit einer stillschweigenden Zustimmung entlarvt, denn es geht nicht nur darum, wie jemand „an Bord" gekommen ist, sondern ebenso darum, welche Alternativen ihn an Bord erwarten. Dies ist deswegen bedeutsam, da es sich nur dann um freiwillige Zustimmung handeln kann, wenn diese kontinuierlich ist, da eine „Vererbung" der Zustimmung nicht überzeugt. Es geht somit um die Möglichkeit der Abwanderung („Exit") oder um die Veränderung von innen durch Widerspruch („Voice").[550] Die Schiffsanalogie mag somit auf einen totalitären Staat eher zutreffen als auf einen demokratisch verfassten Staat – denn in letzterem sind die Möglichkeiten der Auswanderung und des Widerspruchs in aller Regel gegeben.[551] Damit ist die Bedeutung der Möglichkeit der Alternativenwahl angedeutet; diese ist für den Charakter der Freiwilligkeit von stillschweigender Zustimmung ausschlaggebend.

---

545 Homann (1988), S. 179 sowie Ballestrem (1983), S. 13. Die Berufung erfolgt somit auf die alte Rechtsregel: Qui tacet consentire videtur (Wer schweigt, scheint zuzustimmen). Höffe (1987), S. 445 weist aber ebenso darauf hin, dass es auch die gegenteilige Regel gibt: Qui tacet, non facetur (Wer schweigt, erkennt nicht an).
546 Vanberg (1999), S. 41.
547 Hume (1988/1742), S. 311.
548 Ebd., S. 314.
549 Ballestrem (1983), S. 14-15.
550 Hirschman (1974).
551 Allgemein hierzu siehe Ballestrem (1983), S. 13-14.

Allerdings dürfte die Idee stillschweigender Zustimmung als Merkmal von Freiwilligkeit einen Libertären nicht überzeugen. Der Hinweis auf die Alternativenwahl ist nicht ausreichend: der Staat, selbst ein demokratisch verfasster, kann die Abwanderung und den Widerspruch verteuern, so dass den Individuen eventuell keine Entscheidungsmöglichkeit mehr gegeben ist. Vor allem aber können die Individuen zwar auswandern, aber eben nicht wirklich abwandern: dazu müssten sie die Chance haben, in den Naturzustand, d. h. in die Anarchie, ausweichen zu können. Erst wenn diese Möglichkeit vorhanden wäre, könnte auf stillschweigende Zustimmung der Verbleibenden zum Staat geschlossen werden.[552] In anderen Worten: stillschweigende Zustimmung zum Status quo kann nicht einfach postuliert oder angenommen werden. Diese Form des (scheinbar) expliziten Konsenses bleibt letztlich ebenso fiktiv wie die Varianten ursprünglicher oder hypothetischer Zustimmung zum Gesellschaftsvertrag. Ein zwingendes Argument für den Staat bietet die Gesellschaftsvertragstheorie in der Auseinandersetzung mit Libertären also nicht.

4.6.2 Die libertäre Anarchie unter Zustimmungsgesichtspunkten

Wenn die Gesellschaftsvertragstheorien – ungeachtet ihrer Nützlichkeit als gedankenexperimentelles Testverfahren – keine Begründung des Staates in der Auseinandersetzung mit der libertären Theorie liefern können, so scheint es ein legitimationstheoretisches Argument für die geordnete Anarchie zu geben. Aber ist dieses Argument – für ein Individuum – überzeugend, gar zwingend?

In einer libertären Anarchie kann prima facie jedes Individuum seine Präferenzen hinsichtlich seiner Rechtswünsche in das marktwirtschaftliche Rechtssystem einbringen und realisieren. Aber auch hier gilt, was Hume im Hinblick auf den Staat angemerkt hat, nämlich seine Kritik hinsichtlich des ahistorischen Charakters der Theorie des ursprünglichen Vertrages. Eben weil die Menschen keine „Seidenwürmer und Schmetterlinge" sind, deren Generationen gleichsam auf einmal verschwinden und später wieder neu auftauchen, eben weil die menschliche Gesellschaft durch Geburt und Tod in „ständiger Bewegung" ist, kann von freiwilliger Zustimmung aufgrund eines ursprünglichen Vertrages nicht die Rede sein.[553] Da nun aber auch eine libertäre Anarchie durch eine sich im Rechtsmarkt über die Zeit hinweg ausbildende Regelordnung kennzeichnet ist, in die Menschen hineingeboren werden, besteht prima facie kein legitimationstheoretischer Unterschied mehr zum Staat.[554] Allerdings ist dies nur solange stichhaltig, wie es keine Möglichkeit einer Alternativenwahl gibt.

Hier ist auch nochmals das Argument, die stillschweigende Zustimmung zum Staat sei nur dann plausibel, wenn eine Auswanderung in den Naturzustand möglich ist, zu beleuchten. Auch in einer libertären Anarchie besteht bei verteilten Gebieten eine solche Auswanderungsmöglichkeit nur dann, wenn die Auswanderung auch über fremdes Gebiet hinweg erlaubt ist, also wenn Sacheigentum „verletzt" werden darf. Handelt es sich

---

552 Kliemt (1980), S. 100.
553 Hume (1988/1742), S. 312.
554 Rippe (1998), S. 55.

hingegen um „Abwanderung durch Vertragsauflösung", ist man wieder auf die Frage zurückgeworfen, ob die Regelordnung dies zulässt. Die diesbezüglichen Grenzen der Anarchie werden in Kapitel 5 behandelt.

4.6.3 Sezessionsrecht

In der libertären Theorie wird hinsichtlich der gewünschten Abwicklung des Staates vor allem die Einführung eines individuellen Sezessionsrechtes vorgeschlagen.[555] Der Vorteil eines solchen Rechts wird insbesondere in der Kompatibilität mit den libertären Normvorstellungen – diesen zugrunde liegend: das Gewaltausschlussprinzip – gesehen (eine Veränderung der Ordnung wird also nicht auf dem Wege einer gewaltsamen Revolution erzielt).[556] Damit ist zugleich der Vorteil einer Individualsezession gegenüber einer Gruppensezession beschrieben. Obwohl diese ebenso erlaubt und – wenn freiwillig durch die Individuen geplant – möglich ist, so ist das libertäre Sezessionsrecht nicht darauf beschränkt. Wenn eine libertäre Rechtsordnung als möglich angenommen wird, wird auch das Argument von Mises, dass eine Individualsezession unpraktikabel ist, hinfällig.[557] Normativ gesehen ist dieses Argument in der libertären Theorie also für eine Rechtfertigung des individuellen Sezessionsrechts nicht entscheidend, da nur die Individualrechte das legitime Handeln definieren. Somit ist auch die Frage nach der Wahrscheinlichkeit bzw. nach den empirischen Bedingungen für eine gelingende Sezession, angenommen, dass ein entsprechendes Recht existiert, für Libertäre nur von einem nachgelagerten Interesse. Zunächst einmal muss es daher um die Begründung eines solchen individuellen Sezessionsrechts gehen. In gewisser Hinsicht lässt sich dabei die Idee eines individuellen Sezessionsrechtes auch als ein „Rettungsanker" für die Gesellschaftsvertragstheorie (selbst für „unechte" Theorien) begreifen: ein Staat ist dann gerechtfertigt, wenn die Individuen die Möglichkeit zur Abwanderung ohne Auswanderung haben, also mithin in die Anarchie abwandern und sich damit einer Herrschaftsordnung entziehen können. Durch die rechtliche Möglichkeit der individuellen Sezession wird der Gesellschaftsvertrag, so könnte man mutmaßen, erst wirklich zum Vertrag.

Bereits Johann Gottlieb Fichte hält ein solches individuelles „Austrittsrecht" für gerechtfertigt, da im Gesellschaftsvertrag alle dieselben Rechte und Pflichten haben und eine einseitige Vertragskündigung durch ein Individuum nicht als Vertragsbruch zu werten ist.[558] Die Gefahr, dass sich damit aber auch z.B. Verbrecher einer Strafe entziehen könnten, hält Fichte für gebannt, da ein Austritt aus dem Staat nicht gleichzusetzen ist mit einem Austritt aus dem allgemein gültigen „Sittengesetz", das immer noch durchgesetzt werden darf. Damit ist zugleich der kritische Punkt für die Diskussion der Forderungen

---

555 Unter Sezession ist dabei die einseitige, von einem Individuum ausgehende Auflösung von erzwungenen Bindungen zu verstehen – wobei das Individuum nicht selbst entscheiden kann, welche Bindungen es als erzwungen betrachten kann. Vielmehr sind nur solche Bindungen erzwungen, die nicht auf freiwilliger Zustimmung beruhen. Hülsmann (2003), S. 374 nennt diese Bindungen in Anlehnung an Ludwig von Mises „hegemonic bonds".
556 Hülsmann (2003), S. 382.
557 Mises (2000/1927), S. 97.
558 Fichte (1973/1793), S. 80-81.

nach einem Sezessionsrecht markiert. Nun kann gefragt werden, was die Ausübung des Sezessionsrechtes durch Individuen in der Beziehung zwischen dem „Rest-Staat" und den neu gebildeten zumeist kleineren Gebieten verändert. Wie wiederholt angedeutet wurde, ist eine Durchsetzung der libertären Rechte (bei Fichte: das Sittengesetz) bei konfligierenden Überzeugungen schwierig, so dass Individualsezessionen eben genau den (aus libertärer Sicht prima facie erwünschten) Zustand einer Anarchie bewirken können. Wenn diese sich jedoch nicht durch eine Gewährleistung der libertären Rechte auszeichnet, besteht Grund zur Befürchtung einer ungeordneten Anarchie. Dies wäre insbesondere dann auch normativ problematisch wenn ein funktionierender Staat mit „liberalen" Rechten durch die Sezession von innen heraus aufgelöst würde, und damit Konflikte entstünden, die auch den libertären Normvorstellungen entgegenstehen.[559] Das Sezessionsrecht wäre dann ursächlich für die Möglichkeit der Konfliktentstehung.[560] Zumindest aber wären im Zusammenspiel von „Rest-Staat" und Sezessionsparteien Regeln erforderlich, bei denen unklar ist, ob diese den libertären Normvorstellungen entsprechen. Mit einem Sezessionsrecht wäre aber nichts gewonnen, wenn die Sezessionsparteien in ihrer Regelgestaltung Rechte etablieren, die libertäre Normvorstellungen widersprechen. Darüber hinaus kann man auch die Kollektivgutbereitstellung als eine Begründung für eine Verweigerung des Sezessionsrechtes ansehen. Da bei Kollektivgütern das Problem der Nicht-Ausschließbarkeit besteht, könnte man von einer Ausbeutung der Individuen im „Rest-Staat" durch die Sezessionsparteien sprechen. Dies ist zwar nur solange ein tragfähiges Argument, wie die Abgrenzung bzw. eine Berechnung technisch unlösbar bleibt, aber dennoch lassen sich selbst bei technischer Lösbarkeit solcher Probleme konfliktfreie Regelungen nicht einfach annehmen.

4.7 Bilanz und Folgerungen

Die zu Beginn angesprochenen Probleme des Staates, die bei der Bereitstellung von Kollektivgütern auftreten, verdeutlichen zunächst einmal nur ein Dilemma, ohne dass daraus eine Ablehnung oder Bejahung des Staates per se folgen würde. Ohne institutionalisierte Entscheidungsprozesse fehlt für Kollektivgüter der Selektionsmechanismus: nur im politischen Prozess können die Kollektivgüter unter den verschiedenen Optionen eindeutig ausgewählt werden. Allerdings bestehen Schwierigkeiten in der Organisation des politischen Verfahrens, insbesondere, da politische Entscheidungen im Rahmen von Entscheidungsregeln getroffen werden, die – mit Ausnahme der Einstimmigkeitsregel

---

559 Es ist angebracht, hier eine Bemerkung zur Möglichkeit eines liberalen Staates zu machen: dieser ist ja für Libertäre eigentlich unmöglich, da ein Staat immer mit Eingriffen in die individuelle Freiheit einhergehe. Für die Diskussion ist aber interessant, ob – bei angenommenem Wertepluralismus – ein einigermaßen liberaler Staat nicht auch für Libertäre erträglicher wäre als eine ungeordnete Anarchie. Worin nun „ein einigermaßen liberaler" Staat genau besteht, muss hier offen bleiben; allenfalls die Geltung von Rechtsgleichheit und im Kern liberaler Rechtsinhalte ist zu erwähnen.
560 Ein auf liberale Werte verpflichteter Staat würde zwar kaum von sich aus Rechtsbrüche gegenüber den Sezessionsparteien üben, aber umgekehrt, je nach Stärkeverhältnis, kann ein solcher Konflikt denkbar sein. Dass die Sezessionsparteien weder rein libertär motiviert sein müssen ist bereits gezeigt worden. Dass sie auch dem Staat nicht zwingend unterlegen sein müssen, was ihre militärische Stärke angeht, behauptet aus libertärer Sicht Hülsmann (2003).

– ein Ausbeutungsrisiko implizieren.[561] Die überstimmte Minderheit kann durch die Mehrheit ausgenutzt werden, so dass die individuelle Freiheit in Gefahr zu sein scheint.

Die Verallgemeinerung der libertären Kritik hat zu dieser skeptischen Sicht gewichtige Gründe geliefert. Es hat sich dabei auch gezeigt, dass die Idee des Gesellschaftsvertrages keinen Ausweg bietet, Libertäre von der Legitimität des Staates zu überzeugen. Allerdings scheint die geordnete Anarchie nur dann eine Lösung zu sein, wenn libertäre Regeln tatsächlich eingehalten werden. Ob dies der Fall ist, werden wir nun untersuchen.

---

561 Zintl (1983), S. 77-78.

5 Die Grenzen der Anarchie

5.1 Vorbemerkung

Die bisherige Untersuchung hat gezeigt, dass die libertäre Konzeption einer geordneten Anarchie zwar sorgfältig auf die denkbaren Optionen der Selbstdurchsetzung von Verträgen abstellt, aber eine erste Schwäche birgt: die systematische private Bereitstellung von Kollektivgütern scheitert. Damit stellt sich wiederholt die Frage, ob die bisher eher positiven Erwartungen bezüglich der Funktionsfähigkeit des Reputationsmechanismus als Garant einer libertären Ordnung tatsächlich tragen.

5.2 Das moralische Problem: Reputation und Sanktionierung

Wie in Kapitel 3, Abschnitt 3.5 diskutiert, könnten Dilemmasituationen ein Scheitern individueller Kooperation bewirken. Es bestand Grund zu der Annahme, dass dieses Problem jedoch durch die Reputation der handelnden Akteure gelöst werden könnte. Damit der Reputationsmechanismus aber tatsächlich funktioniert, müssen die handelnden Individuen mit den Informationen, die sie über das Verhalten der Individuen in der Dilemmasituation erhalten, etwas anfangen. Sie müssen diese interpretieren, und schließlich müssen sie sich dazu entschließen, Sanktionen gegen Defektierer tatsächlich durchzuführen. Man hat es also mit Konstellationen zu tun, die sich vereinfachend bezeichnen lassen als die Kombination von beobachtetem Verhalten („Kooperation" und „Defektion") sowie der Sanktion (erfolgt und nicht-erfolgt).[562] Die Kombination von Defektion (im Verhalten anderer) und der erfolgenden Sanktion ist genau der Fall, der den Reputationsmechanismus als solchen erst zur Durchsetzung von Normen und normkonformen Verhalten befähigt. Insofern ist dieser nicht näher zu untersuchen, ebenso wenig wie der Fall kooperativen Verhaltens ohne Sanktionierung – auch dies ist ein Fall, der eigentlich zu erwarten ist und das Funktionieren des Reputationsmechanismus bedeutet.

Auch der entgegen gesetzte Fall von Sanktion bei Kooperation scheint wenig problematisch: da der Fehler einer möglicherweise falschen Interpretation beobachteten Verhaltens (Kooperation wird als Defektion gewertet) per se nicht systematisch angelegt ist, stellt er für den Reputationsmechanismus zunächst einmal kein ernsthaftes Problem dar. Aber Fehler können zur ungerechtfertigten Schädigung anderer führen, wenn man sie nicht mehr als Interaktionspartner akzeptiert und sie daher fälschlich „bestraft". Nun gibt es gegenläufige Anreize, denn eine Sanktion, die selbst unbegründet ist, schädigt über den Reputationseffekt auch denjenigen, der sie begeht. Aus dem Eigeninteresse des Akteurs heraus wird dieser versucht sein müssen, Fehler zu vermeiden und sich bei erfolgten Fehlern um Wiedergutmachung zu bemühen: als Signal an alle anderen für die eigene Einsicht. Problematisch wäre es, wenn die „falsche" Interpretation nicht nur im

---

562 Der potenzielle Tauschpartner wird dadurch sanktioniert, dass er nicht mehr als Tauschpartner in Frage kommt, möglicherweise für eine Anzahl bestimmter Perioden oder gar für immer.

Einzelfall, sozusagen als das alltägliche Risiko unsicherer Interaktionen von Individuen auftritt, sondern als systematisches Fehl- oder gar Vorurteil mit Bezug auf andere Individuen oder Gruppen ausfällt. Dies unterscheidet sich vom unten zu betrachtenden Fall bei nicht-erfolgender Sanktionierung von Defektion dadurch, dass im vorliegenden Fall fehlerhafter Wertung von Kooperation als Defektion sanktioniert wird, also ein Konflikt entsteht. Gerade im Falle von Stereotypen erscheint dies besonders problematisch.[563] Dennoch muss dies nicht so schlimm sein, wie es den Anschein hat: es kann wiederum nicht unterstellt werden, dass alle Individuen den gleichen Stereotypen folgen. Der Reputationsmechanismus ist nur geschwächt, er ist dadurch nicht systematisch gestört.

Interessant ist also insbesondere der Fall, bei dem Sanktionen bei Defektion unterbleiben, der Reputationsmechanismus also wirklich für seinen genuinen Zweck versagt. Selbst bei vollständig perfekter Information ist nicht gewährleistet, dass die Sanktion tatsächlich erfolgt, oder dass sie, wenn sie erfolgt, ausreichend wäre.[564] Auch der potentiell Sanktionierende steht vor einer Dilemmasituation: er muss entscheiden, ob sich die Sanktion eines anderen für ihn lohnt oder ob er nicht durch einen Verzicht auf die Sanktion seine Situation verbessern kann. Er kann durch den Verzicht auf die Sanktion direkten Kosten vermeiden, also durch Trittbrettfahrerverhalten seinen Nutzen steigern und in der Erwartung, dass die Kosten der Sanktionierung durch andere getragen werden. Damit wird die Reputationslösung für die ursprüngliche Dilemmasituation selbst zum abhängigen Problem:[565] sie kann nicht systematisch aufrechterhalten werden, wenn es nicht andere Faktoren außerhalb des engen rationalistischen Kalküls der Akteure gibt, die zur Stützung des Reputations- und Sanktionsmechanismus dienlich sein können. Zwar kann auch die Nicht-Sanktion wiederum von anderen als Defektion gewertet und wiederum entsprechend sanktioniert werden, aber damit entstünde nur ein infiniter Regress.[566] Selbst wenn es aufgrund von anderen, vorerst nicht weiter spezifizierten Umständen zu einer Sanktionierung kommen sollte, so ist diese in ihrer Beschaffenheit mit weiteren Schwierigkeiten behaftet. Woher sollen die Akteure wissen, wann, wie stark und wie lange sie sanktionieren sollen? Woher sollen sie wissen, wen sie sanktionieren müssen, z. B. wenn es sich um Firmen handelt, deren Eigentümer vielleicht kooperativ, aber deren Mitarbeiter teilweise unkooperativ sind (Prinzipal-Agenten-Problematik)? Wie sollen sie in Anbetracht der möglichen Kontingenzen unvollständiger Verträge mit „Entschuldigungen" umgehen? Unnachgiebig, obwohl sie selbst eines Tages vielleicht gerne mit Nachsicht von genau diesem Gegenüber behandelt würden? Sollen die Akteure auch für Verhaltensweisen in anderen Bereichen, die mit dem eigentlichen Geschäft nichts zu tun haben, sanktionieren, also aus Solidarität?

---

563 Axelrod (1987), S. 132 ff., weist darauf hin, dass die Erwartungen aus Erfahrungen oder aus Erzählungen herrühren können. Das Ergebnis von Axelrods „tit for tat"-Strategie ist nun, „dass Etikettierungen Stereotype unterstützen können, die jedem schaden und die der Minorität stärker schaden als der Majorität." (S. 134).
564 Die Sanktionierung ist keine binäre Entscheidung, sondern eine graduelle. Siehe die beispielhaften Fragen im Text.
565 Dixit (2004), S. 63-64.
566 Elster (1989) S. 105, weist darauf hin, dass Sanktionen gegen diejenigen, die keine Sanktionen gegen Individuen mit Fehlverhalten begehen, nach einigen Stufen bereits schwächer werden.

Die letzte Frage deutet auf eine nützliche und für den Gang der Untersuchung wichtige Unterscheidung zwischen „trust rules" und „solidarity rules" hin, wie sie von Vanberg und Buchanan vorgeschlagen wird.[567] In direkten Beziehungen, bei direkter Reziprozität also, können durch wiederholte Spiele Dilemmasituationen überwunden werden; es entstehen „trust rules". Rationale, eigennutzinteressierte Individuen können Regeln befolgen, da eine spezifische Sanktionierung ihrer direkten (und wiederholten) Interaktionspartner insbesondere in kleinen Gruppen leicht möglich ist und es in ihrem eigenen Interesse liegt, eine Sanktion durchzuführen. In Situationen jedoch, die durch indirekte Reziprozität gekennzeichnet sind, versagt dieser Mechanismus: es bedarf der Sanktionierung durch Dritte, und diese Sanktionierung ist abhängig davon, ob die nur indirekt involvierten Individuen bereit sind, aus mehr als situativem Interesse zu handeln.[568] Jeder individuelle Beitrag zu einem Gut, das mehreren anderen Individuen direkt nutzt, ohne dass diese an der Produktion des Gutes direkt beteiligt sind, ist für das handelnde Individuum meist unattraktiv, da es allein die Kosten trägt. Insofern betrachten Vanberg und Buchanan „solidarity rules" als identisch mit Kollektivgütern, wie ihr Beispiel „not littering in public places" deutlich macht.[569] In anderen Worten: auch die Normbefolgung eines Individuums kann anderen nutzen, da diese von der positiven Externalität, die durch die Normbefolgung erzielt wird, nicht ausgeschlossen werden können. Da wir es aber weiterhin mit individuellen Nutzenmaximierer zu tun haben, ist diese Art der Normproduktion, die ein typisches Gefangenendilemma darstellt, kaum möglich. Die von allen gewünschte Produktion von Solidaritätsregeln, einschließlich der Solidaritätsregel „Sanktionierung" bei Fällen indirekter Reziprozität, kann leicht scheitern.

Darüber hinaus wirft die Thematik der Solidaritätsregeln eine weitere Frage auf: kann es gleichzeitig unterschiedliche Solidaritätsregeln in einer Gesellschaft geben? Und was bedeutet dies für die Konzeption einer libertären Ordnung?

5.3 Das kognitive Problem: Reputation und Normen

Libertäre geben sich verwundert darüber, dass Befürworter des Staates scheinbar nicht erkennen, dass Unternehmen verschiedener Staaten häufig problemlos über die Grenzen der Staaten hinweg Handel betreiben, obwohl es keinen übergeordneten Weltstaat gibt.[570] In der Tat scheint dies zunächst einmal die Validität des libertären Modells zu bestätigen, aber die bisherige Diskussion von Reputation als Durchsetzungsmechanismus von Verträgen und zur Bereitstellung von Kollektivgütern zeigt auch die Grenzen des Arguments. Denn die internationalen Tauschpartner dürften über relativ gute Information über einander verfügen und in einem recht homogenen Beziehungsgeflecht (ein-

---

567 Vanberg / Buchanan (1988), S. 147ff.
568 Voss (2000), S. 53, nennt dies das „'second order' collective goods problem". Unter bestimmten Bedingungen könnte auch dieses für rationale Akteure überwindbar sein, allerdings nicht prinzipiell. Siehe S. 60ff.
569 Ebd., S. 150.
570 Siehe Stringham (1998), S. 60, Rothbard (1970), S. 5 und Radnitzky (2002a), S. 349.

schließlich Treuhänder) agieren.[571] Da es sich um eine – Jasay folgend – kleine Gruppe innerhalb der großen handelt, scheint direkte Reziprozität hier wahrscheinlich und die Erfüllung von Verträgen relativ problemlos. Daraus lässt sich jedoch nicht ableiten, dass eine libertäre Ordnung insgesamt leicht durchzusetzen wäre.

Der Reputationsmechanismus braucht eine Kopplung an Normen, die zur Bewertung von Verhalten tauglich sind, wenn er als Durchsetzungsmechanismus für Fälle indirekter Reziprozität funktionieren und wenn die anarchistische Ordnung zu einer libertären Ordnung gemacht werden soll.[572] Insofern liegt dem Reputationsmechanismus im Kontext einer libertären Ordnung ein – wenngleich erstmal problemfreier – Zirkel zugrunde:[573] Reputation in einem libertären Rechtsmarkt funktioniert nur aufgrund von Normen; sanktionsfähige Rechtsnormen aber entstehen in der geordneten Anarchie durch Interaktionen (auf Märkten), können sich also ihrerseits wiederum nur durch Reputation – und die notwendige Sanktionierung des unerwünschten Verhaltens – durchsetzen.[574] Dabei gilt: Normen und individuelle Rechtswünsche sind nicht zwingend deckungsgleich, es kann Rechtswünsche in einem Sicherheitsmarkt geben, die im Widerspruch zu den „gesellschaftlichen" Normen stehen. In einem libertären Rechtssystem gibt es prima facie nur private Firmen, die unterschiedliches Recht anbieten (können), und es gibt keine a priori feststehenden Normen, denen notwendigerweise gefolgt wird. Damit haben wir zwei Themen zu untersuchen: zum einen, ob Normen endogen entstehen können und zum anderen, ob erwartet werden kann, dass es sich dabei um libertäre Normen handelt.

Beginnen wir mit einem Beispiel. Die Käufer von Recht könnten das Verbot von Drogenkonsum kaufen, d. h. ihre individuellen Präferenzen in dieser Frage ausdrücken. Erst wenn Gerichte entsprechende Urteile sprechen, wird dieses Recht tatsächlich durchgesetzt. Die Gerichte werden aber versucht sein, Recht zu sprechen, das ihnen auch zukünftig Verträge sichert (unter der Annahme einer hohen Bedeutung des „Schattens der Zukunft"). Ihre Reputation hängt ceteris paribus also davon ab, ob nun andere (potentielle) Kunden eine entsprechende Norm gegen Drogenkonsum etabliert haben. Selbst wenn nur wenige Individuen eine konkrete Rechtsklausel in ihren Verträgen kaufen, die die Durchsetzung des Drogenverbotes enthält, so kann es dennoch in einer gegebenen Gemeinschaft Norm sein, dass „man" Drogen nicht konsumiert. Urteile, die solche Verbote stützen, werden, obwohl die Leistung nur von wenigen gekauft wurde, nicht sanktioniert: es entspricht dem Normverständnis der unbeteiligten Dritten. Das Unternehmen, dessen Gericht entsprechendes Recht spricht und dessen Sicherheitsagentur das Urteil durchsetzt, muss also auch darum bemüht sein, zu erfahren, welche Normen in einem bestimmten Kontext (regional oder funktional) gelten – ansonsten könnte es im

---

571 Siehe auch Dixit (2004), S. 65-66.
572 Vgl. zur Relevanz von Normen Zintl (1999), S. 189-190. Zur Notwendigkeit von (Meta-)Normen als Basis für ein Funktionieren des Reputationsmechanismus siehe Voigt / Kiwit (1998), S. 97.
573 Kreps (1990a), S. 107, weist auf den inneren Zirkel des Reputationsmechanismus hin: "... it works because it works." Allerdings vernachlässigt er dabei den Aspekt der Normen, die über die reine Reziprozitätsfrage hinausgehen.
574 Es ist dabei auch nicht ausgeschlossen, dass sich die Individuen auf Normen anderweitig einigen können.

Wettbewerb aufgrund seiner Reputation Umsatzeinbußen erleiden, d.h. durch Abwanderung von Kunden „sanktioniert" werden. Aber woher sollte diese vorgelagerte Norm kommen? Die Normen, die eine geteilte Bewertung von Verhalten ermöglichen, müssen zuvor entstanden sein, damit die Sanktionierung im Falle von Abweichungen von der Norm funktionieren kann, und damit schließlich der Reputationsmechanismus und folglich der Wettbewerb im libertären Rechtsmarkt zustande kommt.

Dafür bieten Libertäre zwei Lösungswege an. Entweder es gibt einsichtige Normen, die wenn man sie als gültig voraussetzt, das gewünschte Ergebnis ermöglichen. Oder die Norminhalte werden selbst endogenisiert, sind also Produkt des Prozesses. Die erste Variante können wir vernachlässigen, denn wenn die Individuen libertären Normen – per Voraussetzung – folgen, dann ist das Problem „gelöst".[575] Oder anders ausgedrückt: es wird das Problem gar nicht erst beachtet, weil das zu Erklärende bereits vorausgesetzt wird: eine petitio questionis. Daher ist der einzig interessante Fall der, bei dem es sich nicht um eine Annahme handelt oder um ideologische Werbung. Normen können evolutionär entstehen, aber warum sollte ihr Gehalt libertären Vorstellungen entsprechen? Ist das Selbsteigentum der Individuen und das Recht auf absolutes Sacheigentum natürlicher oder notwendiger Inhalt endogen erzeugter Normen?

Man betrachte den Fall zweier Individuen, die mit einander in Interaktion treten, und zwar im Rahmen einer Verhandlung. Ohne das Interesse der beiden Parteien, entweder wiederholt zu interagieren oder in Zukunft mit beobachtenden Dritten Geschäfte abzuschließen, scheint das auftretende Dilemma unlösbar. Nimmt man nun an, dass es ein langfristiges Interesse auf beiden Seiten gibt, und dass die Informationsbedingungen keine Probleme verursachen, so ist gemäß Friedman festzuhalten, dass ein spezifisches Geschäft – insbesondere im Sicherheitsmarkt – ein bilaterales Monopol darstellt.[576] Der Rechtsschutz in einer Interaktionsbeziehung kann nicht durch den Rechtsschutz in einer anderen substituiert werden. Ein Versuch, die Unsicherheit in der Beziehung mit einem Individuum A derart zu vermeiden, dass man die Sicherheit von B kauft, lässt die prekäre Situation mit A intakt. Jede Beziehung, in der die Verhandlungspartner nicht einfach substituiert werden können, hat also den Charakter eines gegenseitigen Monopols. In der vorliegenden Konstellation kann es nun durch direkte Reziprozität zu einer Lösung

---

575 Der Ansatz der Libertären der Österreichischen Schule scheint in diese Richtung zu gehen. Libertäre Normen gelten in dieser Denkrichtung als unwiderlegbar, und müssen von allen Individuen akzeptiert werden, da sie im Alltag zumindest nach den Voraussetzungen handeln (Handlungsaxiom). Folglich tragen sie schon die Basis des Gewaltausschlussprinzips in sich: die Tatsache, dass Individuen in Märkten zumindest im Allgemeinen dem Gewaltausschlussprinzip entsprechend agieren, nämlich kooperativ, ist ausreichend, um den Reputationsmechanismus entlang libertärer Normvorstellungen für funktionsfähig zu halten. Anders ausgedrückt: Wenn Märkte betreten werden, hat man implizit schon seine Wertvorstellungen (für Eigentumsnormen) geäußert – eine Sanktion unkooperativen Verhaltens anderer anhand dieser Vorstellung sollte von offensichtlich kein (normatives) Problem darstellen. Die Schwierigkeit liegt nun aber darin, dass aus dem Verhalten der Individuen auf Märkten nicht auf die Universalisierbarkeit des Gewaltausschlussprinzips oder die individuelle Kenntnis desselben geschlossen werden kann. Auch liegt eine weitere Schwierigkeit in den Eigentumsnormen selbst begründet: Welche sollen denn gelten? Siehe auch Kapitel 2, insbesondere Abschnitt 2.7.
576 Friedman (1996), S. 238-239.

des Dilemmas kommen, wobei dies bei Friedman durch Fokalpunkte unterstützt wird.[577] In Friedmans Ansatz besteht nicht mehr die Gefahr, dass sich unendlich viele Gleichgewichte einstellen können. Es entsteht eine Fundamentalnorm – Respekt vor Eigentum – die einen Fokalpunkt darstellt. Wie kommt es nun zu dieser Eigentumsnorm?

Zunächst einmal ist festzuhalten, dass überhaupt ein Fokalpunkt entstehen kann. Der Beginn der bilateralen Verhandlung zweier Spieler im obigen Beispiel führt laut Friedman dazu, dass ein Fokalpunkt etabliert wird, der eine eindeutige Lösung für die potentielle Sanktionierung in der Zukunft darstellt. Dieser Fokalpunkt kann sich erstens ergeben, wenn die Verhandelnden gleiche oder zumindest ähnliche Kategorien der Betrachtung auf bestimmte Gegenstände haben (z. B. gemeinsames Wissen über kulturell gültige Normen).[578] Diese Kategorien können durch Kommunikation beeinflusst werden, z. B. indem bestimmte Aspekte, nicht jedoch die Strategien, ein Signal für den Verhandlungspartner sind, um die Einschätzung des Geschäfts durch die andere Seite abschätzen zu können.[579] Der zweite Grund besteht für Friedman in der antizipierbaren Gefahr eines fortlaufenden Verhandlungsprozesses, der steigende Transaktionskosten verursacht.[580] Es ist also für beide Spieler lohnend, an einem Fokalpunkt festzuhalten, sollte ein solcher aufzufinden sein:

> „A player who says that he insists on the unique outcome and will not settle for anything less may be believable, where a similar statement about a different outcome would not. He can convincingly argue that he will stand by his proposed outcome because, once he gives it up, he has no idea where he will end up or how high the cost of getting there will be."[581]

Im Naturzustand führt nun laut Friedman die wiederholte Interaktion in Gefangenendilemmasituationen – zuvor als Fall direkter Reziprozität gekennzeichnet – zum Respekt vor dem Eigentum des anderen:

---

577 Friedman (1994a), S. 3ff. Fokalpunkte, auch Schelling-Punkte genannt, sind Lösungen für Koordinationsspiele, bei denen die Spieler nicht kommunizieren können und bei denen es ggf. nur eine einzigartige Lösung gibt. Das Konzept stammt von Schelling (1960). Siehe auch Kreps (1990a), S. 120.

578 Hier besteht die Möglichkeit, das Argument Friedmans als haltlos zurückzuweisen, weil es behauptet, dass „Inhalte durch Inhalte" begründet sind. Man kann dies aber auch anders interpretieren: die Anreize der Situation führen zu endogen erzeugten Normen. Der konkrete Inhalt jedoch ist abhängig von Bedingungen und damit beeinflußbar, beispielsweise durch Kommunikation. Eine andere Lesart wäre, dass neben den Reziprozitätsnormen, die durch die Interaktion entstehen, „gleichursprünglich" Solidaritätsnormen durch Verständigung erzielt werden, zum Beispiel bei der Verständigung über die Aufteilung von Kooperationsgewinnen nach gewissen Kriterien, die aus einem Diskurs resultieren

579 Ein Beispiel ist die Veränderung der Informationsbasis. In einer gegebenen Zahlenreihe könnte es Primzahlen und Quadratzahlen geben; indem ein Partner den anderen über das Konzept der Primzahlen informiert, ändert sich ggf. dessen Interpretation der Zahlenreihe – falls es nur eine Primzahl gibt (und keine weiteren Schelling-Punkte), könnte diese selbst ohne direkte Absprache in getrennten „Wahlgängen" von beiden gewählt werden. Siehe David Friedman (1994a), S. 4-5.

580 Friedman (1994a), S. 7.

581 Ebd.

„Since conflict consumes resources, both could benefit by agreeing on what each owns and thereafter each respecting the other's property."[582]

Obwohl es im Interesse jedes Individuums ist, sich auf Kosten des anderen besser zu stellen, wird der einmal vereinbarte Vertrag einschließlich des implizit oder explizit enthaltenen Respekts vor dem Eigentum des anderen eingehalten: jede Abweichung führt zum Verlust des Fokalpunktes, der – wenn nicht bereits vorhanden – durch den Vertrag selbst zustande gekommen ist.[583] Verträge sind Friedman zufolge daher selbstdurchsetzend, weil eine Abweichung durch den Verlust des Fokalpunktes in der bilateralen Beziehung zu unkalkulierbaren Kosten führt: kein Individuum kann sich mehr vor zukünftigen Nachforderungen „schützen" und wird deshalb glaubwürdig mit kostenintensivem Konflikt drohen können.[584]

Die Eigentumsnorm („Respekt vor Eigentum des anderen") folgt gemäß Friedman dann, wenn das gerade beschriebene Verhandlungsspiel in kleinen Gruppen jeweils paarweise von Individuen wiederholt „gespielt" wird.[585] Da die Individuen die Vorteilhaftigkeit der Vertragseinhaltung erlernen – einerseits durch den direkten Ertrag, andererseits durch die Reduktion von kostenintensiven Konflikten und die Vermeidung von Transaktionskosten – entsteht die Norm quasi implizit und evolutionär.[586]

Libertäre erachten also das Ordnungsproblem als lösbar, weil Eigentumsnormen im Eigeninteresse der Individuen entstehen und zur sozialen Ordnung qua Reputationsmechanismus beitragen: „property breeds order" ist eine bezeichnende Aussage dafür.[587] Wenn die Individuen kooperativ agieren, dann sind sie in der Lage, wechselseitige Tauschvorteile zu realisieren – ein starkes Motiv für Zusammenarbeit neben den Kosten potenzieller Konflikte. Da dies zunächst einmal grundsätzlich gilt, und zwar unabhängig vom jeweiligen Kontext in dem die Individuen agieren, können libertäre Eigentumsnormen eigentlich überall entstehen. Insofern ist es denkbar, dass es geteilte Normen in einer Gesellschaft geben kann, die zu einem libertären Gewohnheitsrecht führen und damit zu einer gemeinsamen Basis des Normverständnisses der Gesellschaft:

„In a very real sense [...] such customary law is a[n] unanimously adopted ‚social contract' or ‚constitution'."

---

582 Ebd., S. 8. Für die Entstehung eines Koordinationsgleichgewichtes aus wiederholten Gefangenendilemmaspielen siehe auch Taylor (1987), S. 71ff.
583 Ebd.
584 Dabei meint Friedman (1994a), S. 9, dass der Verlust des Fokalpunktes bedeutsamer ist als die Erfüllung einer bestimmten Reputation: „[...] in pure logic, there is no more reason to think of ‚always enforce' as more consistent than ‚back down the first, third, fifth,....time and fight the second, fourth, sixth,...time'. Each describes a single possible strategy. The important difference between them is that the former is a Schelling point and the latter is not – a fact not about the strategies but about the way we classify them."
585 Ebd., S. 12.
586 Siehe dazu bereits Hume (1978/1740), 3. Buch, 2. Abschnitt. Siehe auch Hayek (1973), S. 74. Für eine spieltheoretische Erklärung, wie Eigentumsrechte – ähnlich wie bei Hume – als Konventionen entstehen können, siehe Sugden (1986), Kapitel 4.
587 Radnitzky (2002a), S. 349.

Der Grund:

„[...] the ‚implict constitution' emanates from reciprocity, as does the recognition of duty [...] in general."[588]

Wenn es gemeinsame Normen und in der Folge ein gemeinsames Gewohnheitsrecht geben kann, dann braucht es keinen Staat als Durchsetzungsinstanz, da die Individuen als Träger von Reputation daran interessiert sein dürften, sich normorientiert zu verhalten. Ein Beispiel dafür liefert Ellickson mit seiner Diskussion der Konfliktlösung in Shasta County, Californien, wo trotz staatlicher Regelgeltung das staatliche Recht häufig von den Individuen nicht beachtet und stattdessen auf private Lösungsmechanismen zurückgegriffen wird.[589] Ein Grund dafür scheint die bessere Vertrautheit mit den sozialen Normen zu sein, ein weiterer die geringeren Kosten, da ein formales Verfahren vor Gericht häufig als teuer betrachtet wird. Vor allem aber ist das Verständnis von Gewohnheitsrecht als impliziter Verfassung ein Argument für die Lösung des Koordinationsproblems in der libertären Anarchie. Aus libertärer Sicht kann es geteilte Normen geben, die den Individuen bekannt sind, die evolutionär aus Eigeninteresse entstanden sind und die privat ohne Staat durchgesetzt werden können. Damit existiert dann eine Basis zur Bewertung der Sicherheitsagenturen und sonstiger Organisationen, in deren Namen Individuen handeln. Wie bereits argumentiert, spielt dabei die direkte Reziprozität eine besondere Rolle, da dadurch Verhaltenserwartungen gesteuert werden und es zu erwarten ist, dass die Individuen solche Reziprozitätsnormen aus Eigeninteresse befolgen.

Es ist also zu erwarten, dass Normen im Marktgeschehen endogen entstehen können. Doch ist das Vertrauen, das Libertäre dem Entstehen von libertären Normen entgegenbringen, unbegründet. Friedman selbst argumentiert, dass die Normen kulturell unterschiedlich sein können, was den Konflikt zwischen verschiedenen Gruppen erklären könnte.[590] Der Einwand besteht daher in der nach wie vor unzureichenden Erklärung der Selektion der libertären Norm unter den vielen Möglichkeiten, die bei wiederholten Interaktionen denkbar sind. Es gibt ein Eindeutigkeitsproblem. Doch sollte dies allein nicht zu Pessimismus verführen: gerade weil die Individuen ihrem Eigeninteresse folgen, dürften die resultierenden (Reziprozitäts-)Normen den libertären Eigentumsnormen ähneln (wohlgemerkt, es handelt sich dabei eben um Normen, die aus direkter Reziprozität resultieren). Auf Dauer ist zumindest nicht zu erwarten, dass sich die Individuen, sofern sie annähernd gleich stark sind, ausnutzen lassen.

Der zweite wesentliche Kritikpunkt besteht neben dem Eindeutigkeitsproblem daher in der Beschränkung auf bilaterale Konflikte. Immer dann, wenn (negative) Externalitäten vorliegen, gibt es ein Potential für multilaterale Schädigungen, die keine Person unmittelbar treffen.[591] Wie aber sollen solche Probleme in den Normen erfasst werden, wenn diese sich nur auf die Erfahrung bilateraler Konflikte gründen? Im Kern deutet der letzte Aspekt auf die Unterscheidung von Reziprozitätsnormen (die „trust rules", wie sie Van-

---

588 Benson (1990), S. 322.
589 Ellickson (1991).
590 Friedman (1994a), S. 7.
591 Zintl (1999), S. 189.

berg und Buchanan bezeichnet haben) und Solidaritätsnormen hin: So könnten sich die multilateralen Schädigungen durch Solidaritätsnormen adressieren lassen. Jedenfalls lässt sich nicht ausschließen, dass die Individuen sich über solche Normen verständigen. Aber dann wird wieder das Problem der Normbefolgung relevant, was für rationale Akteure nicht lösbar erscheint.

Der dritte wesentliche Kritikpunkt lautet: selbst wenn es geteilte Reziprozitätsnormen gibt, also das Eindeutigkeitsproblem bei direkten Beziehungen als gelöst erscheint, so lässt sich nicht, ausschließen dass nicht weitere Regelgeltungsinteressen vorhanden sein können, und damit die Eindeutigkeit der Geltung libertärer Normen unsicher bleibt.[592] Es geht um ein Selektionsproblem: auch individuelle Rechtswünsche, die ggf. in Solidaritätsnormen übersetzt werden können, sofern diese Rechtswünsche von mehreren Individuen geteilt werden, sind in der Anarchie durchsetzbar. Das liegt daran, dass Reziprozitätsnormen und Solidaritätsnormen keine hierarchisch angeordneten Normen sind, mit den Reziprozitätsnormen an oberster Stelle. Vielmehr können beide evolutionär gleichzeitig entstehen, Solidaritätsnormen beispielsweise durch Kommunikation und Absprache, also in einem Diskurs.[593] Damit besteht die Möglichkeit, dass verschiedene Normen existieren, die in gegenseitiger Beeinflussung und Begrenzung ein Normengerüst ergeben. Solidaritätsnormen können Kollektivgüter darstellen. Wenn nicht ausgeschlossen werden kann, dass bestimmte Rechtswünsche der Individuen als Kollektivgüter zu qualifizieren sind (wenn andere Individuen denselben Rechtswunsch haben), dass mithin bestimmte Rechtswünsche also in Solidaritätsnormen münden, dann können überlappende und widersprüchliche Normen gleichzeitig existieren.[594] In diesem Fall wäre eine libertäre Ordnung nur dann plausibel, wenn die Solidaritätsnormen immer von den Reziprozitätsnormen, die libertären Charakter haben, beschränkt würden bzw. wenn diese nicht in Widerspruch miteinander geraten. Die beiden erwähnten Fälle sollen kurz hinsichtlich ihrer Implikationen betrachtet werden:

Fall (1) – Libertäre Reziprozitätsnormen und kompatible Rechtswünsche.

Angenommen, zwei Individuen A und B haben durch ihre Interaktionen einen Fokalpunkt etabliert, der das libertäre Selbsteigentum schützt. Was bedeutet das? Sicherlich ist dann von jedem der beiden Individuen zu erwarten, dass er dem jeweils anderen prima facie Handlungsfreiheit zuspricht. Darüber hinaus ist es aber auch jedem möglich, den Wunsch zu haben, dem anderen bestimmte Verhaltensweisen nicht zu erlauben, insbe-

---

592 Zum Begriff „Regelgeltungsinteresse" (und „Regelbefolgungsinteresse") siehe exemplarisch auch Vanberg (1999), S. 48ff. und ähnlich: Vanberg / Buchanan (1988), S. 139ff.
593 Dies scheint schon bei Friedman (1994a), S. 7 implizit enthalten zu sein, da er Konflikt als Möglichkeit nicht ausschließt, und diesen als von kulturellen Hintergründen, man könnte sagen: von Meta-Normen, abhängig hält. Zum Entstehen von Normen siehe auch Voigt / Kiwit (1998), S. 92 ff. und zur These, dass Normen meist nicht oder nicht nur aus dem Eigeninteresse der Akteure resultieren, Elster (1989).
594 Wenn die Realisierung eines Rechtswunsches durch andere erfolgt, kann die Norm selbst als Kollektivgut betrachtet werden, für das ein interessiertes Individuum keinen Beitrag leisten muss, um in den Genuss der Normgeltung zu gelangen. Normgeltung kann ein öffentliches Gut sein. Siehe hierzu auch Baurmann (1996), S. 182.

sondere wenn es sich aufgrund der Stärkeverhältnisse realisieren lässt oder weil ein dritter Akteur C in seinem Kooperationsverhalten von der An-/Abwesenheit einer Normbefolgung in der Interaktion von A und B beeinflusst ist. Ein Beispiel stellt Gemeineigentum dar: es kann auch in der libertären Anarchie entstehen, wenn eine Solidaritätsnorm existiert, nach der bestimmte Wege oder Landstriche als Gemeineigentum zu betrachten und die damit vor individuellem Zugriff geschützt sind.[595] Sofern sich das betroffene Land nicht bereits im Eigentum irgendeines Individuums befindet, kann daher auch kein Widerspruch zu libertären Selbst- und Sacheigentumsnormen, falls diese durch Reziprozität tatsächlich entstehen, behauptet werden.[596] In einer libertären Anarchie können daher verschiedene Rechtswünsche (und damit unter Umständen auch Solidaritätsnormen) der Individuen koexistieren. Alles, was zunächst einmal gewährt ist, ist die Sicherung von libertären Eigentumsnormen als Basis der Ordnung im Rahmen von kontinuierlichen individuellen Beziehungen. Darüber hinaus gibt es unbegrenzte Spielräume, denn was die Individuen in ihren individuellen Verträgen mit Sicherheitsagenturen an „Recht" kaufen, ist ihnen überlassen und hängt wiederum ab von ihrer Verhandlungsstärke, ihren Präferenzen und den akzeptierten Normen. In gewisser Hinsicht ist das auch ein Ziel der libertären Ordnungstheorie: jedem soll die Realisierung seiner Rechtswünsche möglich bleiben, sofern es eine gemeinsame Basis libertärer Rechte gibt.[597] Im Unterschied zu staatlichen Ordnungssystemen scheint den Individuen somit ein höheres Maß an individueller Autonomie bzw. Handlungsfreiheit offen zu stehen. Es gibt geteilte Normen, auf deren Basis die Individuen ihre individuelle Präferenzen ausleben können. Im Staat gibt es zwar ebenfalls eine gemeinsame Basis sozialer Normen, die auch den geschriebenen Verfassungen den „Boden bereiten" kann, aber es gibt pro tempore nur die Realisierung eines Rechtswunsches, nämlich des Wunsches, der mit den verfassungsmäßigen Rechten korrespondiert und der auf der Basis der verfassungsmäßigen Regeln entstanden ist.[598] Individuen, die abweichende Rechtswünsche haben, müssen unter dem Gegebenen leben, bis sie ggf. eine Veränderung im Rahmen der möglichen Prozesse erzielen können (was wiederum impliziert, dass dann andere Rechtswünsche zurückstehen müssen). Die Stärke der libertären Anarchie ist es nun, dass auf keinen Rechtswunsch verzichtet werden muss, sofern er auf der Basis der libertären Normen realisierbar ist. Das Individuum kann sich Recht einfach bei Sicherheitsfirmen kaufen oder in Zusammenarbeit mit anderen Individuen eigene Präferenzen verteidigen. Diese Stärke der libertären Ordnung ist nun aber zugleich eine Schwäche:

---

595 Zur Diskussion der Möglichkeit von Gemeineigentum in der libertären Anarchie siehe Holcombe (2005).
596 Ob damit auch ausgeschlossen bleibt, dass das Gemeineigentum überhaupt je von einem Individuum selbstständig und ohne Zustimmung von anderen angeeignet werden darf, steht hier nicht zu Debatte.
597 Vgl. hierzu Block (1996), S. 19 und Osterfeld (1989), S. 56.
598 Hier wird angenommen, dass die Verfassung selbstdurchsetzend ist.

Fall (2) – Libertäre Reziprozitätsnormen und konfligierende Rechtswünsche.

Damit aus unterschiedlichen Rechtswünschen nicht unlösbare Konflikte entstehen, damit überhaupt eine libertäre Ordnung entstehen kann, müssen alle Rechtswünsche, die realisiert werden können mit den libertären Eigentumsnormen in Einklang stehen oder anderenfalls abgelehnt werden. Zu dieser Prüfung und Durchsetzung fehlt aber die Instanz. Der Reputationsmechanismus könnte diese „Selektionsaufgabe" selbst dann nicht übernehmen, wenn die Individuen abweichendes Verhalten auch in Fällen indirekter Reziprozität sanktionieren könnten. Es kann also nicht erwartet werden, dass es dank des Verhaltens rationaler Individuen zu einer Durchsetzung der libertären Reziprozitätsnormen kommt. Wenn individuelle Rechtswünsche in Solidaritätsnormen münden, da mehrere Individuen davon positiv betroffen sind, kann es Konflikt zwischen den verschiedenen Norminteressenten aufgrund konfligierender Normen geben. Dies können die folgenden Fragen verdeutlichen: Steht eine bestimmte Strafe von X Jahren Haft für Diebstahl im Widerspruch zu libertären Reziprozitätsnormen? Dürfen Drogen verboten werden (z. B. in bestimmten Regionen oder als bestimmter Straftatbestand wie Autofahren unter Einfluss von Drogen)? Darf sich eine Person freiwillig selbst versklaven? Dürfen Sicherheitsagenturen foltern? Wie schon in Kapitel 2 gezeigt wurde, können Fragen dieser Art in der libertären Theorie auch normativ nicht eindeutig beantwortet werden.[599] Da nun aber insbesondere den handelnden Individuen im Rechtsmarkt keine festgelegten Überzeugungen zuzuschreiben sind, was einer individualistischen Theorie ohnehin nicht zusteht, kann das Problem konfligierender Normen nicht umgangen werden. Dies muss nicht zwingend zu einem realen Konflikt führen: Beispielsweise wird ein Individuum A, dass einer beliebigen Sicherheitsagentur angehört, ein anderes Individuum B als Kooperationspartner in wirtschaftlichen Tauschgeschäften nicht a priori deswegen meiden, weil dieses mit seiner eigenen Agentur Regeln vereinbart hat, die A für falsch hält (z. B. bestimmte Straftatbestände). A kann zwar seine Kooperationsbereitschaft von Bs Verträgen abhängig machen, aber dies ist nicht zwingend. Relevant an dieser Stelle ist daher nur, dass sich unterschiedliche Regeln eben gleichzeitig durchsetzen lassen, wenn die Individuen ihre Kooperationsbereitschaft nicht davon kontingent machen, dass ihre Interaktionspartner den gleichen libertären (oder anderen) Regeln Folge leisten. Wenn aber eine libertäre Ordnung erwünscht ist, so ist diese davon abhängig, dass alle Individuen strikt an libertären Eigentumsnormen festhalten und dabei eine hinreichend große Übereinstimmung haben, was mit solchen Normen an Rechtswünschen korrespondiert.

---

599 Siehe die Kritik an den libertären Eigentumsnormen in Kapitel 2, Abschnitt 2.7.3.

5.4 Bilanz und Folgerungen

Wie wir gesehen haben, kann ein privater Sicherheitsmarkt – oder allgemeiner: die libertäre Anarchie – nicht sicherstellen, dass tatsächlich liberales bzw. libertäres Recht gesprochen wird. Denn es ist nicht klar, woher die Normen notwendigerweise wie von Libertären erwartet kommen, die als Basis für eine geteilte Interpretation von Verhaltensweisen anderer – und damit zur Nützlichkeit des Reputationsmechanismus für die libertäre Ordnung – dienlich sind. Solidaritätsnormen können existieren, die nicht mit den libertären Normen kompatibel sind, weil die Individuen in verschiedenen Kontexten handeln. Aus dem Problem verschiedener Solidaritätsnormen, mit den ihnen zugrunde liegenden Divergenzen bei Rechtswünschen mehrerer Individuen, resultiert das Problem von möglicherweise permanenten Konflikten in der Anarchie. Eine Selektion der Solidaritätsnormen, die mit den libertären Vorstellungen kompatibel sind, scheitert, weil es keinen Mechanismus gibt, der diese Selektion zu leisten vermag. Das „kognitive" Problem bleibt in der Anarchie bestehen. Nur mit einer homogenen libertären „Ideologie" könnte vermieden werden, dass die Konzeption einer libertären und geordneten Anarchie in letzter Konsequenz im Hobbesschen Naturzustand des Krieges aller gegen alle mündet.[600]

Damit zeigt sich zugleich, dass dem libertären Entwurf einer geordneten Anarchie häufig eine implizite Annahme zugrunde liegt: es wird den Individuen eine homogene libertäre Moral unterstellt, die aber nicht vorausgesetzt werden kann, soll es sich um eine individualistische Theorie handeln, die ohne Beschränkungen der Individuenpräferenzen auskommt. Nur manche Libertäre deuten diese Schwäche selbst an, ohne jedoch die Konsequenzen daraus zu ziehen;[601] in den meisten Arbeiten wird das Problem hingegen nicht gesehen.[602]

Eine Folge des Scheiterns des libertären Modells ist daher, dass die Anarchie entweder in den Hobbesschen Kampf aller gegen alle degeneriert oder es zu einem Kartell bzw. Monopol kommt, das dann als „Staat" gedeutet werden kann.[603] Da aber zum momentanen Stand der Untersuchung auch beim Staat keine Sicherheit besteht, dass dieser liberalen Ansprüchen genügt, befinden wir uns in einer ungeklärten Situation. Obwohl sicher ist,

---

600 Siehe zum Thema „Ideologie" North (1992), S. 28 sowie Denzau/North (1994).
601 Caplan / Stringham (2003), S. 323 betrachten die Etablierung einer libertären Gesellschaft als schwierig. Rothbard (1970), S. 7, meint zu: „Every legal system needs some sort of socially-agreed-upon cutoff point, a point at which judicial procedure stops and punishment against the convicted criminal begins." Er beläßt es jedoch bei dieser Feststellung.
602 So zum Beispiel in wesentlichen libertären Arbeiten: Hoppe (1989b), Hoppe (2003a), Hoppe (2005), Friedman (2003/1973), Jasay (1991), Jasay (1997), Benson (1990), Osterfeld (1989), Radnitzky (2002a).
603 Ein weiterer Aspekt ist die Frage, welchen Anreizen die Individuen folgen. Die Nutzenannahme des homo oeconomicus beschränkt sich ja nicht auf ein monetär ausgeprägtes Nutzenverständnis, obwohl dies einigen libertären Darstellungen zugrunde zu liegen scheint. Im Zeitalter von Massenvernichtungswaffen und Selbstmordattentätern könnte die freie Verfügbarkeit solcher Waffen eine monströse Gefahr darstellen (was allerdings nicht bedeutet, dass die Verfügbarkeit solcher Waffen in staatlichen Händen ein beruhigender Gedanke ist). Die libertäre Lösung, die Verwendung solcher Waffen moralisch zu verdammen (Rothbard (2003), S. 69) und dann davon auszugehen, das ein (spieltheoretisches) Gleichgewicht des Schreckens die Verwendung höchst unwahrscheinlich macht (Lemennicier (2003), S. 138) erscheint nicht überzeugend.

dass die Abwesenheit eines Staates in einer Gesellschaft ohne homogene Moral nicht zugleich die Abwesenheit von Zwang bedeutet, die Anarchie also unter dieser Prämisse „scheitert", ist der Staat nicht per se vorzugswürdig: in ihm könnte Zwang (wie in Kapitel 4 diskutiert) auch systematisch veranlagt sein, so dass die Hoffnungen zugunsten einer Überwindung des systematischen Zwangs möglicherweise doch für die Anarchie sprechen.

Die vorangegangene Diskussion ermöglicht jedoch die Antwort auf eine noch offene Frage. In Kapitel 4 wurde offen gelassen, ob nicht die libertäre Vorstellung einer Ordnung, die nur die freiwillige individuelle Zustimmung zu Regeln kennt, als legitimationstheoretisch vorzugswürdig gegenüber dem Staat gelten kann.

Wie soeben argumentiert, würde ein solcher Fall nur dann eintreten, wenn die äußerst restriktive Bedingung erfüllt ist, dass alle Individuen von libertären Normen (in ihrer Gesamtheit) überzeugt sind. Erst dann lässt sich der Anspruch, eine herrschaftsfreie Ordnung unter libertären Prämissen auf Basis vollständiger Freiwilligkeit der Individuen zu verwirklichen, einlösen. Da dies wie in einer durch Wertepluralismus gekennzeichneten Welt nicht realistisch erscheint, bleibt auch die Vorstellung einer libertären Anarchie unplausibel. Libertäre könnten entgegnen, dass die Individuen durch Anpassung ihrer Verträge nicht konsentierten Regeln entgegen treten könnten, und somit doch wieder Freiwilligkeit herrscht. Eine mögliche „Abwanderung" in der Anarchie durch Vertragsauflösung oder Vertragsänderung ist jedoch keine „Rettung" – denn in einem durch den Reputationsmechanismus stabilisiertem Rechtsmarkt kann selbst die zwangsweise Durchsetzung individuell nicht-konsentierter Regeln je nach Machtverhältnissen und Präferenzen gelingen. Diese Kritik ist dabei noch allgemeiner als die Vorstellung, in einer libertären Welt könnten auch „private" Staaten entstehen, die den gleichen Problemen wie die real existierenden Staaten ausgesetzt sind. In der Tat ist es vorstellbar, dass solche „privaten" Staaten entstehen können, und dass diese ggf. auch Beschlüsse durch Mehrheitsentscheidungen zulassen.[604]

Der Vergleich des Staates mit der Anarchie zeigt, dass beide denselben Problemen aus normativer Sicht unterliegen, wenn man keine Beschränkung der Individuenpräferenzen hinsichtlich ihrer Normvorstellungen vornimmt: freiwillige Zustimmung aller Individuen auf Basis absolut geltender Eigentumsrechte ist zu keiner Ordnung – Staat oder geordnete Anarchie – zu erwarten!

---

604 Siehe Rippe (1998), S. 53ff.

6 Auswege aus der Aporie

6.1 Vorbemerkung

Die bisherige Diskussion hat gezeigt, dass die libertäre Anarchie nicht als stabil gelten kann, da selbst bei günstigen Bedingungen für das Funktionieren des Reputationsmechanismus keine gemeinsamen Normen aller Gruppen vorausgesetzt werden können. Es gibt in der Anarchie also keine gemeinsame Basis zur Evaluierung marktwirtschaftlicher Transaktionen durch andere. Zudem ist, wie die Diskussion um die Bereitstellung von Kollektivgütern gezeigt hat, trotz der denkbaren Möglichkeit einer privaten Bereitstellung von Kollektivgütern auch weiterhin mit Marktversagen zu rechnen. Es stellt sich also die Frage, weshalb Libertäre den Staat so kritisch sehen, ihn sogar abgeschafft sehen wollen.

Im Kern geht es darum, dass Libertäre in den staatlichen Institutionen und Entscheidungsverfahren sowohl ein Problem für die Sicherstellung individueller Freiheit sehen als auch argumentieren, dass sich der Wohlstand vermindern wird, dass die Bereitstellung von Kollektivgütern zu Anreizen führt, die Umverteilung weit über das gewünschte hinaus bewirken können und somit die Allokationswirkung der Märkte negativ beeinflusst. Es wird jedoch gezeigt werden, dass eine Bindung des Staates an das Recht – und damit eine Sicherstellung individueller Freiheit – denkbar ist.

6.2 Theoretischer Neubeginn: Der dispositionelle Nutzenmaximierer[605]

Wenn sich niemand selbst binden kann, dann wäre die Anarchie ebenso wie der Staat undenkbar: kollektives Handeln wäre fast immer unmöglich, obwohl es in jeder Ordnung gebraucht wird, sei es zur Sanktionierung von Vertragspartnern oder zur Sanktionierung von Regenten.[606] Der Staat wäre dann wie von Libertären behauptet unter freiheitlichen Gesichtspunkten nicht akzeptabel: denn warum sollten sich situative Nutzenmaximierer, gleich in welchem staatlichen Handlungsorgan angesiedelt, fortdauernd an Regeln halten? Jeder Anreiz wird das Verhalten beeinflussen, und jede den Nutzen steigernde Handlung würde vollzogen, denn die Individuen könnten sich bei Ihren Interaktionspartnern ebenfalls nicht sicher sein, dass diese sich an Vereinbarungen halten würden. Sie können sich nicht selbst „programmieren", d.h. obwohl sie in gegenwärtigen Entschei-

---

605 Die Bezeichnung und die Idee des „dispositionellen Nutzenmaximierers" wird von Baurmann (1996) übernommen. Zur grundsätzlichen Idee eines beschränkten Maximierungsverhaltens siehe insbesondere Gauthier (1986), Kapitel 6. Eine libertäre Kritik an Gauthier wird von Jasay (1997), S. 27 geäußert.
606 Siehe hierzu Kliemt (1987), S. 46-47. Zur Durchsetzung von Regeln durch situative Nutzenmaximierer schreibt er: „If no further arguments are offered the evolution and existence of a social order without government agencies would be as (un)plausible and as (im)possible as a social and legal order which is organized and enforced by government agencies."

dungen den „Schatten der Zukunft" zwar berücksichtigen, so werden sie doch in jeder Situation wieder neu kalkulieren.[607]

Die Selbstdurchsetzung von Verträgen in einer staatenlosen Ordnung erscheint allerdings ebenso wenig plausibel, denn die Individuen betrachten die Vergangenheit als „sunk costs", als etwas Abgeschlossenes, das nicht mehr in die Gegenwart hinein wirkt, und das infolgedessen auch keine Relevanz für Entscheidungen im Moment der Entscheidung haben kann.[608] Insofern ist der situative Nutzenmaximierer ein Individuum ohne Vergangenheit, und weil er keine Vergangenheit hat, ist er ein Individuum ohne eine Zukunft, die in der Gegenwart tatsächlich eine Rolle spielen könnte.[609] Eine Ausnahme zu dieser Regel besteht nur in kontinuierlichen Beziehungen in einer homogenen Gruppe: hier lohnt sich die kooperative Verhaltensweise in der Gegenwart in Erwartung entsprechenden Verhaltens des jeweiligen Gegenübers, den man mit Sicherheit in der Zukunft wieder treffen wird.

An die Stelle dieser insofern verengten Betrachtung kooperativen Verhaltens wird nun ein anderer Typus von Nutzenmaximierer für die Betrachtung von Verfassungsstaaten gesetzt. Dieser „neue", dispositionelle Nutzenmaximierer ist dabei allerdings nicht der „Standardfall", d.h., nicht jedes Individuum wird die Eigenschaft haben, sich an Regeln in jeder Situation zu halten, selbst wenn ihm die Einhaltung der Regel zum kurzfristigen Nachteil gereicht. Es gibt vielmehr – per Annahme – eine unbestimmte Verteilung von situativen und dispositionellen Nutzenmaximierern in der Gesellschaft, von der die Individuen allerdings wissen, dass es sie gibt.[610]

Der dispositionelle Nutzenmaximierer unterscheidet sich vom rein situativen Nutzenmaximierer in zwei Fähigkeiten. Erstens kann er regelgebunden agieren, d.h. er muss nicht immer neu kalkulieren, was für ihn die jeweils beste Entscheidung ist und zweitens kann der dispositionelle Nutzenmaximierer entscheiden, ob die Verwendung der Entscheidungsregel strikter Einzelfallbezogenheit für bestimmte Situationen einer Regelbindung vorzuziehen ist.[611] Damit bleibt der Wesensgehalt des ökonomischen Verhaltensmodells bestehen, wenngleich es sich um eine Verabschiedung der rein skeptischen Fiktion situativer Egoisten handelt.[612] Der Grund für die Nähe zum klassischen homo oeconomicus liegt darin, dass es sich bei einem dispositionellen Nutzenmaximierer weiterhin um einen rationalen Akteur handelt, der aber zusätzlich in der Lage ist, sich an

---

607 Ebd., S. 56.
608 Siehe zur Betrachtung des klassischen homo oeconomicus hinsichtlich der Bedeutung der Vergangenheit: ebd. S. 59.
609 Allerdings: dies ist eine sehr enge Sichtweise. Es hilft aber zu verdeutlichen, welchen Sprung die Annahme eines dispositionellen Nutzenmaximierers bedeutet: die Beschreibung von Interaktionen bleibt auf individueller Rationalität basierend, die nun aber weiter – und damit realistischer – gefasst wird. Die Zukunft spielt eine bedeutendere Rolle, gerade für die Rationalität einer Normorientierung. Siehe hierzu auch Baumann (1996), S. 382.
610 Zintl (1994), S. 227-228. Mit anderen Worten: Wenn es nur dispositionelle Nutzenmaximierer gibt, so ist die Durchsetzung von Regeln unproblematisch, sofern es sich um um geteilte Regeln handelt. Gibt es hingegen, wie zuvor unterstellt, derselben gar nicht, so erscheint keine Ordnung als wirklich tragfähig.
611 Baumann (1996), S. 325.
612 Zintl (1994), S. 226ff.

Regeln zu binden, wenn situative Nutzenmaximierung seinen langfristigen oder grund-sätzlichen Interessen widerspricht.[613] Insofern ist dem dispositionellen Nutzenmaximie-rer die Möglichkeit gegeben, im eigenen Interesse Normen zu internalisieren. Dabei kann es sehr wohl sein, dass ab einem bestimmten Schwellenwert (in der Sprache der Spieltheorie: ab einem bestimmten Payoff) die Normbefolgung irrational und ein Wech-sel zum situativen Kalkül für den dispositionellen Nutzenmaximierer sinnvoll erscheint. Der dispositionelle Nutzenmaximierer kann in Hochkostensituationen dem situativen Nutzenmaximierer entsprechen.[614]

6.3 Die Anarchie im Licht des neuen ökonomischen Modells

Wie argumentiert wurde, können Individuen als dispositionelle Nutzenmaximierer regelgebunden agieren. Es ist nun nötig, die Funktionsweise der libertären Ordnung nochmals neu zu betrachten. In Kapitel 5 wurde ein Problem analysiert, das für das bis-herige Scheitern einer anarchistischen Ordnung ausschlaggebend war. Die Möglichkeit zur Sanktionierung von Sicherheitsagenturen (und Individuen allgemein), die sich nicht an die libertären Normvorstellungen halten, erschien unplausibel, da die Sanktionierung gleichbedeutend ist mit der Überwindung des Problems kollektiven Handelns. Dieses Problem wurde als „moralisches Problem" gekennzeichnet. Wir müssen nun prüfen, ob sich mit dem erweiterten Handlungsmodell dispositioneller Nutzenmaximierer die Si-tuation ändert. Sollte die Sanktionierung von nicht-normkonformem Verhalten nicht möglich erscheinen, so können wir auf eine weitergehende Betrachtung der Anarchie verzichten. Ist sie hingegen möglich, wird die Frage der Möglichkeit libertärer Normen in der Anarchie relevant.

In der Situation mit rein situativen Nutzenmaximierern war die Anarchie allein schon deshalb nicht plausibel, da sich solche Individuen nicht an Regeln halten können – die Tatsache, dass etwas in ihrem zukünftigen Interesse liegt, mag zwar direkter Reziprozität dienlich sein, hat aber nicht ausgereicht, um bei nicht-normkonformen Verhalten die Sanktionierung potenzieller Vertragspartner (auch für ganz andere „Geschäfte") zu er-möglichen. In anderen Worten: die Solidaritätsnorm „Sanktionierung" war nicht durch-setzbar.

Was kann nun hinsichtlich der Durchsetzung von Regeln in der anarchistischen Ord-nung erwartet werden, wenn die Existenz von dispositionellen Nutzenmaximierern angenommen wird? Wie bereits diskutiert, haben dispositionelle Nutzenmaximierer dann eine Chance auf die Durchsetzung von Regeln, wenn alle anderen Individuen in Situationen mit ihnen konfrontiert werden können, in denen sie von den Eigenschaften dieser dispositionellen Nutzenmaximierer wissen, bzw. wenn sie erwarten können, auf solche zu treffen und entsprechend bei nicht-normkonformen Verhalten sanktioniert

---

613 Baurmann (1996), S. 326-327.
614 Kliemt (1987), S. 63 sowie für eine Diskussion der „Niedrigkostensituationen": Kirchgässner und Pommerehne (1993).

zu werden.[615] Für das individuelle Verhalten in der Anarchie bedeutet dies nun: das Problem der Sanktionierung ist kein prinzipielles Problem mehr, sondern nur noch abhängig von den Bedingungen der Situation. In dieser spielt insbesondere die Verteilung der Verhaltenstypen eine Rolle.[616] Gibt es ausreichend viele dispositionelle Nutzenmaximierer, so steigen die Chancen der Durchsetzung. Der Grund, warum sich nun situative Nutzenmaximierer ebenfalls anders verhalten können, liegt in der drohenden Gefahr der möglichen Sanktionierung durch dispositionelle Nutzenmaximierer. Deren erwartbares Verhalten lässt sich für situative Nutzenmaximierer als Restriktion darstellen, die ihr Kalkül in Entscheidungssituationen verändert. Neben direkter Reziprozität kann also auch der Reputationsmechanismus als Durchsetzungsinstrument für kooperatives Verhalten dienen, während dies zuvor mit rein situativen Nutzenmaximierer unmöglich war.

Die rationale Überlegung der Individuen hängt allerdings weiterhin von einer Bedingung ab.[617] Damit der Reputationsmechanismus tatsächlich funktioniert, muss gewährleistet sein, dass Beobachtbarkeit gegeben ist. Allerdings verschieben sich in der Analyse mit dispositionellen Nutzenmaximierern auch bei der Frage der Beobachtbarkeit die Akzente. Zunächst einmal gilt: Wenn die Individuen in anonymen Großgruppen aufeinander treffen, so ist ein Rückfall in die Verhaltensweise situativer Nutzenmaximierer denkbar, denn mit der zunehmenden Distanz zwischen den Interaktionspartnern sinkt die Beobachtbarkeit der Handlungen. Damit wächst der Verhaltensdruck auf alle Marktteilnehmer, sich so zu verhalten, als ob sie „Opportunisten" wären.[618] Dies sollte aber nicht zu Skepsis verleiten. Da dispositionellen Nutzenmaximierer offensichtlich bereit sind, normorientiert zu handeln und dabei auch (Transaktions-)Kosten zu tragen, ist es nicht auszuschließen, dass sie sich um die Information anderer Marktteilnehmer im Hinblick auf beobachtetes Fehlverhalten aktiv bemühen.[619] Damit kann die ursprüngliche Situation einer kleinen Gruppe wider Erwarten approximiert werden: selbst in einer anonymeren Großgruppe (Gesellschaft) können Normen durchgesetzt werden, wenn es ausreichend viele dispositionelle Nutzenmaximierer gibt und die Beziehungen zwischen den Akteuren ausreichend kontinuierlich sind. Das ist zwar nicht gleichbedeutend mit einer Garantie, dass die Überwindung des Gefangenendilemmas immer leicht möglich ist, da es Trittbrettfahrerverhalten weiterhin geben kann. Es besteht schließlich nach wie vor die Abhängigkeit von der Beobachtbarkeit der individuellen Handlungen.[620] Aber ein systematisches Scheitern der Sanktionierung bei nicht-kooperativem Verhalten ist nicht mehr zu erwarten.

Wir können also festhalten: gibt es dispositionelle Nutzenmaximierer, so ist das „moralische" Problem in der Anarchie überwindbar.

---

615 Zintl (1994), S. 228.
616 Ebd., S. 229.
617 Vgl. Kapitel 3, Abschnitt 3.5.2.
618 Zintl (1994), S. 229.
619 Siehe hierzu auch Kliemt (1987), S. 64-65.
620 Baurmann (1996), S. 565.

Folglich wird die zweite Frage relevant: sind homogene libertäre Überzeugungen in der Anarchie zu erwarten, auch unter der Voraussetzung eines neuen, dispositionellen Nutzenmaximierers?

Dies ist nicht der Fall. Nach wie vor ist die libertäre Ordnung mit einem Selektionsproblem konfrontiert: wie kann die Kompatibilität individueller Rechtswünsche mit den libertären Reziprozitätsnormen sichergestellt werden? Da die geordnete Anarchie auf ein Entscheidungsverfahren wie den politischen Prozess der kollektiven Verständigung verzichtet, gibt es keine Möglichkeit einer eindeutigen Lösung. Eher muss das Gegenteil erwartet werden, was anhand von Gruppen verdeutlicht werden kann, bei denen die Unterschiede der Normbildung auf kontextspezifische Fokalpunkte zurückzuführen sind.[621] Auch hier wird das Problem wiederholt klar: für die Interaktionen der Individuen mit unterschiedlicher Gruppenzugehörigkeit müssen Lösungen gefunden werden, sonst wird das Ausgangsproblem nur eine Stufe „höher" angesiedelt. Eine Verschärfung der Situation besteht nun allerdings darin, dass die Individuen bestimmten Regeln bereits folgen.

Dass Konflikte dabei keine Grenzfälle bleiben müssen, zeigt sich daran, dass unterschiedliche Gruppen nicht zwingend mit unterschiedlichen und klar getrennten Territorien einhergehen. Eine gegenteilige Annahme wäre auch nicht aufrecht zu erhalten, da die Gruppenzugehörigkeit sehr wohl funktional begründet sein kann, beispielsweise die Zugehörigkeit zu unterschiedlichen sozioökonomischen Gruppen oder zu Gruppen mit unterschiedlichen religiösen und weltanschaulichen Vorstellungen. Dass es überlappende Gruppenkonstellationen auf einem Territorium geben kann, behaupten auch Libertäre: große Gruppen setzen sich aus kleineren Gruppen zusammen, die in ihrer vernetzten Binnenstruktur Beobachtbarkeit von Handlungen gewährleisten können.[622] Wenn es aber unterschiedliche Gruppen auf ein und demselben Territorium geben kann, und wenn die Reziprozitäts- und vor allem die Solidaritätsnormen zwischen den Individuen der Gruppen schwach ausgeprägt sind, dann ist die Möglichkeit von Gruppenkonflikten offensichtlich.

Das libertäre Modell kann also auch unter der Annahme eines dispositionellen Nutzenmaximierers nicht gerettet werden: die Produktion von Kollektivgütern wird zwar eher denkbar sein als unter der skeptischen Fiktion situativer Nutzenmaximierer, aber darin erschöpft sich der theoretische Fortschritt.

6.4 Was bindet den Staat an das Recht?

Wie sieht es nun mit der Überwindung des moralischen Problems beim Staat aus? Das Problem, das Libertäre im Verfassungsstaat erblicken, ist sinnbildlich zu vergleichen mit dem Träger eines Keuschheitsgürtels, der selbst in Besitz des Schlüssels ist.[623] Wenn der Staat keinen Beschränkungen unterliegt, dann ist er aus libertärer Sicht zwingend Quelle jenen Übels, das die individuelle Freiheit zerstört, weil es keine Bereiche gibt, die vor

---

621 Friedman (1994a), S. 7.
622 Siehe Kapitel 3, Abschnitt 3.5.2.
623 Jasay (1998/1985), S. 211.

dem Zugriff staatlicher Gewalt geschützt sind. Wenn der Staat hingegen beschränkt sein und damit an das Recht gebunden sein soll, dann muss es Beschränkungen der staatlichen Akteure geben. Und diese Regeln ließen sich zugleich als die Überwindung des kognitiven Problems darstellen, das im Zusammenhang mit der geordneten Anarchie in Kapitel 5 diskutiert wurde. Was auch immer diese Regeln und Beschränkungen genau enthalten, sie sind allerdings nur solange tragfähig, solange sie von denjenigen befolgt bzw. respektiert werden, die über die Mittel des staatlichen Gewaltmonopols verfügen. Jasay schreibt:

> „The real solution, if there is one, resides in no formal device [...], but in the right balance between temptation and shame, between the charms and attractions of a certain social alternative and the embarrassment of ignoring the constitution or the moral and material awkwardness of getting round it. Once more, we find the enforcement of domain-restriction, such as it is, either anchored in standards of national or personal honour and respect for precedent, or not at all."[624]

Die Regeln zur Beschränkung staatlicher Macht, die in der Verfassung enthalten sein mögen, sind für Jasay also deshalb nichts „wert", da sie an sich keinen Schutz individueller Rechte darstellen können, weil ihre Durchsetzung allein vom Wollen der staatlichen Agenten abhängt. Fürchten die staatlichen Akteure allerdings negative Konsequenzen für ihr Ansehen bei der Überschreitung von bisher geschützten Grenzen, haben sie gar die Normen der Verfassung internalisiert, so werden beschränkende Regeln staatlichen Handelns de facto anerkannt. Fehlt hingegen der Wunsch nach Anerkennung, so schlagen auch alle Restriktionen fehl: Eine reale Geltung erfahren die Beschränkungen staatlicher Macht dann eben nicht. Jasays Sicht ist die konsequente Ableitung aus der Vorstellung individueller Rationalität gepaart mit individueller Nutzenmaximierung, nach der nur in Anreizen ein systematischer Grund zur Beschränkung des individuellen Verhaltens liegen kann. Da diese fehlen – es bleibt nur der mögliche Wille zur Selbstbeschränkung übrig – und da sich die staatlichen Akteure auf eine auch mit physischen Machtmitteln dominant ausgestattete Organisation stützen, sollte man der Vermutung Jasays recht geben können, dass es mit dem Schutz individueller Freiheit in einem Staat nicht weit her ist, sei er nun demokratisch verfasst oder nicht.

Ist diese Sichtweise zutreffend? Wie sich gleich herausstellen wird, besteht die Möglichkeit, dass Verfassungen selbstdurchsetzend sind, dass also die staatlichen Agenten mithin an das Recht gebunden sind, nicht aus innerer Neigung oder einem unterstellten Wunsch dieser Individuen heraus, sondern weil es Teil ihrer Verhaltensstrategie ist, abhängig von den situativen Anreizen, die sich ihnen darstellen. Anstelle eines infiniten Stufenmodells, indem die Durchsetzung beschränkender Regeln immer eine weitere Stufe nach „oben" verlagert wird, es also immer wieder neue „Wächter" gibt, die selbst nicht bewacht werden, ist die Durchsetzung von Verfassungen zirkulär begründet: nicht weitere Agenten sondern der Souverän (die Bevölkerung) selbst setzt die Beschränkungen durch.[625] Es ist

---

624 Jasay (1989), S. 103-104.
625 Zur hier beschriebenen Idee der zirkulären Durchsetzung, mit Rekurs auf Locke, siehe Zintl (2000), S. 37. Die Diskussion im Folgenden orientiert sich wesentlich an dieser Arbeit sowie an den Arbeiten von Weingast (1997) und Voigt (1999).

das Potential zum Widerstand der in einer staatlichen Ordnung lebenden Menschen, das hier den Anreiz für die staatlichen Akteure zur Achtung der individuellen Freiheitsrechte darstellt. Allerdings wird dies für die staatlichen Akteure nur dann eine dominante Strategie sein, wenn es sich um rechtsstaatliche Normüberzeugungen des Volkes handelt. Um dies aufzuzeigen, ist zu klären, welche Rolle Verfassungen zur Verhaltenssteuerung übernehmen und weshalb die mögliche „Aktivierung" der Individuen zum Widerstand nicht an der Kollektivgutproblematik scheitert, da aus individueller Sicht die Beteiligung am Widerstand kostenintensiv ist und auch hier der Anreiz zum Trittbrettfahrerverhalten besteht.

Ob Verfassungen selbstdurchsetzend sind oder nicht, hängt zunächst einmal nicht mit der Frage zusammen, wie diese zustande gekommen sind. Wenn das „Dilemma des starken Staates" überwunden werden soll,[626] dann müssen die staatlichen Akteure an das Recht gebunden bleiben – und dieses grundsätzliche Recht ist in Verfassungen, ob impliziter oder expliziter Natur, niedergelegt.[627]

Damit befindet man sich in medias res: relevant für die Diskussion mit libertären Theoretikern ist die Wirkung von Verfassungen hinsichtlich der Frage ihrer Bindungskraft, unter der Annahme, dass sie existieren. Die Idee, dass Verfassungen nicht (nur) aufgrund der ihnen möglicherweise innewohnenden Überzeugungskraft befolgt werden, sondern dass sie durch die Bürger als Interessenten des Rechts durchgesetzt werden, setzt erstens voraus, dass es ein gemeinsames Interesse der Bürger gibt, zweitens, dass sie ihre Handlungen hinsichtlich dieses Interesses auch koordinieren können und drittens, dass sie auch tatsächlich gemäß ihrem Regelgeltungsinteresse handeln werden. Es gilt daher zu untersuchen, inwiefern die ersten beiden Bedingungen erfüllbar sind.

(a) Gemeinsames Interesse der Bürger

Ein gemeinsames Interesse der Bürger kann solange als plausibel gelten, als Übertretungen durch den Staat alle Individuen (oder Gruppen von Individuen) betreffen.[628] Problematisch wird es hingegen, wenn der Staat nur gegen eine bestimmte Gruppe von Individuen vorgeht. Durch diese Diskriminierung könnte das Ausbeutungsrisiko für die Bürger durch den Staat am größten sein, da Widerstand nicht einmal mehr von allen Individuen gewünscht wird. Spieltheoretisch lässt sich eine solche Situation mit drei Spielern folgendermaßen darstellen, wobei S (der Staat) als dritter Spieler nur in den Auszahlungen abgebildet wird (die Auszahlungen sind in der Reihenfolge Staat, Spieler A, Spieler B abgebildet):[629]

---

626 Zum Dilemma des starken Staates siehe beispielsweise Weingast (1993), S. 287.
627 Geschriebene Verfassungen erleichtern ihre Aufgabe, da es als eine „nützliche Taktik" betrachtet werden kann, Verhaltensweisen bekannt zu machen, um diese zu koordinieren. Ordeshook (1992), S. 147.
628 Damit ist noch nicht gesagt, dass es dann auch zur gemeinsamen Opposition gegen die staatliche Machtüberschreitung kommen wird – genau dieses Problem ist das Problem der Koordination von Handlungen. Darauf wird im Text eingegangen.
629 Für eine ähnliche Darstellung dieses Modells siehe Voigt (1999), S. 290. Der Staat wird als homogener Akteur angenommen, um die grundsätzliche Logik des Modells zu verdeutlichen.

Spieler B

		Opposition	Keine Opposition
	Opposition	D, K, K	K, K, D
Spieler A	Keine Opposition	K., S, W	K, S, D

Für die Auszahlungen wird angenommen, dass

S > K > D > W.

In diesem Spiel diskriminiert der Staat gegen Spieler B. Für den Spieler B ist Opposition teuer: es wird sich für ihn nicht lohnen, zu opponieren, da seine Auszahlung sogar niedriger wäre als im Falle einer Duldung der Ausbeutung durch den Staat: Wenn Spieler A nicht opponiert, erhält Spieler B bei oppositionellem Verhalten die Auszahlung W, die kleiner ist als die Auszahlung D im Falle des Verzichts auf oppositionelles Verhalten. Dies liegt an den angenommen Kosten oppositionellen Verhaltens. Für B wäre Opposition nur lohnend, wenn sich auch A dazu entschließen könnte. Wie sieht es also mit den Anreizen für A aus, Opposition zu betreiben? Sie sind im vorliegenden Fall nicht vorhanden. Für Spieler A ist es immer rational, „keine Opposition" zu betreiben: Seine Auszahlungen sind mit S > K immer besser bei der Strategie „Keine Opposition" als bei der Strategie „Opposition". Die dargestellte Situation beinhaltet daher einen Konflikt zwischen den Spielern – es gibt kein gemeinsames Interesse, da es für Spieler A rational ist, die staatliche Repression gegen Spieler B einfach hinzunehmen.

Wenn nun das Spiel wiederholt gespielt wird, so kann der Staat gegen jeden der beiden Spieler A und B diskriminieren.[630] Da dies aber nun bedeutet, dass über die Zeit hinweg jedes der beiden Individuen zum „Opfer" werden kann, verändert sich die Situation.[631] Es besteht nun die Möglichkeit, dass die individuellen Akteure gleichermaßen betroffen sein werden, sofern der Staat nicht dauerhaft nur gegen einen Akteur vorgeht.[632] Damit erscheint die ursprüngliche Annahme eines gemeinsamen Interesses an der Opposition gegenüber staatlichen Übergriffen wieder plausibler. Der Konflikt unter den Spielern A und B kann „verschwinden" und das Spiel entspricht bzw. ähnelt einem Koordinationsspiel. Dies ist analog der libertären Argumentation wie sie in Kapitel 5 Abschnitt 5.3 dargestellt wurde, gemäß der das Gefangenendilemma durch Wiederholungen in

---

630 Man könnte dies verdeutlichen, indem die Auszahlungen in der Darstellung symmetrisch verändert werden, so dass nun Spieler B in der vorteilhaften Situation ist, da nur gegen Spieler A seitens des Staates vorgegangen wird. In anderen Worten: die Spieler (bzw. Gruppen) werden als austauschbar angenommen.
631 Dies ist abhängig von den individuellen Zeitpräferenzen, die hier jedoch für die grundsätzliche Diskussion nicht gesondert betrachtet werden müssen.
632 Dies wäre zwar möglich, aber eine glaubwürdige Selbstbindung des Staates gegenüber dem nicht betroffenen Spieler ist dabei nicht gewährleistet. Dieser kann sich immer noch als potenzielles Opfer sehen.

ein Koordinationsspiel transformiert werden kann, oder anders ausgedrückt, in ein wiederholtes Spiel, für das es bei der Gleichgewichtsauswahl eine Lösung im Rahmen eines Koordinationsspiels gibt.[633]

Aus Sicht des Staates ist dann in einer solchen Situation selektive Diskriminierung gegen nur einen Spieler nicht mehr möglich. Staatliche Übergriffe bzw. Überschreitungen verfassungsmäßiger Rechte der Individuen (Einschränkungen, unfaire Preisgestaltung bei öffentlichen Gütern etc.) würden nun zu einer koordinierten Reaktion beider Spieler A und B führen. Je nach Situation muss aus Sicht des Staates damit gerechnet werden, dass die beiden Spieler A und B gemeinsam opponieren und – so die implizite Annahme – eine ihren Interessen entsprechende andere Person (oder Gruppe von Personen) mit der zukünftigen Rechtsdurchsetzung beauftragen könnten.[634] Daher wird es in einer solchen Situation keine staatlichen Übergriffe geben – die staatlichen Akteure sind an das Recht gebunden, weil sie sich sonst selbst schädigen würden.

Problematisch ist jedoch, dass dies nur eine Möglichkeit für die Erfüllung der Voraussetzung eines gemeinsamen Interesses aller Bürger ist, jedoch keine Gewissheit darüber besteht. Gewissheit wäre nur dann zu erwarten, wenn immer von einem gemeinsamen Interesse der Spieler A und B ausgegangen werden könnte. Wie zuvor erwähnt, hängt dieses gemeinsame Interesse aber davon ab, ob eine Diskriminierung durch den Staat möglich und – bei wiederholten Spielen – glaubwürdig ist. Wäre das der Fall, könnte der Staat wie im Ausgangsbeispiel diskutiert, einseitig und ohne erwartbare Opposition diskriminieren. Dennoch ist das gemeinsame Interesse der Individuen zum Zwecke der Opposition in aller Regel anzunehmen, da für jeden Einzelnen das Risiko, selbst Opfer zu werden, bestehen bleibt – die Glaubwürdigkeit von dauerhaft einseitig diskriminierenden Übergriffen dürfte für den Staat nur schwer zu erzielen sein, insbesondere, wenn die Ausbeutung der bislang diskriminierten Gruppe an Grenzen stößt. Neben der denkbaren gemeinsamen Interessenlage der Individuen ist bei wiederholten Spielen auch bedingte Reziprozität möglich – wenn staatliche Übergriffe gegen einen Spieler vom anderen Spieler nicht durch „Opposition" beantwortet werden, kann dies im umgekehrten Fall ebenso zu einem Unterbleiben von oppositionellen Reaktionen führen.[635] In anderen Worten: unter Umständen ist die gemeinsame Opposition nur in manchen Fällen eine erwartbare Konstellation. Eine mögliche „Beschönigung" der Interessenlagen der Individuen im Rahmen einer staatlichen Ordnung liegt also hier nicht vor. Doch ist klar geworden, dass es Gründe für ein gemeinsames Interesse der Individuen gibt. Die Befürchtung, dass sich die Individuen bzw. Gruppen gegeneinander ausspielen lassen, ist nicht obsolet, aber wenn die Zukunft für alle Beteiligten ausreichend bedeutsam ist, bleibt dies ein Grenzfall.

---

633 Siehe Voss (2000), S. 56. Für eine Verdeutlichung des Motivs für kooperatives Verhalten bei wiederholten Spielen siehe Hardin (1989), S. 107: „What makes the problem of coordination rise above the conflict in my wanting everything and your wanting everything is the tremendous prospect for production and mutual gain when each of us is allowed to keep some of what we have and produce."
634 Eine weitere Annahme ist in diesem Spiel wie zuvor, dass die Opposition von nur einer Partei A oder B nicht für die Ablösung der staatlichen Akteure ausreicht.
635 Siehe auch Weingast (1997), S. 251 sowie Voigt (1999), S. 290.

(b) Geteilte Normen der Bürger

Das gemeinsame Interesse reicht jedoch noch nicht aus, um den Staat an das Recht zu binden; die zweite Bedingung lautet: zur Durchsetzung des Rechts müssen die Individuen ein gemeinsames Verständnis davon herausbilden, was als problematisches und sanktionswürdiges Staatshandeln gelten soll, und wie darauf angemessen als Bürger zu reagieren ist. Ohne die Herausbildung oder Existenz solcher Normen wird die Koordination gemeinsamen Verhaltens – Opposition oder keine Opposition – nicht möglich sein. Genau genommen ist dies also eine Spezifikation der Interessenfrage: was bietet Informationen darüber, was als Auslöser für eine gemeinsame Interessenlage – beispielsweise in Form von „Opposition" – zu gelten hat? Dazu nun im Folgenden.

Zu Beginn des Abschnittes wurde die Frage gestellt, ob Verfassungen selbstdurchsetzend sind, also ob es möglich ist, dass der Staat an das Recht gebunden bleibt. Das erscheint möglich, wenn die Individuen ihr Verhalten koordinieren können – und dazu können Verfassungen selbst dienen. Eine Verfassung kann einen Fokalpunkt darstellen, der eine Bewertung staatlichen Handelns ermöglicht und insofern den Individuen hilft, festzustellen, welche Handlungen im Widerspruch zu den Verfassungsnormen stehen.[636] Falls eine Verfassung als bekannt und einzigartig in einem Staatswesen gelten kann, sind zwei wesentliche Bedingungen für einen Fokalpunkt erfüllt.[637] Dabei können Verfassungen sowohl substanzielle Regeln beinhalten, die bestimmte Rechte der Individuen spezifizieren, also auch Werten Ausdruck verleihen und sie in sanktionsgestützte Normen erheben, als auch prozedurale Regeln, die nicht-einstimmige Entscheidungen im Rahmen der grundsätzlichen Rechte ermöglichen. Verfassungen sind darüber hinaus nicht als Verträge sondern als Konventionen zu verstehen, die Interaktionen strukturieren und stabile Erwartungen über die Fundamente der gesellschaftlichen Ordnung ermöglichen.[638] Selbst wenn eine Verfassung nicht die „optimale" aller Welten für jedes einzelne Individuum darstellt (mit Blick auf die Verfasstheit der gesellschaftlichen Ordnung), so lässt sich doch argumentieren, dass sie für jeden Einzelnen vorteilhaft ist: „[...] it gives you the best you can expect given that almost everyone else is following it."[639] Die Individuen folgen also den Verfassungsnormen aus einem individuellen Anreiz heraus, da es sich um Konventionen handelt, die mit der Verfassung generiert werden.

Darin enthalten ist allerdings die Vorstellung, dass die Verfassung selbst ein Ergebnis eines Koordinationsproblems ist, und dass die Schaffung einer neuen Verfassung mit prohibitiv hohen Kosten verbunden ist, so dass es sich um ein selbstdurchsetzendes Instrument handeln kann. Auch wenn die Schaffung einer Verfassung hier nicht von direkter Relevanz ist, so sind doch die Voraussetzungen für eine Geltung der Verfassung von Bedeutung. Damit nicht der von Libertären befürchtete Leviathan entsteht, muss die Verfassung durchgesetzt werden, und dies ist nur dann plausibel, wenn die Individuen nicht nur die Verfassung kennen und als Maßstab zur Bewertung staatlichen Handelns betrachten, sondern wenn sie von den verfassungsmäßigen Normen über-

---

636 Voigt (1999), S. 292.
637 Zu den Bedingungen für Fokalpunkte siehe Schelling (1960), S. 57-58.
638 Hardin (1989), S. 101 und S. 106.
639 Ebd., S. 109. Hervorhebungen im Original.

zeugt sind und diese auch als Richtschnur für ihr eigenes Verhalten ansehen. Das gilt für Fokalpunkte generell, denn wie Schelling argumentiert, hängt es im Wesentlichen von den Individuen ab, wie sie einen möglichen Fokalpunkt konzeptionalisieren, bzw. wie sie die Umwelt konzeptionalisieren, um einen Fokalpunkt überhaupt zu finden.[640] Obwohl eine Verfassung als Fokalpunkt zur Lösung des Koordinationsproblems verstanden werden kann, muss sie eine weitere Bedingung erfüllen. Da es auch hinsichtlich der Verfassungsnormen unterschiedliche Auffassungen geben kann, muss gewährleistet sein, dass die Verfassungsnormen mit einigen bereits bestehenden Konventionen bzw. sozialen Normen kompatibel sind, dass es mithin vor der Schaffung einer Verfassung und später zu ihrer Durchsetzung sozialer Normen und Konventionen bedarf.[641] Eine Verfassung, die dies nicht ermöglicht und von deren Normen niemand überzeugt ist, bleibt unwirksam.[642]

Man kann die Voraussetzung, dass es für eine durchsetzbare Verfassung korrespondierende und bereits existierende Normen geben muss, als einen Aspekt der Frage ansehen, wie viel Unterstützung seitens der Individuen eine Verfassung braucht, um durchgesetzt werden zu können, um also tatsächlich einen Fokalpunkt zu liefern anhand dessen staatliches Handeln bewertet und ggf. sanktioniert wird. Bedarf es daher zur Durchsetzung der Verfassung einer Internalisierung der Verfassungsnormen seitens aller Individuen? Dies ist nicht der Fall. Wenn sich ausreichend viele Individuen an die Verfassungsnormen gebunden fühlen, dann können sie abweichendes Verhalten seitens der staatlichen Akteure sanktionieren, auch wenn andere Individuen sich nicht daran beteiligen. Die Verfassungsnormen beziehen sich nicht auf das Verhalten der sanktionierenden Individuen gegenüber den nicht-sanktionierenden Individuen sondern regulieren indirekt das Verhalten der staatlichen Akteure. Aus Sicht der sanktionierenden Individuen beziehen sich die Normen in ihrem Interesse auf den einen Adressaten, den Staat, der unter ihrer Beobachtung steht. Die Verfassung kann daher tatsächlich der Koordinierung des Verhaltens der Individuen dienen, sofern es keinen eklatanten Widerspruch zwischen sozialen Normen und Verfassungsnormen gibt. Eine allgemeine Überzeugung hinsichtlich der Verfassungsnormen ist nicht notwendig, denn aufgrund der Schwierigkeit, durch Kollektivhandeln eine andere Verfassung zu etablieren, kann eine Verfassung auch ohne breite Unterstützung durchsetzbar bleiben. Hardin schreibt:

„In many contexts, a constitution does not even require majority 'support,' it merely needs lack of sufficient opposition."[643]

---

640 Schelling (1960), S. 57-58.
641 Voigt (1999), S. 292.
642 Es bleibt natürlich die Möglichkeit bestehen, dass sich die Individuen an den Verfassungsnormen orientieren, selbst wenn diese keine Entsprechung in den ex ante bestehenden sozialen Normen haben. Verfassungsnormen werden dann aber selbst zu sozialen Normen. Für den Fall, dass dies nicht geschieht, könnte vermutet werden, dass die Anreize der Individuen ausreichen, eine Ordnung zu stabilisieren. Denn aufgrund des Problems kollektiven Handelns ist eine neue Koordinationslösung, also eine neue Verfassung, nicht leicht zu realisieren. Dennoch bleibt dies ein fragiler Zustand: die Sanktionierung scheitert, wenn es keine Individuen gibt, die die Verfassungsregeln akzeptieren.
643 Hardin (1989), S. 108. Anführungszeichen im Original.

Damit stellt sich jedoch sofort die Frage, ab wann von ausreichend großem Widerstand gegen eine Verfassung zu sprechen ist, so dass sie ihren selbstdurchsetzenden Charakter verliert. Das kann nicht eindeutig beantwortet werden, aber eine banale Vermutung liegt in der Anzahl der entsprechenden Personen: sind diejenigen, die die Verfassung durchzusetzen bereit sind, in der Mehrheit, so dürfte die Verfassung Chancen auf Durchsetzung haben, sofern die Machtmittel des Staates nicht zu dominant sind. Der Grund auch unter widrigen Bedingungen von einer durchsetzbaren Verfassung auszugehen, liegt in der Richtung des Widerstands gegen diese begründet: diejenigen, die die Verfassung ablehnen, sind nicht notwendigerweise eine homogene Gruppe.

Ein weiterer wichtiger Aspekt ist, dass es den Individuen bekannt sein muss, dass ausreichend viele andere Individuen das staatliche Handeln an den Normen der Verfassung messen.[644] Erst ist mit diesem „gemeinsamen Wissen" über die Norminhalte und die Tatsache, dass diese auch von anderen als Maßstäbe für die Bewertung von Staatshandeln herangezogen werden, ist es möglich, die für die Verfassungsdurchsetzung nötige Koordinationsleistung tatsächlich zu erbringen.

Zusammenfassend lässt sich sagen, dass Verfassungen selbstdurchsetzend sein können, wenn ausreichend viele Individuen staatliches Handeln anhand der Verfassung bewerten, darüber gemeinsames Wissen haben und bereit sind, entsprechende Kosten zur Durchsetzung zu tragen. Das hängt aber im Wesentlichen von der Sanktionsfähigkeit der Individuen ab, die als situative Nutzenmaximierer kein unmittelbares Interesse am Widerstand gegen staatliche Maßnahmen haben könnten. Das Interesse an der Verfassungsgeltung führt also nicht automatisch zu einem Interesse an der Befolgung der Normen, und sei dies nur indirekt, indem die Normen durchgesetzt werden, also andere sanktioniert werden, die sich nicht an die Normen halten wollten. Die hinreichende Bedingung für die Durchsetzung der Verfassung durch die Individuen ist also ihre Fähigkeit, normgebunden zu handeln.

Wie sieht es mit der Frage des Widerstands gegen Übergriffe staatlicher Organe aus? Mit dem dispositionellen Nutzenmaximierer gibt es nun analog zur Überwindung des moralischen Problems in der Anarchie eine Lösung. Der dispositionelle Nutzenmaximierer kann ja regelgebunden agieren; und damit gibt es kein grundsätzliches Problem kollektiven Handelns zur Organisation von Widerstand mehr. Dies gilt selbst dann, wenn es nur eine zunächst beschränkte Anzahl solcher Individuen gibt: durch die Unterstützung von Aktivisten, durch Lob und Sympathiebekundungen kann das Widerstandspotenzial erhöht werden, denn die Unterstützung „senkt die Kostenschwelle".[645] Allerdings deutet dies auf einen entscheidenden Punkt hin. Auch der dispositionelle Nutzenmaximierer kann sich als situativer Egoist verhalten, wenn er mit Hochkostensituationen konfrontiert ist. Genau dies dürfte aber bei einigen Widerstandshandlungen der Fall sein, sofern der „Widerstand" sich tatsächlich gegen die staatliche Gewalt richtet. Dieses individuelle Risiko wird dabei auch abhängig sein von der Stärke der Mobilisierung des Widerstan-

---

644 Zintl (2000), S. 44-45.
645 Baurmann (1996), S. 599.

des.[646] Je weniger Individuen bereit sind, sich am Widerstand zu beteiligen, desto höher dürften sie das Risiko einschätzen, bei Regelorientierung im Handeln eben in eine Hochkostensituation zu geraten.

Vorteilhaft beeinflusst wird dies nun jedoch auch dahingehend, dass es innerhalb der staatlichen Institutionen dispositionelle Nutzenmaximierer geben kann. Auch die staatlichen Akteure sind nicht einfach der Sorte opportunistischer Egoisten zuzurechnen, sondern unterliegen in ihren Handlungen ebenfalls der Restriktion, in ihrem eigenen Umfeld auf sanktionswillige dispositionelle Nutzenmaximierer zu treffen. Ein Individuum in staatlicher Machtposition, das sich gegen die Verfassungsnormen verhält, „muss damit rechnen, dass aufgrund des Beharrungsvermögens solcher Bindungen viele Vertreter der Staatsgewalt auch gegen ihre ‚objektiven' Interessen handeln und sich einem Umsturz verweigern werden, weil ihre Verfassungsloyalität weiterhin wirksam ist".[647] Eine solche Selbstbindungsfähigkeit mancher staatlichen Akteure dürfte allerdings alleine nicht ausreichen, um Übergriffe zu vermeiden. Denn wenn sie sich nicht auf eine mögliche Unterstützung seitens der Gesellschaft einstellen können, dürfte sich auch für sie Widerstand als Hochkostensituation darstellen. In Kombination mit einem aktivierbaren Widerstandspotenzial in der Bevölkerung jedoch lässt sich die Chance zur Durchsetzung der Verfassung erhöhen. Das gilt umso mehr, als dass gerade die Akteure in der Politik nicht anonym sondern leichter beobachtbar sind als in der anonymen Marktgesellschaft.[648] Es lässt sich also festhalten, dass die Durchsetzung einer Verfassung möglich ist, sofern die Bedingungen, die im vorherigen Abschnitt diskutiert wurden, erfüllt sind, d.h. insbesondere dann, wenn ausreichend viele Individuen von den Normen, die die Verfassung prägen, überzeugt sind. Schließlich ist folgendes zu beachten: während Interessengruppen wie diskutiert eine aus libertärer Sicht negative Rolle im staatlichen Umverteilungsprozess spielen, so können sie unter Umständen auch eine positive Rolle zur Durchsetzung der Verfassung übernehmen. Sofern es Interessengruppen gibt, die gegenläufige Interessen haben, und sofern diese eine für die Regierung relevante Opposition darstellen können, besteht die Möglichkeit, dass sich die Interessengruppen zu potenziellen Garanten der Verfassung entwickeln, zu, wie Voigt es nennt, „unintended watchdogs of the rule of law".[649] Auch hier dürfte gelten, dass keine der Gruppen einen Vorteil in der Ausübung von konfliktreichen Betätigung haben sollte und dass die Zukunft ausreichend stark gewichtet wird.[650] Wenn dies Bedingungen erfüllt sind, kann festgehalten werden, dass Verfassungen selbstdurchsetzend sein können. Ein liberaler Staat erscheint möglich. Ohne die Normbindungsfähigkeit der Akteure jedoch, würde diese Selbstdurchsetzung scheitern: der Staat könnte dann leicht zu einem gefährlichen Aggressor und zum größten „Räuber" werden und die individuelle Freiheit würde ungeschützt verschwinden.

---

646 Zintl (2000), S. 39.
647 Baurmann (1996), S. 607.
648 Zur geringeren Anonymität in der Politik siehe Zintl (1994), S. 229.
649 Voigt (1998), S. 204.
650 Grossman (2004), S. 36.

6.5 Bilanz und Folgerungen

Die Bindung des Staates an das Recht erweist sich als denkbar, nachdem die skeptische Fiktion situativer Nutzenmaximierer zugunsten einer Beschreibung der Individuen als dispositionelle Nutzenmaximierer aufgegeben wurde. Mit dispositionellen Nutzenmaximierern erweist sich die stabile Rechtsbindung des Staates als möglich. Da die Anarchie hingegen normativ nicht überzeugender abschneidet, und zugleich an einem Unbestimmtheitsproblem leidet, erscheint der Staat aus liberaler Sicht als vorzugswürdig. Dabei zeigte sich ein wesentlicher Unterschied. Der liberale Staat braucht weniger normative Homogenität als die Anarchie zur Stabilisierung der Ordnung. Welche Implikationen die vorangegangene Analyse nun für die grundlegende Fragestellung hat, ob der Libertarismus eine liberale Theorie genannt werden kann, wird im nächsten Kapitel diskutiert.

7 Der Libertarismus: eine liberale Ordnungstheorie?

7.1 Der liberale Charakter der geordneten Anarchie

Der Libertarismus knüpft an die Tradition des klassischen Liberalismus an und behauptet, die einzig konsequente Theorie im Namen der Freiheit zu sein.[651] Alles, was nicht im Verfahren freiwilliger Übereinkunft zustande gekommen ist, gilt Libertären als „politisch" und insofern illegitim. Gerecht ist nicht ein bestimmtes Ergebnis, eine bestimmte Sozialordnung, die wiederum bestimmte Zielsetzungen erfüllt, sondern gerecht ist in Anlehnung an die liberale Tradition alles, was in einem gerechten Prozess zustande gekommen ist. Das einzige Verfahren jedoch, das, so die libertäre These, funktionieren kann ohne die individuelle Freiheit auszuhebeln, ist: der Markt. Nur der Tauschmechanismus führt zu einer Sozialordnung, in der die Autonomie eines jeden Menschen prinzipiell anerkannt und gleichzeitig geschützt werden kann. Dies ist der Kern der libertären Theorie der Gerechtigkeit. Der Intention zufolge ist der Libertarismus also durchaus eine liberale Theorie. Die Frage, die zu Beginn der Untersuchung gestellt wurde, lautet, ob dieser Anspruch gerechtfertigt ist, ob die vorgeschlagene libertär-anarchistische Ordnung und ihre Implikationen der liberalen Intention der libertären Theorie genügt.

Zunächst einmal lässt sich feststellen, dass es dem klassischen Liberalismus nicht nur darum geht, den Staat in Zaum zu halten; vielmehr ist die Beschränkung staatlicher Macht nur eine Voraussetzung für ein anderes Ziel: das gleiche Recht für alle, damit die Freiheit eines einzelnen tatsächlich gewahrt werden kann.[652] Gleiches Recht bedeutet allerdings noch nicht „liberales" Recht – es kann auch Rechtsgleichheit geben, ohne dass die Rechtsnormen inhaltlich als liberal zu bezeichnen wären. Wenn aber die Voraussetzung für eine liberale Ordnung, die Rechtsgleichheit fehlt, dann kann der Ordnungsentwurf nicht mehr als liberal bezeichnet werden.[653]

In Kapitel 5 wurde gezeigt, dass libertäre Eigentumsnormen nur schwer entstehen können. Insbesondere ist die Herausbildung von Reziprozitätsnormen abhängig davon, dass die Individuen in kontinuierlichen Interaktionen aufeinander treffen, und dass es eine ausreichend große Anzahl an dispositionellen Nutzenmaximierern gibt, die im Unterschied zu situativen Nutzenmaximierern diese Regeln auch befolgen und durchsetzen können. Allerdings können in einem sozialen Netzwerk jedoch auch unterschiedliche Gruppen unterschiedliche Regeln ausformen, und nur wenn sie in der Lage sind, ge-

---

651 Rothbard (1973), S. 23.
652 Vgl. Hayek (1971), S. 272ff.
653 Dies ist einer der grundsätzlichen Aspekte, die Godefridi (2005), S. 127ff. am Libertarismus bemängelt. Godefridis Kritik wird in dieser Arbeit bestätigt, allerdings mit anderen Argumenten. Denn der marktwirtschaftliche Prozess kann mittels des Reputationsmechanismus sehr wohl zu einer stabilen und einheitlichen „Festlegung" auch der Rechtsnormen kommen, wenn bestimmte Bedingungen erfüllt sind. Die Kritik dieser Arbeit zielt genau auf diese Bedingungen ab. Godefridis zutreffende Behauptung (siehe die folgende Diskussion im Text), der Libertarismus gebe die Gleichheit vor dem Recht auf, kann aber a priori ebenso gegen alle Ordnungsentwürfe, die dem Staat eine Rolle zuweisen, gewendet werden. Godefridi entwickelt kein Kriterium, anhand dessen die Vorzugswürdigkeit einer staatlichen Ordnung gegenüber der geordneten Anarchie im Hinblick auf die Frage nach der Gleichheit vor dem Recht beantwortet werden könnte. Aber genau das ist es, was die Auseinandersetzung mit der libertären Theorie beinhaltet, denn beide Ordnungsentwürfe sind mit Schwächen behaftet.

meinsame Normen zu etablieren und zu befolgen, kann einem Konflikt der Individuen auf Dauer entgangen werden. Die libertäre Theorie beinhaltet dabei implizit die Behauptung, dass die Individuen nur dann eine libertäre Sozialordnung ohne ordnungsgefährdende Konflikte erhalten können, wenn sie von libertären Normen überzeugt sind.[654] Damit wird offenkundig, dass eine libertäre Ordnung eine äußerst voraussetzungsvolle Ordnung ist: nur eine grundsätzliche Übereinstimmung der Individuen bei den grundlegenden Normen ermöglicht die Funktionsfähigkeit der libertären Anarchie.[655] Um dies zu verdeutlichen: das Postulat, dass die geordnete Anarchie funktionsfähig ist und liberalen Vorstellungen entspricht, setzt voraus, dass die Individuen homogene libertäre Grundüberzeugungen hinsichtlich der legitimen Rechte eines Einzelnen haben. Die Ideen von Gleichheit vor dem Recht und die Vorstellung liberaler Rechtsinhalte müssen also schon gegeben sein, d.h. in den Individuen selbst liegen, und dies bedeutet wiederum, dass eigentlich alle Individuen liberale Überzeugungen haben müssen, damit die anarchistische Ordnung funktionsfähig ist. Offensichtlich ist eine solche Ordnung von außergewöhnlicher homogener „Moralität" abhängig. Beschränkt man hingegen die Überzeugungen der Individuen nicht, verzichtet man also darauf, den Individuen eine homogene Moral zu unterstellen, mit der nach Belieben jedwede Ordnung als funktionsfähig deklariert werden kann und die außerdem der liberalen Intention zuwiderläuft, dass es unterschiedliche Überzeugungen geben kann und darf, dann zeigt sich, dass eine libertäre Ordnung an Plausibilität verliert.[656] Selbst wenn die Individuen zu einem bestimmten Zeitpunkt libertäre Vorstellungen teilen, so kann nicht erwartet werden, dass diese Situation stabil bleibt – es können immer wieder Überzeugungen wechseln, Menschen mit anderen moralischen Vorstellungen „geboren" werden oder diese im Laufe ihres Lebens entwickeln.

Die Implikationen, die sich aus der Diskussion ergeben, stellen die libertäre Theorie infrage. Der Libertarismus mag der Intention nach eine liberale Theorie sein, aber der libertäre Ordnungsentwurf gibt die Gleichheit vor dem Recht ebenso auf, wie er nicht garantieren kann, dass das Recht in irgendeiner Weise liberalen Charakter haben könnte. In anderen Worten: die libertäre Theorie genügt ihren eigenen Ansprüchen nicht! Diese für die libertäre Theorie bedrohlichen Konsequenzen werden im Folgenden verdeutlicht. Zunächst anhand der Frage der Gleichheit vor dem Recht:

---

654 Siehe hierzu Kapitel 5, Abschnitt 5.3.2.
655 Selbstverständlich ließe sich aus libertärer Sicht auch argumentieren, dass es nur darum ginge, für eine libertäre Ordnung zu streiten, die bestimmten Kriterien – nämlich dem Gewaltausschlussprinzip und seinen Implikationen – genügt. Wen sich die Menschen davon überzeugen lassen, dann wird eine libertäre Ordnung wahrscheinlicher. Siehe hierzu beispielsweise die Argumentation von Caplan/Stringham (2003), S. 323 als Antwort auf einen kritischen Artikel von Cowen (1992). Zu dieser Sichtweise gehört auch, dass die bestehenden Ordnungen an dem durch das Gewaltausschlussprinzip definierten normativen Ideal gemessen und entsprechend kritisiert werden. Wie in Kapitel 2 gezeigt wurde, sind die libertären Normvorstellungen jedoch nicht ausreichend präzise, es gibt keinen eindeutigen libertären Rechtscode, so dass Spezifikationen in einem Verfahren – aus libertärer Sicht: im Markt – notwendig bleiben. Damit ist impliziert, dass selbst für eine libertäre Ordnung noch nicht klar ist, welchen genauen Voraussetzungen die Ordnung genügen soll. Siehe auch Godefridi (2005), S. 134.
656 Siehe auch Radnitzky (2002a), S. 346, der behauptet, dass ohne eine deontische Ethik, „eine Sozialorganisation nicht langfristig haltbar" ist.

7.1.1 Gleichheit vor dem Recht

Wenn jedes Individuum genau das Recht erwerben kann, das seinen Wünschen und seiner Kaufkraft entspricht, dann scheint sich die Gleichheit vor dem Recht schon von vornherein als Illusion zu erweisen. Libertäre argumentieren jedoch, dass die Individuen lernfähig sind, Kosten vermeiden wollen (und können) und Verfahren der Konfliktregulierung bei widerstreitenden Rechtsprinzipien entwickeln werden. Damit könnten mittels des Verfahrens des Tausches und aufgrund der Anreize, die sich den Individuen durch den Reputationsmechanismus präsentieren, einheitliche Rechtsnormen entstehen, die wider Erwarten zu einer Rechtsgleichheit grundsätzlicher Rechte führen. Dass darüber hinaus individuelle Sonderwünsche ebenfalls realisiert werden können, stört den Libertären nicht: die grundsätzliche Rechtsgleichheit bei den Eigentumsrechten bleibt davon unberührt, es ist sogar ein Ausdruck von individueller Autonomie, wenn besondere Rechtswünsche realisierbar bleiben. Wie gezeigt wurde, setzt aber der Tauschmechanismus voraus, dass sich die Individuen a priori als Gleiche begegnen und ähnlich libertäre Präferenzen hinsichtlich der angemessenen Normen haben. Wer andere Präferenzen hat, gar andere Menschen missachtet, wird sich jedoch nicht in das scheinbare Korsett gleicher libertärer Grundrechte mittels des Reputationsmechanismus „zwingen" lassen. Der Reputationsmechanismus versagt als Instrument, weil nicht anzunehmen ist, dass – aus Sicht einer Gruppe von Individuen – Rechtsverstöße tatsächlich sanktioniert werden, wenn die Sanktionierung von anderen Individuen abhängt, die gar keine Rechtsverstöße vorliegen sehen, weil sie andere Normvorstellungen für richtig erachten. Dies lässt sich an dem bereits mehrfach erwähnten „Drogenbeispiel" von Friedman verdeutlichen.[657] Wenn ein Individuum A eine Präferenz für bewusstseinserweiternde Drogen hat und ein Individuum B der Meinung ist, dass Drogenkonsum generell zu verbieten sei, so wird die Lösung nicht eindeutig vorhersehbar sein – der Konflikt könnte sowohl durch die strikte Erlaubnis enden (wenn die Individuen dem Selbsteigentum eine solch prominente Rolle tatsächlich zuweisen), als auch im allgemeinen Verbot, wenn viele Individuen eher der Meinung von B zustimmen und entsprechende Normen „kaufen" bzw. Richter mit gegenteiligen Urteilen in Zukunft nicht mehr als Richter beauftragen. Denkbar ist aber auch, dass sich die Erlaubnis und das Verbot im Einzelfall unterscheiden – je nach dem, ob das Verbot durch Transferzahlungen umgangen werden kann oder nicht.[658] Im letzten Fall bestünde dann eine nicht-territoriale Differenzierung des Rechts: die Gleichheit vor dem Recht wäre aufgegeben und zwar in diesem Fall aufgrund der Kaufkraft der beteiligten Individuen.

Das wäre allerdings alles unproblematisch, solange sich die entsprechenden Urteile auf freiwillige Übereinkünfte stützen könnten. Das ist aber nicht zu erwarten. Es ist vorstellbar, dass beispielsweise ein Individuum ein Verbot hinnehmen muss, ohne diesem zugestimmt zu haben. Das Individuum kann dem Urteil nicht entgehen, selbst wenn es seine Sicherheitsagentur oder die ausgewählten Gerichte in Zukunft meidet und andere Verträge – oder gar keine – eingeht. Auch besteht keine Sicherheit, dass andere

---

657 Siehe hierzu auch Kapitel 2, Abschnitt 2.5.2 und Friedman (2003/1973), S. 160ff.
658 Für ein entsprechendes Beispiel hinsichtlich der Todesstrafe siehe Friedman (2003/1973), S. 149.

Individuen dem aus libertärer Sicht unliberalen Urteil des Drogenkonsumverbots durch Veränderung ihrer Verträge Rechnung tragen: dazu müssten sie, wie gezeigt wurde, selbst liberale Überzeugungen haben, damit der Reputationsmechanismus als Mechanismus zur Beseitigung solcher Urteile und Zwangsnormen funktionieren kann. Nochmals: ohne homogene libertäre Moral wird die libertäre Privateigentumsordnung scheitern. Anders als Libertäre erwarten,[659] wird dies genau in den Fällen ebenso möglich wie wahrscheinlich sein, in denen es um intergruppenspezifische Konflikte geht, also genau in dem Bereich der Arena eines privaten Rechtsmarktes, in dem es sich nicht mehr nur um freiwillige Vereinbarungen innerhalb einer Gruppe, sondern um die Rechtsprechung bei Konflikten von Individuen unterschiedlicher Gruppen mit unterschiedlichen Normvorstellungen handelt.

Mit fehlender Rechtsgleichheit ist dann auch offensichtlich, dass sowohl Rechtsanpassungen als auch die Rechtsdurchsetzung ungleich sein werden.[660] Da die Kaufkraft entscheidet, werden diejenigen leichter das Recht an ihre Bedürfnisse anpassen können, die ausreichend Einkommen und Vermögen haben. Für die Durchsetzung gilt dies analog: sie ist individualisiert, ob eine gleiche Durchsetzung derselben Vertragsinhalte möglich ist, wird sich im Einzelfall entscheiden, kann aber nicht grundsätzlich erwartet werden. Dabei geht es nicht nur um die Sicherheit von Eigentum z. B. durch leichter zugänglichen Schutz vor Diebstahl durch Sicherheitsagenturen. Auch die Verfolgung und Bestrafung von Straftaten wird abhängig von der Kaufkraft, denn das konkrete Agieren der Sicherheitsagenturen und Richter im Markt ist abhängig von der Nachfrage, die sich nicht an der Zahl der Personen oder ihren Eigenschaften misst, sondern an der individuellen monetären Ausstattung und Zahlungsbereitschaft.

Es lässt sich schlussfolgern: Rechtsinhalte gelten in der libertären Ordnung individuell und sind insbesondere von der Kaufkraft der Individuen abhängig. Die Gleichheit vor dem Recht als notwendige Bedingung für eine liberale Ordnung wird aufgegeben.

7.1.2 Liberale Rechtsinhalte

Die zweite Implikation der so eben diskutierten Möglichkeit uneinheitlicher Rechtsvorstellungen in einer libertären Ordnung führt direkt zu einem weiteren für die libertäre Theorie schwierigen Problem: die vorausgesetzten Freiheiten, die Annahme des Selbsteigentums einerseits und das Privateigentum an Sachen andererseits, sind beide eben nicht gegeben, sondern können im Rahmen eines anarchistisch-kapitalistischen Rechtssystems nur durch private Verträge geschützt und en detail reguliert werden. Auch hier zeigt sich dies an Friedmans Drogenbeispiel deutlich: Die „opferlosen Verbrechen" (victimless crimes) können auch in einer libertären Ordnung verboten sein, wenn sich dies durch private Rechtsprechung und Rechtsverträge mit Sicherheitsagenturen ergibt. Die Freiheitsrechte, die ursprünglich universell gelten sollten, sind insofern wiederum kontingent – sie werden durch die konkrete Rechtsprechung pro tempore definiert, im-

---

659 Siehe Hoppe (2005), S. 11-12.
660 Freeman (2002), S. 146.

mer abhängig von den Nachfragerelationen. Anders als in demokratischen Staaten gilt zur Rechtsetzung in der anarchistisch-kapitalistischen Ordnung nicht das Prinzip „one man, one vote," sondern „one dollar, one vote. "

Für die libertäre Theorie, die der Intention nach soviel Freiheit wie möglich für den Einzelnen erreichen möchte, ist es sicherlich problematisch, wenn Gängelungen im Rechtsystem auch völlig staatsfrei entstehen können. Dem nicht genug, denn die Konsequenzen könnten noch weitergehend sein als im Beispiel einer Gängelung der Individuen, die gerne Drogen konsumieren möchten. Nozick weist auf einen theoretischen Spezialfall hin, bei dem beispielsweise Landbesitzer von anderen Landbesitzern umzingelt werden könnten, und damit in eine möglicherweise lebensbedrohliche Abhängigkeit geraten, ohne je gegen libertäre Rechtsnormen verstoßen zu haben.[661] Da auch die feindlich gesinnten Landbesitzer, die einen anderen umzingeln, nicht direkt in dessen Eigentum eingreifen, liegen in einer strikten Auslegung der libertären Theorie auch keine Probleme vor. Es handelt sich um die „angemessene Risikoübernahme" wie es Rothbard mit Hinweis auf Evers nennt.[662] Allerdings: Jeder Akt des umzingelten Landbesitzers oder der ihn umzingelnden Anderen, kann in einem anarcho-kapitalistischen Rechtssystem bestraft werden oder unbestraft bleiben: selbst wenn sich der umzingelte Landbesitzer gegen seine Umzingelung mit Gewalt wehrt, könnte es sein, dass er vor Gericht frei gesprochen wird, wenn seine Kaufkraft groß ist oder die Überzeugungen anderer Individuen, die eine Bestrafung als Fehlurteil auslegen, die Richter in ihrer Entscheidungssituation beeinflusst. Dann wäre aber die libertäre Vorstellung von eindeutig geltenden Eigentumsrechten verletzt, obwohl das Verfahren der Rechtsprechung den libertären Vorstellungen genügt. Ohne homogene libertäre Moralvorstellungen der Individuen bedeutet dies: die resultierende Ordnung kann nicht mehr die libertären Eigentumsrechte garantieren.

7.2 Innere Stabilität des libertären Ordnungsentwurfs

Die soeben diskutierten immanenten Probleme der libertären Theorie – fehlende Rechtsgleichheit und Gefahr unliberaler inhaltlicher Rechtsnormen – hängen eng damit zusammen, dass in der libertären Theorie eine sehr voraussetzungsvolle, implizite Annahme für das Funktionieren des Rechtsmarktes mittels Reputation enthalten ist: die bereits mehrfach erwähnte homogene Moral, die den Individuen gegeben sein muss, damit sich eine anarchistische Ordnung als überlebensfähig erweisen kann. Nimmt man nun jedoch anders als zuvor an, dass eine solche bei fast allen Individuen vorfindbare Überzeugung tatsächlich möglich ist, stellt sich die Frage nach der Stabilität einer solchen Konzeption eigentlich nicht mehr: ihre Geltung scheint gesichert. Dennoch kann es über die Zeit hinweg zu den beschriebenen Problemen führen, wenn die liberale Moral nicht invasionsstabil ist. Für die dispositionellen Nutzenmaximierer, die sich an Normen orientieren können, wenn es in ihrem langfristigen Interesse ist, scheint allerdings eine solch sta-

---

661 Nozick (1974), S. 55 (Fußnote).
662 Rothbard (2000), S. 239.

bile Moral prima facie denkbar. Ein mögliches Auftreten anderer Überzeugungen kann sanktioniert werden, die Individuen mit anderen Überzeugungen müssten sich entweder anpassen oder das libertäre Territorium verlassen. Dies setzt allerdings voraus, dass die neu auftretenden Überzeugungen nicht bereits eine breite Verankerung in der Gesellschaft haben, die sich zuvor noch nicht geäußert haben. Auch ist es denkbar, dass ein sehr kaufkräftiges Individuum oder eine entsprechende Gruppe die libertäre Moral von innen heraus „zerstören" kann, wenn eine kritische Masse dazu erreicht ist. Jedenfalls wird das Problem möglicherweise auftretender anderer Überzeugungen in der libertären Theorie durchaus erkannt. So schreibt Hoppe:

> „In einer libertären Sozialordnung kann es keine Toleranz gegenüber Demokraten und Kommunisten geben. Sie müssen aus der Gesellschaft physisch entfernt und ausgewiesen werden."[663]

Ungeachtet der normativen Probleme, die diese Formulierung aufwirft, zeigt sich in Hoppes Vorstellung einer libertären Ordnung, dass er sie eben nicht per se für invasionsstabil hält. Es muss daher früh und massiv sanktioniert werden. Aus libertärer Sicht sollte dies eigentlich auf Basis des Gewaltausschlussprinzips und damit marktprozessual geschehen, z.B. durch Nichteingehen von Verträgen mit den relevanten Adressaten – solange keine Eigentumsverstöße vorliegen, ist die „physische" Ausweisung nicht kompatibel mit der Vorstellung libertärer Eigentumsrechte. Dennoch ist der Vorschlag Hoppes aus der hier eingenommenen Perspektive sogar weit blickend, denn er antizipiert die „Gefahr", die sich einer libertären Ordnung von innen heraus stellt. Allerdings ist der Vorschlag zur Lösung des – aus libertärer Sicht – Problems nur partiell geeignet: ist die auftretende Mutation der Überzeugungen bei manchen Individuen eben durch eine große Kaufkraft „gedeckt" oder finden sich Unterstützer bei denjenigen Individuen, die ihre Präferenzen bislang verschleiern konnten, so ist auch die Sanktionierung keine Lösung mehr, so sind konkurrierende Überzeugungen und Moralvorstellungen in ein und demselben Territorium wiederum denkbar und möglich.[664] Der Charakter der libertären Ordnung kann sich dann verändern, denn die Ordnung selbst wird wie der Lauf der Geschichte „durch Ideen bestimmt, ob sie richtig oder falsch sind."[665] In anderen Worten: betrachtet man den libertären Ordnungsvorschlag als ein Gleichgewicht der Erwartungen der Individuen hinsichtlich des gesellschaftlich als legitim erachteten individuellen Verhaltens, so kann dieses Gleichgewicht durch auftretende nicht-libertäre Überzeugungen gestört und verändert werden.

Der Anreiz, die libertären Überzeugungen zu verlassen, wenn ein Individuum diese nicht internalisiert hat, wird für die Individuen solange nicht existieren, wie sie über geringe Mittel verfügen und erwartbaren Sanktionen ausgesetzt sind. Das Entstehen wirtschaftlicher Macht kann sich jedoch direkt in politische Macht übersetzen, die in der libertären Ordnung nicht institutionalisiert, sondern durch den Marktprozess indi-

---

663 Hoppe (2003b), S. 408.
664 Das Modell des dispositionellen Nutzenmaximierers, mit dem die individuellen Reaktionen auf Veränderungen der Restriktionen modelliert werden, beinhaltet nicht, dass die Individuen sich bedingungslos an Normen binden.
665 Hoppe (2003b), S. 117.

vidualisiert ist.[666] Wirtschaftlich starke Akteure, seien es Individuen oder Gruppen, die die Probleme kollektiven Handelns überwinden können, sind unter Umständen leicht in der Lage, andere in einem privaten Rechts- und Sicherheitsmarkt zu „überstimmen" und sich genau die Leistungen zu „kaufen", die ihren geänderten Wünschen entsprechen, Wünschen, die alles beinhalten können und sich beispielsweise in der Entfaltung der eigenen Macht über andere niederschlagen, um daraus Vorteile zu ziehen. Eine solche Entwicklung zu „natürlichen Eliten" lässt sich jedenfalls nicht ausschließen, ja sie wird sogar – wenngleich verbunden mit anderen Hoffnungen – von manchen Libertären erwünscht.[667] Das Resultat ließe sich durchaus als eine Art feudale Herrschaft bezeichnen,[668] ein Wiederkehren genau der Machtstrukturen, die auch und gerade für Liberale das zu Überwindende gekennzeichnet haben.

Ob es überhaupt möglich ist, zu Situationen mit homogenen libertären Überzeugungen zu kommen, ist nur spekulativ zu beantworten. Es dürfte auszuschließen sein, dass in einer gegebenen Ordnung derart homogene libertäre Überzeugungen und Werthaltungen bei allen Individuen leicht, wenn überhaupt, zu erzielen sind. Nur wenn ein Sezessionsrecht existiert, können sich diejenigen problemlos zusammenfinden, die geteilte Überzeugungen bereits haben. Ob ein solches Gebilde dann stabil ist, sei es aufgrund der so eben beschriebenen Anreize oder aufgrund äußerer Bedrohungen, ist eine Frage, die sich theoretisch nicht eindeutig beantworten lässt, die aber Zweifel nährt. Die Probleme, die ein Sezessionsrecht hierbei impliziert, wurden bereits diskutiert:[669] für den größeren Rahmen der Beziehungen zwischen der Sezessionspartei und den in anderen Ordnungen verbleibenden Individuen jedenfalls gilt, dass hier genau die zuvor genannten Probleme eine Stufe höher wieder auftauchen, dass Konflikte zwischen den Individuen wahrscheinlich bleiben, da es keine gemeinsame Instanz gibt, die zur Lösung angesprochen werden könnte.

Schließlich bedarf eine mögliche libertäre Kritik am zuvor Diskutierten noch der Erwähnung: die Stabilität einer Ordnung ist natürlich niemals garantiert,[670] so dass es notwendig ist, zu fragen, ob die beschriebenen Probleme auch für die Alternative einer durch einen Staat getragenen Ordnung relevant sind. Wenn der Charakter der Ordnung liberal sein soll, so ist wiederum die Frage der Rechtsgleichheit und der (liberalen) Rechtsinhalte von Belang. Kann denn in einem Staat, insbesondere in einer Demokratie, Rechtsgleichheit und liberales Recht relativ gesehen stabiler gesichert werden als in einer

---

666 Freeman (2002), S. 148.
667 Hoppe (2003b), S. 405: „Insbesondere benötigt der Eigentümer die Unterstützung der Gemeindeelite, d.h. der Oberhäupter der Haushalte und der Firmen, die am meisten in die Gemeinde investiert haben. Um den Wert ihres Eigentums und ihrer Investition zu schützen und möglichst zu steigern, müssen sowohl der Eigentümer als auch die Gemeindeelite willens und bereit sein, zweierlei Art von Schutzmaßnahmen zu treffen: Erstens [...] gegen [...] heimische Kriminelle [...]. Aber zweitens – und ebenso wichtig – müssen sie auch bereit sein, sich durch das Mittel der Ächtung, des Ausschlusses und letztlich der Ausweisung gegen solche Gemeindemitglieder zu verteidigen, die Handlungen befürworten, anpreisen oder propagieren, die unvereinbar mit dem eigentlichen Zweck der Übereinkunft, dem Schutz des Eigentums und der Familie, sind."
668 Siehe wiederum Freeman (2002), S. 147ff.
669 Siehe Kapitel 5, Abschnitt 5.4.
670 Radnitzky (2002a), S. 352, verweist darauf, dass es keine Garantie geben kann, dass der Status quo egal welchen Systems erhalten werden kann.

anarchistischen Ordnung? Die Antwort darauf wurde bereits im letzten Kapitel gegeben und bejaht. Der Grund liegt in den individuellen Überzeugungen, die in einer staatlichen Ordnung zwar ebenfalls notwendig sind,[671] jedoch nicht derart voraussetzungsvoll wie in einer geordneten Anarchie. Für die Stabilität einer staatlichen Ordnung kann es genügen, wenn eine ausreichend große Gruppe, tendenziell eine Mehrheit, für die liberalen Normen eintritt und diese zu verteidigen weiß. Die Abhängigkeit der Ordnung von der Kaufkraft ist ebenso geringer wie die Notwendigkeit einer umfassenden liberalen Moral, da weniger dispositionelle Nutzenmaximierer für die Sanktionierung abweichenden Verhaltens benötigt werden. Der Staat hat als letzte Ordnungsinstanz ein Alleinstellungsmerkmal – anders als die geordnete Anarchie, die durch konkurrierende Rechts- und Sicherheitsunternehmen, also mehrere Adressaten für gegebenenfalls nötige Sanktionen, gekennzeichnet ist. In anderen Worten: die geordnete libertäre Anarchie benötigt kulturelle Requisiten, die in ihrem Ausmaß und ihrer Beschaffenheit wesentlich anspruchsvoller sind, als die Requisiten für eine liberale staatliche Ordnung, eine Ordnung, in der Rechtsgleichheit und liberales Recht eher verwirklicht und erhalten werden können.

---

671 Hayek (1971), S. 266-267 und Hume (1988/1742), S. 25.

8 Zusammenfassung

Die Frage, ob der Libertarismus eine liberale Theorie ist, lässt sich nach der durchgenommenen Untersuchung nur verneinend beantworten. Es ist klar geworden, dass die Intention der libertären Theorie zwar durchaus liberal ist, denn die vorgeschlagenen Maßstäbe zur Beurteilung von Handlungen der Individuen und zur Beurteilung politischer Ordnungen sind den in allen liberalen Theorien enthaltenen Vorstellungen von individuellen (Eigentums-)Rechten ähnlich. Dennoch beschränken sie die individuellen Freiheitsrechte ausschließlich auf Eigentumsrechte. Andere, in der Untersuchung nur angedeutete Vorstellungen davon, was als liberal gelten kann, sind daher möglich. Das wurde insbesondere deutlich, als der Letztbegründungsversuch für das libertäre Gewaltausschlussprinzip schon zu Beginn der Untersuchung als gescheitert identifiziert werden konnte.

Die Negation des libertären Anspruches fußt nun aber auf einem anderen Aspekt als auf der Frage nach der Interpretation der vorgeschlagenen Normen. Wenn man diese zur Grundlage für die Untersuchung des Vorschlags einer geordneten Anarchie macht, so zeigte sich in der immanenten Diskussion, dass eine solche libertär-anarchistische Ordnung die an sie gerichteten Ansprüche nicht erfüllen kann. Die Rechtsgleichheit als Voraussetzung für eine liberale Ordnung hat sich im Modell der libertären Anarchie verflüchtigt. Nur unter Aufgabe der Vorstellung, dass die Individuen hinsichtlich ihrer grundlegenden Rechtswünsche unterschiedliche Präferenzen haben können, ließe sich das Modell als liberaler Entwurf realisieren. Die erforderliche kulturell-ideologische Homogenität der Menschen, die nötig ist, um den Reputationsmechanismus zu einem Mechanismus für eine libertäre Ordnung zu machen, ist weder vorauszusetzen noch – wenn überhaupt – leicht zu erreichen. Mehr noch: es ist nicht einmal sicher, ob sich einmal erzielte Überzeugungen nicht wiederum selbst wandeln und vom ursprünglichen Ideal entfernen können. Für den libertären Entwurf ist dies eine schlechte Nachricht: ohne dauerhafte libertäre Überzeugungen der Individuen, die sich auch nicht durch die Veränderungen der Welt beeinflussen lassen, ist eine geordnete Anarchie nicht möglich.

Die Untersuchung begann mit der Frage nach der Definition individueller Freiheit und der Begründung von Regeln, die diese tragen. Es hat sich dabei gezeigt, dass die vorgeschlagenen Regeln nicht ohne ein (politisches) Verfahren genau spezifiziert werden können. Der libertäre Vorschlag, der sich an diese Diskussion anschloss, versucht die Durchführung dieser Ausformulierung nun an die Intention der Ausgangsregeln anzubinden; indem die Individuen durch Verträge untereinander zu genaueren Regeln kommen, bedarf es keiner zentralen Instanz zur Regelsetzung. Auch wird gleichzeitig der Schutz der individuellen Rechte durch den Marktmechanismus garantiert. Wie sich gezeigt hat, war dies illusorisch. Niemand schützt in der Ausgangssituation die einzelnen Verhandlungspartner vor Abschlüssen, die sie gar nicht wünschen, die ihnen also aufgezwungen werden können. Das libertäre Vertrauen auf den Marktmechanismus, der mittels der Reputation der Individuen zur gewünschten Lösung im Rechtssystem führt, hat sich nicht als tragfähig erwiesen. Es hat sich zwar gezeigt, dass im Verkehr der Menschen durch direkte, reziproke Beziehungen Regeln entstehen können, die dem Inhalt und in ihrem Zustandekommen nach der libertären Idee von Freiwilligkeit entsprechen. Aber spätestens bei der Durchsetzung der Regeln entstand ein Dilemma: die individuelle Abweichung kann sich als lohnend erweisen. Das Regelgeltungsinteresse der rationalen Akteure führt nicht automatisch zur Befolgung der Regeln. Dies hat sich – wenngleich abgeschwächt – auch bei der Frage nach der Bereitstellung von Kollektivgütern gezeigt, die sich teilweise privat herstellen lassen. Zugleich aber offenbarte die Diskussion, dass eine private Lösung von Kollektivgutproblemen nur unter bestimmten empirischen Bedingungen – also nicht systematisch aufgrund von Anreizen – möglich ist.

Mit der daraus ableitbaren Forderung durch staatliche Institutionen zwangsbewehrt Kollektivgüter bereitzustellen, ergeben sich aber zugleich die Probleme des Staates, die von Libertären als wesentlich für ihre Ablehnung auch der Demokratie angesehen werden. Das politische Verfahren zur Klärung der gemeinsam erwünschten Kollektivgüter, so die libertäre Argumentation, sei mit einer fundamentalen Schwierigkeit behaftet. Jedes politische Verfahren, das nicht auf einer Einstimmigkeitsregel beruht, erlaubt der Gemeinschaft bzw. der bestimmenden Mehrheit, die Wünsche der überstimmten Individuen zu ignorieren und sie sogar zur Finanzierung der von ihnen gar nicht gewollten Kollektivgüter zu zwingen. Das ist das moralische Problem der Politik aus libertärer Sicht. Da Kollektiventscheidungsregeln mit der Zeit zunehmend alle Bereiche individuellen Lebens betreffen können, macht für Libertäre dabei die Institution „Staat" zur eigentlichen Gefahr für die individuelle Freiheit. Der Staat wäre dann der größte aller Räuber.

Wie sich jedoch gezeigt hat, gibt es Gründe, die Bändigung des Staates für aussichtsreicher zu halten als die Stabilisierung der Anarchie: Anstelle des ursprünglichen Modells situativer Nutzenmaximierer, die sich nicht an Regeln binden können und für die Staat und Anarchie gleichermaßen unbestimmt und bodenlos sind, wurde angenommen, dass den Individuen zumindest die Fähigkeit gegeben ist, Regeln einzuhalten, die in ihrem langfristigen Interesse liegen. Solche dispositionellen Nutzenmaximierer sind jedoch auch in der Lage, Sanktionen durchzuführen, die zuvor unmöglich waren.

Der Zusammenbruch der libertären Anarchie erschien nun zwar nicht mehr so eindeutig wie es die Analyse bis dahin formulierte. Jedoch wurde auch klar, dass es sich dabei nur um eine leichte „Heilung" der ursprünglichen Problemstellung handelte: denn weder konnten alle Individuen als dispositionelle Nutzenmaximierer angenommen werden, noch war plausibel zu erweisen, dass es sich bei den zu befolgenden Regeln nur um libertäre Normen handeln konnte. Die Anarchie bleibt durch das Problem einer unspezifischen Regelselektion fragil. Neben den Regeln, die aus direkter Reziprozität entstehen können, zeigte sich, dass die Bildung von Solidaritätsregeln in einer Gemeinschaft auch in anderer Form vorstellbar ist. Der Vergleich ermöglichte die Schlussfolgerung, dass der Staat eher an das Recht gebunden werden kann als die privaten Sicherheitsunternehmen in einer libertären Ordnung, da es im Staat durch ein politisches Verfahren die Möglichkeit gibt, die Normen, die gelten sollen, zu selektieren. In der Anarchie fehlt eben diese Instanz: Nur wenn alle Individuen von libertären Normen überzeugt wären, könnte eine geordnete Anarchie stabil sein. Diese Voraussetzung ist jedoch kaum erfüllbar. Auch ist sie nicht mit der Intention einer liberalen Theorie vereinbar: nämlich der Möglichkeit und der Akzeptanz unterschiedlicher Überzeugungen und Wertvorstellungen der Individuen. Ohne die Annahme von homogenen libertären Überzeugungen kann der libertäre Ordnungsentwurf nicht einmal sicherstellen, dass die individuellen Menschenrechte unveräußerlich sind.

Gemessen am Maßstab der libertären Theorie, der Geltung absoluter Eigentumsrechte, erwiesen sich beide Ordnungsvorschläge – geordnete Anarchie und Staat – insgesamt als unzulänglich. Die libertäre Theorie ist jedoch durch die Aufgabe der Rechtsgleichheit in ihrem Ordnungsentwurf von Theorien zu unterscheiden, die dem Staat eine Rolle zugestehen. Hierin liegt der Grund für die Kritik am Anspruch des Libertarismus, eine – wenn nicht gar die einzige, weil einzig konsistente – Theorie in der Tradition des klassischen Liberalismus zu sein.

Die Auseinandersetzung mit der libertären Theorie hat auf der anderen Seite aber auch verdeutlicht, dass die Möglichkeiten privater Initiative zur Bereitstellung von Kollektivgütern nicht zu unterschätzen sind, ebenso, wie sie den Blick auf die Probleme mit allzu häufiger und allzu leichter Anwendung von Kollektiventscheidungsverfahren gelenkt hat. Als mahnende Kritik am Staat ist die libertäre Theorie besonders stark: sie zeigt, dass staatliche Ordnungen – insbesondere auch die Demokratie – nicht als unumwunden „gut" für die individuelle Freiheit oder den gesellschaftlichen Wohlstand zu werten sind. Um einen freiheitlichen demokratischen Staat erhalten zu können, braucht es nicht nur allgemeine Regeln, sondern auch Individuen, die sich aus Überzeugung und Interesse an diese Regeln binden können. Die Legitimation der Ordnung fußt daher auf den von Hume beschriebenen „Meinungen" der Menschen. Die geordnete Anarchie allerdings vermag diese Legitimationsleistung nicht zu erfüllen: es fehlt ihr der Adressat, die Institution, die für alle Individuen eines Territoriums durch Meinung und Überzeugung gestützt werden könnte. Von der Idee einer Ordnung ohne Staat zur Realisierung und zum Schutz der individuellen Freiheit bleibt so nicht viel übrig. Libertäre, die ihre Hoffnung auf die Abschaffung des Staates setzen, um ein Maximum an individueller Freiheit zu ermöglichen, stehen vor der Tatsache, dass sie mehr wollen und dabei nicht einmal ein Minimum bekommen.

Literaturverzeichnis

Albert, Hans (1975). Transzendentale Träumereien. Hamburg: Hoffmann und Campe.
- (1987). Kritik der reinen Erkenntnislehre: das Erkenntnisproblem in realistischer Perspektive. Tübingen: Mohr-Siebeck.

Axelrod, Robert (1987). Die Evolution der Kooperation. München Oldenbourg.

Ballard, Charles L., und Fullerton, Don (1992). Distortionary Taxes and the Provision of Public Goods. Journal of Economic Perspectives, Vol. 6, Nr. 3, S. 117-131.

Ballestrem, Karl Graf (1983). Vertragstheoretische Ansätze in der politischen Philosophie. Zeitschrift für Politik 30, S. 1-17.

Barrotta, Pierluigi (1996). A Neo-Kantian Critique of von Mises's Epistemology. Economics and Philosophy, 12, S. 51-66.

Barry, Norman (1986). On Classical Liberalism and Libertarianism. London: Macmillan.

Barzel, Noram (2002). A theory of the State: economic rights, legal rights and the scope of the state. Cambridge: Cambridge University Press.

Bator, Francis M. (1958). The Anatomy of Market Failure. Quaterly Journal of Economics 72, S. 351-379.

Baumann, Peter (2000). Über Zwang. In: Betzler, M. und Guckes, B., Hrsg., Autonomes Handeln, S. 71-84.

Baurmann, Michael (1996). Der Markt der Tugend: Recht und Moral in der liberalen Gesellschaft. Tübingen: Mohr.

Becker, Gary S. (1983). A Theory of Competition Among Pressure Groups for Political Influence. The Quarterly Journal of Economics, 3, Vol. 98, S. 371-400.

Becker, Hartmuth (2002). Die Kategorie öffentlicher Güter als Grundlage von Staatstheorie und Staatswissenschaft. Berlin: Duncker und Humblot.

Benson, Bruce L. (1990). The Enterprise of Law: Justice without the State. San Francisco Pacific Research Institute.
- (1997). The Spontaneous Evolution of Commercial Law. In: Daniel B. Klein (Hrsg.): Reputation: studies in the voluntary elicitation of good conduct, S. 165-189.

Bergh, Andreas und Peter Engsfeld (2005). The problem of cooperation and reputation based choice. Unveröffentlichtes Manuskript.

Berlin, Isaiah (1969). Four Essays on Liberty. Oxford: Oxford University Press.

Bienfait, Agathe (1999). Freiheit, Verantwortung, Solidarität. Zur Rekonstruktion des politischen Liberalismus. Frankfurt a.M.: Suhrkamp.

Blankart, Charles Beat (1998). Öffentliche Finanzen in der Demokratie: eine Einführung in die Finazwissenschaften. München Vahlen.

Blaug, Mark (1996). Economic Theory in Retrospect. Cambridge: Cambridge University Press.

Block, Walter (2003). National Defense and the Theory of Externalities, Public Goods, and Clubs. In: H. Hoppe (Hrsg.): The Myth of National Defense, Auburn Ludgwig von Mises Institute, S. 301-334.

Block, Walter und DiLorenzo, Thomas (2000). Is Voluntary Government Possible? A critique of Constitutional Economics. Journal of Institutional and Theoretical Economics, Vol. 156/4, S. 567-582.

Blümel, Wolfgang, Pethig, Rüdiger und von dem Hagen, Oskar (1986). The Theory of Public Goods: A Survey of Recent Issues. Journal of Institutional and Theoretical Economics 142, S. 241-309.

Boaz, David (1998). Libertarianism. A Primer. New York: The Free Press.

Bouillon, Hardy (1997). Freiheit, Individualismus und Wohlfahrtsstaat: Eine analytische Untersuchung zur individuellen Freiheit im Klassischen Liberalismus und im Wohlfahrtsstaat. Baden-Baden Nomos Verlagsgesellschaft.

–   (1998). Libertärer Anarchismus – eine kritische Würdigung. Aufklärung und Kritik 2/1998, S. 28-40.

Brennan, G. and Buchanan, J.M. (1993). Die Begründung von Regeln. Konstitutionelle Politische Ökonomie. Tübingen: Mohr.

Buchanan, James M. (1975). The Limits of Liberty. Chicago: University of Chicago Press.

–   (1980). Rent Seeking and Profit Seeking. In: Buchanan, James M, Robert D. Tollison and Gordon Tullock (Hrsg.): Toward a theory of the rent-seeking society. College Station: Texas A & M University.

Buchanan, James M. und Gordon Tullock (1962). The Calculus of Consent. Ann Arbor: University of Michigan.

Buchanan, James M.und Stubblebine, W.C. (1962). Externality. Economica, 29, S. 371-384.

Bußhoff, Heinrich (2002). Wie ein „Freund der Freiheit" seine Reputation aufs Spiel setzen kann. EWE 13, (2003) 3, S. 360-362.

Caplan, Bryan (1999). The Austrian Search for Realistic Foundations. Southern Economic Journal, S. 823-838.

Caplan, Bryan and Stringham, Edward (2003). Networks, Law, and the Paradox of Cooperation. The Review of Austrian Economics 16, 4, S. 309-326.

Coase, Ronald (1960). The Problem of Social Cost. The Journal of Law & Economics, Vol. III, S. 1-44.

Cohen, Gerald Allen (1995). Self-ownership, freedom, and equality. Cambridge: Cambridge University Press.

Cowen, Tyler (1992). Law as a Public Good: The Economics of Anarchy. Economics & Philosophy 8, S. 249-267.

Coyne, Christopher J. (2003). Focal Points and the Evolution of Social Coordination. Mercatus Center, Global Prosperity Initiative, George Mason University, Working Paper 7.

Demsetz, Harold (1967). Towards a Theory of Property Rights. The American Economic Review, Vol. 57, No. 2, S. 347-359.

Denzau, A. and North, D.C. (1994). Shared Mental Models: Ideologies and Institutions. Kyklos 47, S. 3-31.

Dixit, Avinash K. (2004). Lawlessness and Economics. Princeton: Princeton University Press.

Ellickson, Robert C. (1991). Order without Law: How Neighbors Settle Disputes. Cambridge, MA: Harvard University Press.

Elster, Jon (1989). Social Norms and Economic Theory. The Journal of Economic Perspectives 3, S. 99-117.

Engel, Gerhard (2002). Die offene Gesellschaft und ihre neuesten Feinde. Erwägen Wissen Ethik 13, 3, S. 364-367.

Fichte, Johann Gottlieb (1973/1793). Beitrag zur Berichtigung der Urteile des Publikums über die Französische Revolution. Hamburg: Felix Meiner.

Freeman, Samuel (2002). Illiberal Libertarians: Why Libertarianism Is Not a Liberal View. Philosophy & Public Affairs 30, no.2, S. 105-151.

Friedman, David D. (1975). The Private Creation and Enforcement of Law: A Historical Case. The Journal of Legal Studies 8, S. 399-415.

–   (1980). Many, Few, One: Social Harmony and the Shrunken Choice Set. American Economic Review, 1, Vol. 70, S. 225-231.

–   (1983). Comment on Brody. Social Philosophy & Policy, 1, Nr.1, S. 88-93.

–   (1994a). A Positive Account Of Property Rights. Social Philosophy and Policy 11, Nr. 2, S. 1-16.

–   (1994b). Law as a Private Good: A response to Tyler Cowen on the Economics of Anarchy. Economics & Philosophy 10, S. 319-327.

–   (1996). Anarchy and Efficient Law. In: J. Sanders and J. Narveson (Hrsg.): For and Against the State. Lanham Rowman and Littlefield, S. 235-253.

–   (2003/1973). Das Räderwerk der Freiheit. Für einen radikalen Kapitalismus. Grevenbroich: Lichtschlag Medien; Verlag Books on Demand.

–   (2005). Future Imperfect. Nicht fertiggestelltes Buchmanuskript, http://patrifriedman.com/prose-others/fi/commented/Future_Imperfect.html. Download: 29. 4. 2005.

Furubotn, Erik G. und Pejovich, Svetozar (1972). Property Rights and Economic Theory: A Survey of Recent Literature. Journal of Economic Literature, Vol. 10, Nr. 4, S. 1137-1162.

Gauthier, David (1986). Morals by Agreement. New York: Oxford University Press.

Godefridi, Drieu (2005). The Anarcho-Libertarian Utopia – A Critique. Ordo, Bd. 56, S. 123-139.

Gradstein, Mark (1993). Rent Seeking and the Provision of Public Goods. The Economic Journal, 103, S. 1236-1243.

Gray, John (1995). Liberalism. Buckingham: Open University Press.

Greif, Avner (1993). Contract Enforceability and Economic Institutions in Early Trade: The Maghribi Traders' Coalition. American Economic Review 83, S. 528-548.

Grossman, Herschel I. (2004). Constitution or Conflict?. Conflict Management and Peace Science, 21, S. 29-42.

Habermas, Jürgen (1983). Moralbewußtsein und kommunikatives Handeln. Frankfurt a.M.: Suhrkamp.

Hardin, Russell (1985). Individual Sanctions, Collective Benefits. In: Campbell, Richmond and Lanning Sowden (Hrsg.): Paradoxes of Rationality and Cooperation. Vancouver: The University of British Columbia Press.

- (1989). Why a Constitution?. In: Grofman, Bernard and Donald Wittman (Hrsg.): The Federalist Papers and the New Institutionalism. New York: Agathon Press, S. 100-120.
- (1990). Contractarianism: Wistful Thinking. Constitutional Political Economy, Vol. I, No. 2, S. 35-52.
- (2001). Law and Social Order. Philosophical Issues, 11, S. 61-85.
Hart, Herbert LA (1973). Der Begriff des Rechts. Frankfurt: Suhrkamp.
Hayek, Friedrich August von (1971). Die Verfassung der Freiheit. Tübingen: Mohr-Siebeck.
Hirschman, Albert O. (1974). Abwanderung und Widerspruch. Reaktionen auf Leistungsabfall bei Unternehmungen, Organisationen und Staaten. Tübingen: Mohr.
Hobbes, Thomas (1970/1651). Leviathan. Stuttgart: Reclam.
Hoerster, Norbert (2003). Ethik und Interesse. Stuttgart: Reclam.
Höffe, Otfried (1987). Politische Gerechtigkeit. Frankfurt a.M.: Suhrkamp.
Holcombe, Randall G. (1997). A Theory of the Theory of Public Goods. Review of Austrian Economics 10, Nr. 1, S. 1-22.
- (2005). Common Property in Anarcho-Capitalism. Journal of Libertarian Studies, Vol. 19, No. 2, S. 3-29.
Homann, Karl (1988). Rationalität und Demokratie. Tübingen: Mohr.
- (1994). Homo oeconomicus und Dilemmastrukturen. In: Sautter, Hermann (Hrsg.): Wirtschaftspolitik in offenen Volkswirtschaften.
- (1999). Die Legitimaton von Institutionen. In: Korff, Wilhelm (Hrsg.): Handbuch der Wirtschaftsethik, Band 2, Ethik wirtschaftlicher Ordnungen. Gütersloh: Güters-loher Verlagshaus, S. 50-95.
Homann, Karl und Andreas Suchanek (2000). Ökonomik. Tübingen Mohr Siebeck.
Hoppe, Hans-Hermann (1987). Eigentum, Anarchie und Staat: Studien zur Theorie des Kapitalismus. Opladen: Westdeutscher Verlag.
- (1989a). A Theory of Socialism and Capitalism. Dordrecht: Kluwer.
- (1989b). Fallacies of the Public Goods Theory and the Production of Security. The Journal of Libertarian Studies, IX, No.1, S. 28-46.
- (1991). De-Socialization in a United Germany. The Review of Austrian Economics, Vol. 5, Nr. 2, S. 77-104.
- (1993). The Economics and Ethics of Private Property. Boston: Kluwer Academic Publisher.
- (2001). Anarcho-Capitalism: An Annotated Bibliography. http://www.lewrockwell.com/hoppe/hoppe5.html.
- (2003a). Government and the Private Production of Defense. In: H. Hoppe (Hrsg.): The Myth of National Defense. Auburn Ludgwig von Mises Institute, S. 335-368.
- (2003b). Demokratie. Der Gott, der keiner ist. Leipzig: Manuskriptum.
- (2005). The Idea of a Private Law Society. Unveröffentlichtes Manuskript.
Hülsmann, Jörg Guido (1998a). Libertarians and Liberalism: Essays in Honour of Gerard Radnitzky. The Quarterly Journal of Austrian Economcis, Vol. 1, Nr. 1, S. 85-92.

- (1998b). Brauchen wir staatliche Armenhilfe?. Aufklärung und Kritik, 2/1998, Sonderheft 2, S. 93-99.
- (2002). Eine mißglückte Letztbegründung der Freiheit. Erwägen Wissen Ethik 13, 3, S. 381-382.
- (2003). Secession and the Production of Defense. In: H. Hoppe (Hrsg.): The Myth of National Defense, Auburn. Ludwig von Mises Institute, S. 369-413.

Hume, David (1978/1740). A Treatise of the Human Nature. Oxford: The Clarendon Press.
- (1988/1742). Über den ursprünglichen Vertrag. In: Politische und ökonomische Essays, Teilband 2. Hamburg: Felix Meiner.

Jasay, Anthony de (1989). Social Contract, Free Ride: a study of the public goods program. Oxford Oxford University Press.
- (1991). Choice, Contract, Consent: A restatement of Liberalism. London: IEA.
- (1993). Is limited government possible?. In: Radnitzky, Gerard und Hardy Bouillon (Hrsg.): Government: Servant or Master?. Amsterdam: Rodopi, S. 73-97.
- (1995). Values and the social order. In: Radnitzky, Gerard und Hardy Bouillon (Hrsg.): Values and the social order, vol. I. Aldershot: Avebury, S. 25-58.
- (1997). Against Politics – On Government, Anarchy, and Order. London: Routledge.
- (1998/1985). The State. Indianapolis: Liberty Fund.
- (2002). Justice and its surroundings. Indianapolis: Liberty Fund.

Kant, Immanuel (1990/1797). Die Metaphysik der Sitten. Stuttgart: Reclam.

Kersting, Wolfgang (1996). Die politische Philosophie des Gesellschaftsvertrages. Darmstadt: Primus Verlag.
- (1997). Recht, Gerechtigkeit und demokratische Tugend. Abhandlungen zur praktischen Philosophie der Gegenwart. Frankfurt: Suhrkamp.

Kirchgässner/Pommerehen (1993). Low-cost decisions as a challenge to public choice. Public Choice 77, S. 107-115.

Kirsch, Guy (2004). Wie frei ist der freiwillige Verfassungskonsens? Korreferat zum Beitrag von Nils Goldschmidt. In: Goldschmidt, Nils und Michael Wohlgemuth (Hrsg.): Die Zukunft der Sozialen Marktwirtschaft. Sozialethische und ordnungsökonomische Grundlagen, S. 97-101.

Kliemt, Hartmut (1980). Zustimmungstheorien der Staatsrechtfertigung. Freiburg: Verlag Karl Alber.
- (1987a). The Politics of the Market. Unveröffentlichtes Manuskript.
- (1987b). The Reason of Rules and the Rule of Reason. Critica, No. 57, Vol. XIX, S. 43-86.
- (2003). Die gefährliche Fiktion eines Gesellschaftsvertrages. Aufklärung und Kritik Sonderheft 7/2003, S. 85-94.

Koller, Peter (1987). Neue Theorien des Sozialkontrakts. Berlin: Duncker & Humblot.
- (1998). Grundlinien einer Theorie gesellschaftlicher Freiheit. In: Nida-Rümelin, J. und Vossenkuhl, W., Hrsg., Ethische und politische Freiheit. Berlin: de Gruyter, S. 476-508.

Kräkel, Matthias (1999). Organisation und Management. Tübingen: Mohr-Siebeck.

Kreps, D.M. (1990a). Corporate Culture and Economic Theory. In: J.E. Alt and K.A. Shepsle (Hrsg.): Perspectives on positive political economy. Cambridge Harvard University Press, S. 90-143.

– (1990b). Game theory and economic modelling. Oxford: Oxford University Press.

Kreps, D.M. und R. Wilson (1982). Reputation and Imperfect Information. Journal of Economic Theory 27, S. 253-279.

Krueger, Anne O. (1974). The Political Economy of the Rent-Seeking Society. American Economic Review, 3, Vol. 64, S. 291-303.

Kymlicka, Will (1997). Politische Philosophie heute. Eine Einführung. Frankfurt: Campus Verlag.

Landes, William und Richard Posner (1975). The Private Enforcement of Law. The Journal of Legal Studies 4, S. 1-46.

Locke, John (1977/1690). Zwei Abhandlungen über die Regierung. Frankfurt: Suhrkamp.

Long, Roderick T. (2004). Realism and Abstraction in Economics: Aristotle and Mises versus Friedman. Working Paper, Austrian Scholars Conference 10, Ludwig von Mises Institute, Auburn AL.

Luce, R.D. und H. Raiffa (1957). Games and Decisions: Introduction and Critical Survey. New York.

Luhmann, Niklas (2000). Die Politik der Gesellschaft. Frankfurt a.M. Suhrkamp.

Marx, Karl (1957). Kritik des Gothaer Programms. MEW Bd. 19, S. 11-33.

Meyer, Dirk (2005). Die Entmachtung der Politik. Zur Frage der Überlebensfähigkeit demokratischer Nationalstaaten in einer globalisierten Weltwirtschaft. Leviathan 3/33, S. 306-324.

Milgrom, Paul R., North, Douglass C. und Barry R. Weingast (1997). The Role of Institutions in the Revival of Trade: The Law Merchant, Private Judges, and the Champagne Fairs. In: Daniel B. Klein (Hrsg.): Reputation: studies in the voluntary elicitation of good conduct, S. 243-266.

Mill, John Stuart (1988/1859). Über die Freiheit. Stuttgart: Reclam.

Mises, Ludwig von (1933). Grundprobleme der Nationalökonomie. Jena: Verlag von Gustav Fischer.

– (1949). Human Action: A Treatise on Economics. San Francisco: Fox & Wilkes.

– (1978). The Ultimate Foundation of Economic Science. New York: New York University Press.

– (2000/1927). Liberalismus. Sankt Augustin: Academis Verlag.

– (2004/1944). Die Bürokratie. Sankt Augustin: Academia Verlag.

Murphy, Kevin M., Andrei Shleifer and Robert W. Vishny (1993). Why is Rent-Seeking So Costly to Growth?. American Economic Review, 2, Vol. 83, S. 409-414.

Narveson, Jan (2004). Libertarianismus: Eine Philosophische Einführung. Aufklärung und Kritik 2/2004, S. 5-37.

North, Douglas (1992). Institutionen, institutioneller Wandel und Wirtschaftsleistung. Tübingen: Mohr.

Nozick, Robert (1974). Anarchy, State and Utopia. Oxford: Blackwell.

– (1997). Socratic Puzzles. Cambridge: Harvard University Press.

Olson, Mancur (1968). Die Logik des kollektiven Handelns. Tübingen Mohr Siebeck.

– (1985). Aufstieg und Niedergang von Nationen: Ökonomisches Wachstum, Stagflation und soziale Starrheit. Tübingen: Mohr.

– (2002). Macht und Wohlstand: kommunistischen und kapitalistischen Diktaturen entwachsen. Tübingen Mohr Siebeck.

Ordeshook, Peter C. (1992). Constitutional Stability. Constitutional Political Economy 3(2), S. 137-75.

Osterfeld, David (1989). Anarchism and the Public Goods Issue: Law, Courts, and the Police. The Journal of Libertarian Studies, IX, No.1, S. 47-68.

Ostrom, Elinor (2000). Collective Action and the Evolution of Social Norms. The Journal of Economic Perspectives, Vol. 14, Nr. 3, S. 137-158.

Pies, Ingo (2002). Liberale Vertragstheorie versus libertäre Sozialordnungsromantik: Zur Legitimationsgrundlage für den demokratischen Staat. EWE 13, (2003) 3, S. 402-405.

Radnitzky, Gerard (1995a). Reply to Hoppe: on apriorism in Austrian Economics. In: Radnitzky, G. and Bouillon, H., Hrsg., Values and the Social Order, Vol. 1 Values and Society, S. 189-194.

– (1995b). Die demokratische Wohlfahrtsdiktatur. In: Baader, Roland (Hrsg.): Die Enkel des Perikles. Liberale Positionen zu Sozialstaat und Gesellschaft. Gräfelfing: Resch, S. 187-215.

– (2001). Die Wissenschaftstheorie des kritischen Rationalismus und das Argument zugunsten der Freiheit. In: Aleksandrowicz, D. und Ruß, H. (Hrsg.), Realismus? Disziplin? Interdisziplinarität, S. 260-276.

– (2002a). Das moralische Problem der Politik. EWE 13, (2003) 3, S. 345-358.

– (2002b). Replik. EWE 13, (2003) 3, S. 423-437.

– (2003). Is Democracy More Peaceful than Other Forms of Government. In: H. Hoppe (Hrsg.): The Myth of National Defense. Auburn Ludgwig von Mises Institute, S. 145-212.

Reese-Schäfer, Walter (2001). Jürgen Habermas. Frankfurt: Campus Verlag.

Richter, Rudolf und Furubotn, Eirik G. (2003). Neue Institutionenökonomik, 3. Auflage. Tübingen: Mohr-Siebeck.

Rippe, Klaus-Peter (1998). Von privaten und von real existierenden Staaten. Kritische Anmerkungen zum libertären Freiheitsverständnis. Aufklärung und Kritik Sonderheft 2/1998, S. 52-67.

Rothbard, Murray N. (1957). In Defense of „Extreme Apriorism". Southern Economic Journal, January 1957, S. 314-320.

– (1962). Man, Economy, and State. A Treatise of Economic Principles. Auburn Ludwig von Mises Institute.

– (1970). Power and Market. Menlo Park: Institute of Humane Studies.

– (1973). For a New Liberty. The Libertarian Manifesto. New York: Collier Books.

– (1997a). The Logic of Action, Part I. Cheltenham: Edward Elgar Publishing.

– (1997b). The Logic of Action, Part II. Cheltenham: Edward Elgar Publishing.

– (2000). Die Ethik der Freiheit. Sankt Augustin Academia.

Samuelson, Paul A. (1954). The Pure Theory of Public Expenditure. The Review of Economics and Statistics, Nr. 36, S. 387-389.

Schelling, Thomas (1960). The Strategy of Conflict. Oxford: Oxford University Press.

Scitovsky, Tibor de (1954). Two Concepts of External Economies. Journal of Political Economy 17, S. 143 ff.

Searle, John R. (2004). Freiheit und Neurobiologie. Frankfurt: Suhrkamp.

Stiglitz, Joseph E. (2002). Information and the Change in the Paradigm in Economics. American Economic Review 92, S. 460-501.

Stringham, Edward (1998). Market Chosen Law. Journal of Libertarian Studies 14, S. 53-77.

Sugden, Robert (1986). The economics of rights, co-operation and welfare. Oxford: Basil Blackwell.

– (1991). Suckers, Free Riders, and Public Goods: A review of Anthony de Jasay's Social Contract, Free Ride. Humane Studies Review Vol. 7, Nr. 1: Winter 1991. http://www.theihs.org/libertyguide/hsr/hsr.php/14.html.

Taylor, Michael (1987). The Possibility of Cooperation. Cambridge: Cambridge University Press.

Tullock, Gordon (1971). Public Decisions as Public Goods. The Journal of Political Economy, 4, Vol. 79, S. 913-918.

Vanberg, Viktor und Buchanan, James M. (1988). Rational Coice and Moral Order. Analyse und Kritik, 10, S. 138-160.

Vanberg, Viktor (1975). Die zwei Soziologien. Tübingen: Mohr-Siebeck.

– (1999). Die Akzeptanz von Institutionen. In: Korff, Wilhelm (Hrsg.): Handbuch der Wirtschaftsethik, Band 2, Ethik wirtschaftlicher Ordnungen, S. 38-50.

Varian, Hal R. (1993). Intermediate Microeconomics. New York W.W. Norton & Company.

Voigt, Stefan und Kiwit, Daniel (1998). The Role and Evolution of Beliefs, Habits, Moral Norms, and Institutions. In: Herbert Giersch (Hrsg.): Merits and limits of markets. Heidelberg: Springer Verlag, S. 83-108.

Voigt, Stefan (1998). Making Constitutions Work: Conditions for Maintaining the Rule of Law. Cato Journal, 2, Vol. 18, S. 191-208.

– (1999). Breaking with the Notion of Social Contract: Constitutions as Based on Spontaneously Arisen Institutions. Constitutional Political Economy, 10, S. 283-300.

Voss, Thomas (2000). The Realization of Social Norms among Rational Actors. In: Julian Nida-Rümelin und Wolfgang Spohn (Hrsg.): Rationality, Rules, and Structure. Dordrecht: Kluwer, S. 49-65.

Weber, Max (1947). Wirtschaft und Gesellschaft. Tübingen: Mohr.

Weingast, Barry R. (1993). Constitutions as Governance Structures: The Political Foundations of Secure Markets. JITE 149, S. 286-311.

– (1997). The Political Foundations of Democracy and the Rule of Law. Amercian Political Science Review, 2, 91, S. 245-263.

Wolf, Jean Claude und Schaber, Peter (1998). Analytische Moralphilosophie. Freiburg: Verlag Karl Alber.

Wolters, Gereon (1995). Artikel: Kategorie. In: Mittelstraß, Jürgen (Hrsg.): Enzyklo-
pädie Philosophie und Wissenschaftstheorie. Band 2, S. 368f. Stuttgart: Verlag J.B.
Metzler.

Zintl, Reinhard (1983). Individualistische Theorien und die Ordnung der Gesellschaft:
Untersuchungen zur politische Theorie von James M. Buchanan und Friedrich A.
von Hayek. Berlin: Duncker und Humblot.

–   (1994). Skeptische Fiktionen, Selbstbindung und konsentierte Fremdbindung. In: J.
Gebhardt, R. Schmalz-Bruns (Hrsg.): Demokratie, Verfassung und Nation. Baden-
Baden: Nomos, S. 215-230.

–   (1997). Methodologischer Individualismus und individualistische Theorie. In: A.
Benz, W. Seibel (Hrsg.): Theorieentwicklung in der Politikwissenschaft-eine Zwi-
schenbilanz, S. 33-43.

–   (1999). Institutionen und Gesellschaftliche Integration. Kölner Zeitschrift für Sozi-
ologie und Sozialpsychologie, Sonderheft 39, Jg. 51, S. 179-198.

–   (2000). Constitutions as External Constraints? In: Julian Nida-Rümelin und
Wolfgang Spohn (Hrsg.): Rationality, Rules, and Structure. Dordrecht: Kluwer,
S. 35-47.

–   (2002). Was ist liberal am Anarcholiberalismus?. Erwägen Wissen Ethik 13, 3,
S. 421-422.

Die Partei der Freiheit

Studien zur Geschichte des deutschen Liberalismus

Von Ralph Raico

mit einer Einführung von Christian Watrin

Übersetzt und bearbeitet von Jörg Guido Hülsmann, Gabriele Bartel, Pia Weiß

Schriften zur Wirtschaftspolitik Bd. 7

1999. XX, 298 S., kt., € 39,– . ISBN 978-3-8282-0042-5

Ralph Raicos Buch ist aus dem Blickwinkel eines vorzüglich informierten Kenners der deutschen Geschichte des 19. Jh. geschrieben, der seinen Respekt vor den Liberalen des vorigen Jahrhunderts bekundet, ohne deren Schwächen und Sinneswandel zu verschweigen.

Sein Ziel ist es, die Fehlinterpretationen, die der deutsche Liberalismus des 19. Jh. erfahren hat, einer Revision zu unterziehen. Dass er dies aus der Perspektive eines klassischen Liberalen tut, schickt er seiner Schritt voraus. Für ihn ist Liberalismus nicht die Programmatik oder Ideologie einer politischen Partei, sondern ein Versuch, Antworten auf die ordnungspolitischen Fragen moderner Gesellschaften zu geben. Leitende Ideen sind die individuelle Freiheit unter dem Gesetzt und die Begrenzung der Macht des Staates — den demokratischen Staat eingeschlossen.

Wandlungen des Neoliberalismus

Eine Studie zu Entwicklung und Ausstrahlung der „Mont Pèlerin Society"

Von Philip Plickert

Marktwirtschaftliche Reformpolitik Bd. 8

2008. XII/516 S., gb. € 59,-. ISBN 978-3-8282-0441-6

Ein Gespenst geht um in Europa: der Neoliberalismus. Der „Neoliberalismus" ist zu einem meist negativ konnotierten Schlagwort verkommen. Dieses Buch möchte einen Beitrag zur Versachlichung der Debatte leisten und die geistes- und zeitgeschichtlichen Ursprünge des Neoliberalismus erhellen.

Der Wirtschaftshistoriker Philip Plickert analysiert den Niedergang des klassischen Liberalismus und dessen Krise im frühen 20. Jh. In der Zwischenkriegszeit entwickelten sich vier Zentren eines erneuerten Liberalismus: Wien, London, Freiburg und Chicago. 1947 gründete Friedrich August von Hayek die Mont Pèlerin Society (MPS) als Sammlungspunkt der versprengten und marginalisierten Neoliberalen.

Aktive Mitglieder der MPS waren einflußreiche Denker wie Hayek, Ludwig von Mises, Milton Friedman, James Buchanan, Walter Eucken, Wilhelm Röpke und Alexander Rüstow sowie Ludwig Erhard. Das Buch schildert, gestützt auf reiches Quellenmaterial, den schwierigen Aufbau der MPS, unterschiedliche strategische Perspektiven, den frühen politischen Durchbruch in Deutschland mit Erhards Wirtschaftsreform, die interne Krise um 1960 und die langfristige Ausstrahlung der MPS als intellektueller Kernorganisation der Neoliberalen auf Wissenschaft und Politik.

 Stuttgart

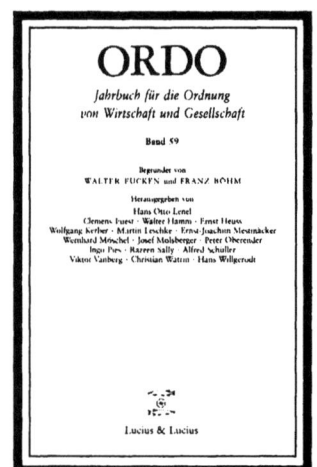

ORDO
Jahrbuch für die Ordnung von Wirtschaft und Gesellschaft

Band 59

Begründet von Walter Eucken und Franz Böhm

Herausgegeben von

Hans Otto Lenel, Clemens Fuest, Walter Hamm,
Ernst Heuss, Wolfgang Kerber, Martin Leschke,
Ernst-Joachim Mestmäcker, Wernhard Möschel,
Josef Molsberger, Peter Oberender, Ingo Pies,
Razeen Sally, Alfred Schüller, Viktor Vanberg,
Christian Watrin, Hans Willgerodt

2008. XVIII/620 S., geb. € 118,-
ISBN 978-3-8282-0453-9

 Stuttgart

Bei Fragen zur Produktsicherheit wenden Sie sich bitte an:
If you have any questions regarding product safety,
please contact:

Walter de Gruyter GmbH
Genthiner Straße 13
10785 Berlin
productsafety@degruyterbrill.com